キリスト教から読み解く
ヨーロッパ史

甚野尚志／踊 共二［編著］
JINNO Takashi and ODORI Tomoji

ミネルヴァ書房

キリスト教から読み解くヨーロッパ史

目次

序　章　キリスト教史がわかればヨーロッパ史がわかる

1　キリスト教からヨーロッパ史を読み解く

本書の意図

この書物のタイトルは、『キリスト教から読み解くヨーロッパ史』であるが、おそらく、このタイトルだけでは本書の目指すものが何かを理解しにくいと思うので、最初にわれわれ筆者の意図を明確にしておきたい。

この書物は一一の個別テーマの章からなるが、そこで扱われるテーマは、タイトルから想像されるような従来の通史的なキリスト教史の概説ではない。本書の意図は、通史というよりはむしろ、中近世ヨーロッパのキリスト教に関する重要な問題について、現在どのように理解されているのか、それによりヨーロッパ史の理解がどのように変わってきたのかを提示することにある。実際、中近世ヨーロッパでは、キリスト教が信仰と教会の問題を超えて、王権、国家、都市、社会福祉、政治思想、美術作品など、社会のあらゆる側面と密接な関係を取り結んでいた。したがって、キリスト教のテーマからヨーロッパ史を論じることは、ヨーロッパ文明を構成する諸要素を総合的に扱うことを意味する。

このような問題意識に立ち、本書では、キリスト教に関わる一一の個別テーマとコラムにより中近世のヨーロッパ史を概観してみたい。読者の皆さんが、キリスト教がヨーロッパおよびヨーロッパに隣接する地域で果たした役割について、本書からなにがしかの知識を得てもらえれば望外の幸せである。

現代世界を理解するために

ではなぜ今、ヨーロッパ史をキリスト教のテーマから読み解くことが重要なのか。その理由としては何よりも、キリスト教も含め宗教に関わる問題が、現代世界の混迷の大きな原因となっていることがある。周知のように現在、キリスト教、イスラーム、ユダヤ教の三つの一神教に基づく政治勢力が互いに抗争を繰り広げ、世界情勢の混乱を引き起こしている。

いずれにしても、現代世界の混迷の背景に宗教対立があるのは疑いないが、宗教が引き起こす抗争の原因は、表面的な事件や国際政治の動向を考察するだけでは到底理解できない。というのは、どの宗教も、自身の教義に則った固有の政治理念に従い、それぞれ異なる「正しさ」を主張しているからである。

ヨーロッパ史に関していえば、キリスト教が約二〇〇〇年かけて、ヨーロッパの人々の生活や考え方、国家や政治のあり方に深い刻印を残してきた。したがって、現代ヨーロッパの様々な宗教を原因とする紛争も、キリスト教の成立以降の歴史を理解することなしには十分に理解できないだろう。

さらに、われわれ日本人は、明治以降の近代化の過程で、法制、行政、科学、経済などの多くの分野において、ヨーロッパ起源の制度、技術、思想を導入してきたが、日本人のキリスト教徒の数は現在、約一九〇万人で人口の二パーセントに満たない。世界を牽引するG7の七カ国中、キリスト教を国家の基本宗教としないのは日本だけである。

日本の近代化が西洋文明の受容に始まりながら、また現在、国際社会をリードするG7の一員でありながら、大半の日本人がキリスト教徒ではないのはなぜなのか。それ自体が分析の対象となる大問題といえるが、ともあれ、キリスト教をカッコに入れて、西洋文明のハードの部分のみを受容した日本人にとり、一番苦手なものはキリスト教の教義や考え方を理解することであろう。その意味でも、キリスト教からヨーロッパ史を学ぶことは、われわれ日本人にとり、ヨーロッパ文明を根幹から把握するために必須の教養となる。

2　キリスト教とはどのような宗教か

ユダヤ教からキリスト教へ

まず初めに、キリスト教とはどのような特徴をもつ宗教なのか。ここで簡単に述べておこう。そもそもキリスト教は、約二〇〇〇年前に、イエス・キリストがイスラエルのガリラヤ地方で行ったユダヤ教改革を目指した宣教活動から始まり、その後、ユダヤ教と分かれて世界宗教に発展した宗教である。キリスト教はその後、西方のローマ・カトリック教会、東方の正教会に分かれ、またさらに、ローマ・カトリック教会を批判した宗教改革からプロテスタント諸教会が生まれた。そのほかに東方のキリスト教諸派なども存在するが、大きくいえばこの三つの宗派からなる世界宗教である。

キリスト教は、ユダヤ教から多くの教義を受け継いだが、その中でもとくに重要な教義をいくつか挙げておきたい。一つは、絶対唯一神への信仰である。ユダヤ教は天地創造者の神ヤーヴェのみを崇拝する一神教であり、キリスト教もその神を崇拝する宗教である。ユダヤ教が民族宗教だったのに対し、キリスト教は、神の前での人間の平等を説き、異教徒に対して宣教活動を熱心に行うことで世界宗教となった。

また、キリスト教はユダヤ教から、神と人間の契約の思想を受け継いだ。ユダヤ人は紀元前六世紀にバビロニアに強制移住させられたが、ユダヤ人はその事態を、神との契約を破ったユダヤ人への神ヤーヴェの罰とみなした。その際、預言者エレミヤは、ヤーヴェがいつの日か、破られた契約の代わりに「新しい契約」を結んでくれて、それにより罪の赦しが実現するという希望を語ったが、後にキリスト教徒は、イエスの十字架上での死を、この契約が成就されるための犠牲であったと解釈するようになる。

さらにキリスト教はユダヤ教から、神が遣わす救い主としての「メシア」を待望する信仰も継承した。「メシア」とは油を注がれた者を意味し、イスラエルの王の称号でもあり、王のうちとくにダビデが「メシア」のモデルとなる。ユダヤ人はイスラエル王国再建のため、神が「第二のダビデ」を救い主として遣わすに違いないと信じた。「キリスト」

は「メシア」のギリシア語訳であり、イエス・キリストの名は、イエスが『旧約聖書』で預言された「メシア」に他ならないというキリスト教の信仰を表現している。

その他、キリスト教がユダヤ教から継承した重要な理念には「終末論」がある。「終末論」は、現在ある世界が終わりを迎え、別の世界に移行するという思想である。その際、神による最後の審判が行われ、死者が復活し、生前の善悪により裁きを受ける。義と認められた者は永遠の生命を受け、罪人は地獄に落ちると理解される。

イエス・キリストの宣教から教団の形成へ

では、ユダヤ教改革として宣教を始めたイエスの教えはどのようなものだったのか。イエス自身は、その教えを言葉として書き記すことはなかったが、イエスの言行は使徒らにより口承で伝えられ、最終的に、マタイ、マルコ、ルカ、ヨハネの四人の書いた「福音書」がイエスの生涯を伝える聖典となった。このうち、マルコの「福音書」が紀元七〇年頃に書かれ、さらにマルコを典拠にしつつ、マタイとルカの「福音書」が紀元八〇年代に書かれた。ヨハネの「福音書」は他の福音書とは直接は関係なく一世紀末に成立したとされる。

「福音書」によれば、イエスは故郷ナザレを出て、ヨルダン川沿いでの洗礼者ヨハネの改革運動に加わる。ヨハネは人々に罪の赦しを得させるために、悔い改めの洗礼を行っていたが、イエスも罪を告白し、彼から洗礼を受けた。その後、イエスはガリラヤでユダヤ教改革の宣教活動を行う。イエスは、その宣教で「時は満ち、神の国は近づいた。悔い改めて福音を信じなさい」(「マルコ」一章一五)と述べ、「神の国」の到来が切迫していると人々に語り、「神の国」の到来により、貧しい者、飢えている者、泣いている者がその悲惨な状況から解放されることを告げる(「ルカ」六章二〇〜二一)。さらに、イエスは愛の教えを説いた。イエスは、神を愛し、隣人を自分のように愛することのみならず、「敵を愛し、自分を迫害する者のために祈りなさい」(「マタイ」五章四四)と命じる。こうしたイエスの教えは、信徒たちにより、キリスト教の教義の核心として継承されていった。

イエスの宣教活動の時期に、一二人の使徒が中心になって教団が形成されるが、とくにペトロがその中心となる。イエスはペトロに対し、「この岩［ペトロ］の上に私の教会を建てる」と述べ、天の国に入るための鍵を授けたとされる（「マタイ」一六章一八～一九）。その後、イエスはイェルサレムに行き、捕らえられ処刑された。イエスは金曜の午後に死んで葬られるが、三日目の日曜日の朝、復活したとされる（「マルコ」一六章一～二〇）。イエスは逮捕前の最後の晩餐で、「これは多くの人のために流されるわたしの血、契約の血である」（「マルコ」一四章二四）と述べたが、この言葉から、イエスの使命が、人間の罪を引き受け、自分の命を捧げることにより、人々の罪を贖うことであったと理解されるようになる。その後、使徒パウロの活動もあり、キリスト教は異邦人の信徒も包摂する世界宗教となったのである。

3　中世のキリスト教

東西のキリスト教の相違

キリスト教は、ローマ帝国内で急速に信徒を獲得したが、何よりコンスタンティヌス帝が三一三年のミラノ勅令でキリスト教を公認したのが画期となり、その勢力は帝国内に広がった。その後、テオドシウス帝のときに国教となったが、テオドシウス帝の死後、ローマ帝国が東西に分離すると、キリスト教の東西教会は別の道を歩むことになる。それぞれローマ・カトリック教会と東方正教会を形成していくが、本書の第1章「キリスト教の東と西」で論じられるように、次のような相違点がある。

まず、東方正教会では、神であり人間でもあるイエス・キリストの人性がとくに強調され、マリアや諸聖人とともに、教会がイコンで埋め尽くされるようになった。イコノクラスムもあったが、それでも結局、キリストの人性が再確認され、イコン崇敬が復活する。このように、イエス・キリストの人性を強く意識した点で、西方のローマ・カトリック教会と違う性格を帯びた。また、東方正教会はスラヴ人宣教活動で、聖書をスラヴ人の言葉に翻訳した。その点で、ローマ・カトリック教会が教皇の統制力でラテン語の聖書を遵守したのとは異なる。さらに、地上における神の代理人の立場は、西方では教皇が保持したが、東方正教会ではパントクラトール（天上の神）の地上の代理人たるアウトクラトール、すなわち皇帝が保持した。その結果、西方では教皇を頂点とする宗教界と諸国の王権が支配する俗界が区別されるが、東方では宗教と政治は分離することなく混淆し、俗界の頂点にある皇帝が宗教界の頂点にある総主教を配下に置く統治機構が出現する。

ローマ・カトリック教会の覚醒

一方、西方のローマ・カトリック教会では、カロリング朝フランク王国の時代に、王権の主導で教会改革が行われたが、それは後の発展の第一歩となった。カロリング教会改革の中で、とくに重要な改革は、信徒が行う贖罪の方法の改革であろう。本書の第2章「罪と贖罪」では、原始教会から中世末期にかけての贖罪の変容が論じられるが、そこで述べられるように、原始教会時代の贖罪は、信徒共同体の前で、生涯に一度だけ行うことができたが、その後、アイルランドにおいて、聴罪司祭に個人的に罪を告白し、科された贖罪を行う私的贖罪が始まり、司祭への手引きとして「贖罪規定書」が書かれるようになる。カロリング朝フランク王国でも、アイルランドの影響下、多くの「贖罪規定書」が書かれ、私的贖罪の慣習が各地に広まる。贖罪の制度はさらに、内面的な告解が重視される形態に変化するが、それは、中世のローマ・カトリック教会から現代のカトリック教会にまで続く重要な制度となった。

また、ローマ・カトリック教会の覚醒にとり、重要な役割を果たしたのが修道院である。その問題は、本書の第3章「禁欲と戒律」で扱われる。ローマ・カトリック教会では、中世初期には各地の修道院で多様な生活形式が実践されていたが、そのうち『ベネディクトゥスの戒律』が、カロリング朝期に修道士一般を統制する法的な規範となる。その後、クリュニー修道院が創設されると、修道院では慣習律の成文化がなされ、一つの戒律と一つの慣習に基づくベネディクトゥス修道制が普及する。続いて一一世紀の教皇改革の時代に、新しい厳格な隠修修道制の運動が始まり、同時に聖堂参事会も改革され、律修参事会が生まれる。一二世紀になると今度は、俗人信徒の宗教的関心の高まりから、都市に托鉢修道会が誕生する。修道院が教会改革と連動し、多様な組織を形成した事実は、ローマ・カトリック教会の発展を考えるための重要な問題となろう。

キリスト教化と「迫害社会」の形成

カロリング朝フランク王国の時代、王国の版図は周辺地域の征服により拡大していったが、王権による軍事行動は、周辺異教世界のキリスト教化と「神の国」の実現という目的を掲げて行われた。この時代、ローマ・カトリック教会によるキリスト教布教は、「無理にでも人々を連れてきなさい」（「ルカ」一四章二三）という聖句の拡大解釈により、武力を行使した強制改宗となったのである。このような武力による強制改宗は、一一世紀以降、十字軍の聖戦思想を生み出す。戦闘に参加して戦う者には、完全贖宥が与えられるという神学理念は、イエス・キリストの愛と平和の教えからは到底、導くことのできないものであるが、一一世紀の教皇権が自身の教会内の「至高権」を主張する中、構築した神学理念であった。

聖戦思想の出現とほぼ同時期に、異端への過酷な弾圧が始まったことも偶然ではない。両者は表裏一体のものであろう。ローマ・カトリック教会では一一世紀以降、教皇が中心となって、正統信仰と教会を防衛するため、異端者に対しての法的処罰を明確にし、異端審問などの制度を構築していった。正統と異端の問題は、本書の第4章「正統と異端」で詳しく扱うが、異端はすでに使徒パウロの時代からあり、古代でも様々な異端が断罪されているが、教会の方針に従わない「不服従の異端」が問題視されるようになるのは、一一世紀以降、教皇がローマ・カトリック教会の最高権威としての地位を確立してからである。教皇はペトロの後継者であり、教皇の権威はキリストの権威であるがゆえに、ローマ教会の意向に従順ではない者は、それだけで異端となった。一二世紀に教皇は異端者を規制する法令を次々と出す。一三世紀の第四ラテラノ公会議では、異端の罪を告白させる告解の義務化もなされ、「迫害社会」ともいわれる異端統制の時代が始まる。

躍動する民衆宗教

本書では中世のキリスト教に関して、もう一つの大きなテーマがある。それは民衆宗教の問題である。中世を生きる人々は、キリスト教を、何よりも様々な加護を与えてくれる宗教として理解していた。キリスト教はその成立の初めから、イエスが奇跡を起こし、また聖人も奇跡を起こすことで民衆の現世的な救済を行っていた。本書の第5章「聖人と奇跡」では、都市防衛、囚人解放などの聖人が起こしたとされる奇跡について時代を追って提示され、奇跡が生じる社会的背景と、民衆がキリスト教の奇跡に期待していたものを明らかにする。

さらに、聖人の奇跡と結びつくテーマとして、聖人の墓への巡礼がある。本書の第6章「巡礼」では、中世の最も有名な巡礼であるサンティアゴ巡礼を例にとり、それが初期中世に聖ヤコブの墓から発見されてから、一一世紀末から一三世紀に頂点に達するまでの経緯が説明される。中世後期のサンティアゴ巡礼は、東欧、北欧からも多くの巡礼者を集め、ヨーロッパ中世から巡礼者が押し寄せるとともに、ついには、信仰の旅としての性格を希薄化していった。巡礼の動機も、病気治癒、危難回避、政治的・軍事的勝利などの現世利益を求めるものが中心になっていったことが述べられる。

4 近世のキリスト教

近世とは

ヨーロッパ史において近世は、中世的なものを残しながら近代に向かう過渡期と位置づけられてきた。近年においては、近世に特有の要素を強調する研究者も増えてきたが、過渡期としての性格を否定することはできない。一般に近代の始まりは、人間観・世界観に関してはルネサンスにあり、信仰と教会のあり方に関しては宗教改革にあるとされている。もちろん、ルネサンスにも宗教改革にも中世的要素があり、まったく異質なものが生まれたとはいえない。それらはやはり、過渡期の現象なのである。そもそもルネサンスはギリシア・ローマ時代に、宗教改革は『新約聖書』の時代に「回帰」する運動であり、それらは新しい創造を企図するものではなかった。ただし、近世という時代に、強い自己主張をもった「個人」の活動が強まり、文学や美術、宗教、政治、外交、経済などの分野で数多くの個性的な人物が登場すると同時に、君主や都市の統治者たちが一定の領土と臣民を一元的に支配する主権者として立ち現れ、「近代国家」の形成に向けて歩み始めたことには注目する必要がある。

ヨーロッパ人と聖書

本書の第7章「聖書」は、キリスト教の聖典をテーマとしている。教会の指導者たちがこの書物を独占的に管理していた古代・中世から説き起こし、ルネサンス時代の人文主義者たちがこれを自由検討の精神で文献学的な研究対象にし、宗教改革者たちが独自の解釈を行いながら各国語に翻訳し、印刷物として普及させ、聖書的信仰を定着させようとする過程を描いている。それと同時に、聖書解釈の違いが社会不安や革命運動につながり、初期的な啓蒙の時代になると、今度は信仰の対象にすらしない知識人が登場する歴史も俯瞰している。聖書は、こうした荒波にもまれながらも、筆者が述べているように、現代においても人々に聖なるものの厳かさを感じさせ、格調高い儀式に用いられている。この章は、キリスト教の聖典がどのようなものであるか、どのように教会の分裂や改革、政治・社会・文化の刷新や再編成と関わってきたか、長期的な視点の見取り図を提供している。

キリスト教と戦争

近世のキリスト教は、中世から「聖戦」の思想を受け継いでいる。キリスト教は魂の救済を究極の目標とし、肉体が死んでもそれは達成できると教えてきた。むしろ、罪を犯させる肉体を危険視し、これを抹殺することも厭わない姿勢を示してきた。「人命」に最高の価値を置いてこれを「不可侵」とする近代的人権思想が誕生する以前には、異教徒に対する十字軍、異端者の処刑、宗教戦争の際の殺人は避けられない行為または正しい行為とされていた。しかし『新約聖書』にはイエスの教えとして「悪人に手向かってはならない。誰かがあなたの右の頰を打つなら、左の頰をも向けなさい」(「マタイ」五章三九)と書いてある。「あなたの剣をもとの所におさめなさい。剣をとる者はみな、剣で滅びる」(「マタイ」二六章五二)とも記されている。それではなぜ、ヨーロッパではあれほど多くの戦争がキリスト教徒によって引き起こされてきたのであろう。その答えは第8章「戦争と平和」を読めばわかる。この章の筆者は、「暴力」「戦争」

る。

「平和」といった概念がどのように生まれ、現代に至るかを展望しながら、中世から近世にかけての「聖戦」や「正戦」の思想の形成と移り変わりについて、また戦場での聖職者（従軍司祭や従軍牧師）の役割について詳しく説明してい

従軍聖職者は現代のキリスト教世界の戦場にも派遣されているから、歴史は連続している。ただし、カトリック教会の立場は変化しつつある。第二ヴァティカン公会議（一九六二～六五年）において、戦争は人間の罪深さゆえに起きるものと位置づけられ、正戦論は背後に退いているのである。この公会議は、いわゆる良心的兵役拒否者（CO）つまり自己の「良心」ゆえに武器をとらない人に諸国家が代替役務を用意する必要性にも言及していた。それは第一次世界大戦期以降、イギリスやアメリカで導入されていた制度である。

近世のキリスト教諸改革

「良心」は中世のキリスト教神学の重要なテーマの一つであり、それは人間が善を求め、悪を避けることができるように神が与えた内面の働きだとされる。宗教改革者マルティン・ルターは、自説を撤回しない理由は自分の良心に逆らうことができないからだと主張した。伝統的なカトリックの教えでは個人の良心は絶対ではなく、過誤に陥る危険をつねに抱えているものであった。しかしルターは、神の言葉が彼の良心をとらえて離さないと確信しており、批判を受け入れることはなかった。ルターが堅持したのは、カトリック教会が教えるような人間の「善行」ではなく神の恩恵への「信仰のみ」が魂の救いをもたらすという信念である。こうして宗教改革が始まり、カトリックとは異なる教会を西ヨーロッパに打ちたてることになる。しかしそれ以後、プロテスタントの世界では、様々な立場の人たちが「自分の良心」を根拠に新説を打ち出し、次々に新たな宗派（教派）を形成することになる。

プロテスタント諸派の主要な潮流については、第9章「宗教改革」で概観されている。多くの読者は、プロテスタントは「信仰のみ」の立場を最大公約数としているという一般的理解を共有していると思われるが、この章を読めば、人間の側の「自由意思」を重視する神学者や宗派も少なくなかったことを知ることができる。なおこの章は、プロテスタ

ントの宗教改革の後に顕在化したカトリック改革の動きにも触れている。近年の研究では、それも含めて近世の西ヨーロッパにおけるキリスト教の信仰および教会制度の変容が進んだとの認識が深まっている。それらは互いに絡み合っており、その点では「近世のキリスト教諸改革」と総称して全体を見渡す視点が必要である。

5　迫害と寛容の近世

重層化する迫害社会

中世ヨーロッパに出現した「迫害社会」の重心ははっきりしている。西ヨーロッパの場合、宗教界の頂点に立つローマ教皇、枢機卿、各地の大司教、司教、修道院長、宗教的使命を自覚した君主たちが迫害の主役なのである。彼らの動きを追い、公会議や身分制議会の審議内容を考察すれば、どのような勢力（異端）が迫害されていたかを知るのはそれほど難しいことではない。他方、宗教改革後の迫害社会は重層化しており、正確に把握しにくい面がある。ある宗派が多数派の地域でその多数派が少数派を迫害していても、その少数派が別の地域では多数派であり、迫害者になっている場合もあるからである。迫害者と被迫害者が固定化されていないのが近世の特徴なのである。これはカトリックとプロテスタント主流派（ルター派やカルヴァン派、イングランド国教会）との対立においてしばしばみられた現象である。

もちろん、圧倒的な力の差を背景とする迫害現象も近世にはみられた。たとえば再洗礼派に対する迫害である。再洗礼派はスイス、チューリヒの宗教改革の過程で出現した急進派であり、カトリックとプロテスタント主流派が行っていた幼児洗礼を非聖書的だと批判し、成人洗礼（事実上の二度目の洗礼）を行った分派である。同じような動きはドイツ各地やオランダにも起きていたが、それらのグループはやがて交流をもち、合同する場合もあった。カトリック教会やルター派、ツヴィングリ派などのプロテスタント主流派が支配する地域では、幼児洗礼の記録はカトリック時代と同じく住民（臣民）管理の手段でもあったから、成人洗礼（再洗礼）は世俗的秩序への反逆に等しかった。そのためスイス、ドイツ、オーストリア、オランダなどで再洗礼派に対する処刑が相次いだ。再洗礼派は魔術を使う異端者の群れであるという誹謗中傷も広がっていた。

近世は魔女狩りが頂点に達した時代であるが、これには近世に進んだ寒冷化に伴う凶作、飢饉、生活苦、三十年戦争を代表例とする戦乱と社会の荒廃、宗教改革後の諸宗派の分立、モザイク的な宗派化、宗派間の不信・憎悪・衝突が関係している。近世ヨーロッパの多くの人々は、身近な場所で起きている様々な異常事態・天変地異の背後にはおぞましい異端や魔女の策動があるのではないかと疑っていた。そしてそれを焚きつける知識人たちもいた。

魔女狩りの深層

本書の第10章「魔女迫害とキリスト教」は、魔女狩りが激しかった近世ドイツの事例に基づいて、当時の魔女のイメージはどのようなものであったか、聖書に書いてあることとどう一致するか異なるか、魔女はどのような法に従って裁かれ、罰せられていたか、魔女迫害の推進者はいったいだれであったかについて考察している。一般に魔女狩りは、いわゆる悪魔学の書物を書くようなキリスト教界（とりわけカトリック世界）の指導的知識人たちの愚かな妄想によって激化したと考えられてきたが、実はそうした固定観念の成立には一九世紀以降のプロテスタント系の学者たちの反カトリック的な議論が影響しており、個々の迫害の実例を検証すれば、魔女狩りの熱狂は一般信徒の側から、いわば「下から」沸き起こっていたケースもあるという。近世の迫害社会はまさに重層的であり、強大な権力をもつ為政者や教会指導者が社会的・宗教的弱者を弾圧していたという単純な図式では把握できない。大局的にみれば、弱者の側にいる人々の内部的な抗争や対立も魔女狩りの背景になりえたのである。

寛容の理念と現実

ヨーロッパ近世は宗教的迫害の時代であったが、だからこそ「寛容」を求める人たちの声が随所で高まり、理論的考察が行われると同時に、現実的な和解や妥協が試みられていた。市民革命のイデオローグたちにとって前近代の寛容は抑圧的な権力者が本来は排除すべき異端者や宗教的少数派の存在を黙認したり統治の安定化のために利用したりすることであって、万人の自由・平等の理念の下での「良心の自由」や「信教の自由」とは異なる過去の遺物であった。近世の君主たちは、たとえばプロイセン王やロシア皇帝がそうであったように、異国の地の異端的少数派に私的礼拝の自由を「特権」として付与し、高額の租税を課したうえで開拓移民として迎えることもあった。しかし、こうした限界があったとしても、近世の寛容論やその実践に歴史的意義がなかったわけではない。いわゆる近代は突然やってきたわけではない。それは中近世の長い歴史の中で行われた議論や先進的な試みの延長上にあったのである。

本書の第11章「寛容と多様性」は、近世の宗教的寛容および事実上の宗教的多様性の問題について詳しく検討し、近現代まで展望することで歴史と現代の橋渡しの役割を果たしている。とりわけ、代表的な啓蒙思想家たちの議論において、寛容の対象に限定性がどの程度あったか、無神論者は含まれていたか、他者（他派）を敵視するだけで寛容の精神をもたない少数派はどう扱われたかを詳細に分析している。そこに近代的なものの端緒を見出すかどうかは、歴史認識の問題であろう。なお本章では、信仰の秘匿や偽装によって不寛容な時代を生き抜く人たちがいたために事実上の宗教的多様性がもたらされていた地域に関する考察も行われている。近世が後の時代に残した遺産は豊かであり、とくに実践的レベルにおける共生空間の創出（たとえば複数の宗派による教会堂や墓地の共同利用）は過小評価されてはならない。

近代的な自由・平等の原理および理性主義は、宗教を敵視ないし否定する唯物論と強く結びつくときには、新たな不寛容と激しい宗教的迫害を惹起した。このことを思えば、時代は順行と逆行を繰り返しているということができる。中世および近世のキリスト教の歴史を振り返る意義は、だからこそ大きいのである。

6　現代を理解するために

本書は第一に、キリスト教とはいったいどのような宗教なのか、総合的な理解に欠かせない重要事項を精選して説明することを目的としており、一二のコラムもそれを助ける役割を果たしている。キリスト教と同じ時期にローマに広まったオリエントの「密儀宗教」に関する基礎的知識を提供するコラムや、古代ユダヤ教における「メシア」とキリスト教における「キリスト」の違いを説明するコラムがあるのはそのためである。「聖人」と「聖画像」の問題を掘り下げたコラムおよび聖なるものの冒瀆（瀆神）の観念と現実を扱ったコラムも、基本的かつ重要な問題を扱っている。その他、中世のキリスト教のきわだった特徴である「禁欲」「修道」「戒律」の問題もテーマ化しており、近代への移行期における修道院と「人文主義」の深い関係も考察している。プロテスタントが出現した時代である近世のカトリシズムが中世段階とはどのように違うかを論じたコラムもある。近世に激増した魔女狩りとジェンダーの問題、キリスト教の女性観を論じたコラムもある。そこではカトリックとプロテスタントの違いも浮き彫りにされている。キリスト教とつねに緊張に満ちた関係にあるユダヤ教、イスラームに目を配ったコラムは合計で四つ用意されている。それらを通じて読者は、三つの一神教には争いと交流の二つの局面があったことを具体的に理解することができる。

この序章の冒頭で指摘したとおり、現代の様々な紛争・戦争にはキリスト教世界内部の対立関係や一神教同士の衝突の要素が伏在している。したがって、近代以前のキリスト教史の理解は現代を理解するうえで不可欠である。このことは、日本の近現代史を考える際にもあてはまる。明治時代の知識人たちはヨーロッパから教義面の輪郭がはっきりした「宗教」という概念を学び、それを日本人の信仰にもあてはめ、神道は仏教とは明確に区別されるべきだという「神仏分離」の考えを生み出し、「廃仏毀釈」の嵐を引き起こした。日本の知識人や政治家たちが近代ヨーロッパのキリスト教と出合わなければ、こうした現象は起きてはいなかったであろう。キリスト教は近代日本に宗教的対立をもたらしたのである。もちろん、明治期のキリスト教とりわけプロテスタンティズムが良心の自由の観念や慈愛（チャリティ）の思想、福祉の精神を伝えたことは忘れてはならない。洋の東西を問わず、キリスト教の遺産には正負の両面がある。いずれにしても、本書が現代の世界と日本の情勢を読み解く一助となることを願っている。

（甚野尚志・踊　共二）

参考文献

〈事典類〉

キリスト教大事典編集委員会編『キリスト教大事典改訂新版』教文館、一九七〇年。

新カトリック大事典編纂委員会編『新カトリック大事典』全四巻、研究社、一九九七～二〇〇九年。

土井健司ほか監修『キリスト教神学命題集――ユスティノスからJ・コーンまで』日本キリスト教団出版局、二〇二二年。

日本ルーテル神学大学ルター研究所編『ルターと宗教改革事典』教文館、一九九五年。

〈概説書〉

加藤隆『一神教の誕生――ユダヤ教からキリスト教へ』講談社現代新書、二〇〇二年。

高柳俊一・松本宣郎編『キリスト教の歴史2　宗教改革以降』山川出版社、二〇〇九年。

田川健三『イエスという男』作品社、二〇〇四年。

廣岡正久編『キリスト教の歴史3　東方正教会・東方諸教会』山川出版社、二〇一三年。

松本宣郎編『キリスト教の歴史1　初期キリスト教～宗教改革』山川出版社、二〇〇九年。

山我哲雄『キリスト教入門』岩波書店、二〇一四年。

コラム1　古代の密儀宗教

エレウシスの密儀

「密儀宗教」という言葉を御存じだろうか？

紀元前に姿を現し、ローマ帝国に流入してのちキリスト教の発展とほぼ同時代に信徒を獲得していった密儀宗教と呼ばれるいくつかの宗教について知ることは、初期のキリスト教を形成した宗教風土を理解する上で重要であろうと思われる。

「密儀」宗教とは読んで字のごとく、入信式（イニシエーション）など非公開の儀式を中心とするいわば秘密結社的な信仰形態もしくは教団を指す。そこには、密かな儀式を通過することで、人は隠された真理（秘義）にはじめて到達しうるという考え方があった。その本質的な秘密性から、実際の儀式や教義の内容についてはこんにち不明の点が多い。

古代ギリシアを例に本村凌二が説くところによると、ギリシアのポリス社会に生きる市民たちが公に共有する理想は、同胞市民や、自分自身が所属する氏族・家族たちに対する節義の念に貫かれた人生を送ることであり、神殿で執り行われる祭儀とは、これらの社会生活における相互の敬愛の情を育む機会に他ならなかった。しかし、こうした表向きの理想とはうらはらに、死後の運命の不確かさに強い不安を抱き、何とかして生と死とをつなぐ径路を見出して不死の神々の世界に近づきたいと願望する人々も存在していた。彼らは都市空間と公的な社会関係からときおり逃避し、自然の中に神秘への入口を求めようとした。そうした人々が集う場においては、密かな儀式も瞑想も、あるいは狂騒の中で味わう陶酔もありえたであろう。中でもアッティカ地方のエレウシスで行われた密儀は、地母神デメテルと娘の穀物神ペルセフォネ（コレ）の死と再生の神話に基づくものと思われる。信者の魂は密儀を通じて植物の死と再生のリズムに参与することにより、何らかの不死性を獲得できると考えられた。

エレウシスの密儀が都市国家の伝統宗教と異なるのは、自らの意思と選択によって加入儀礼を受け信徒となることである。出自や身分も問われず個人の自由参加が前提であり、女性や奴隷も参加できた。とはいえ、エレウシス密儀は伝統宗教と対立的ではない。秋の祭礼では、ポリスの役人であるアルコン・バシレイオスの監督の下、都市近郊のエレウシスまでの行列が繰り広げられ、夜に会堂で行われた儀式の場で信者には穀物が与えられた。

ベルギーの考古学者・歴史家のフランツ・キュモン（一八六八〜一九四七年）に代表される初期の研究者は、このあと触れるようなオリエント系の密儀宗教の数の多さから、密儀がオリエントを起源としてヘレニズム時代に発達をとげたと考えていたが、現在ではギリシアの密儀の影響を受け、既存の宗教も密儀化したのではないかと理解する傾向が強く、とりわけこのエレウシスの密儀の影響力が重視されている。

ローマで拡大した密儀宗教

酒神ディオニュソスへの崇拝に伴う集団的な熱狂も、密儀宗教的性格を帯びるものである。伝説上の楽人オルフェウスが創始者と考えられたオルフェウス教においても、同じくディオニュソスが主神としてあがめられた。またプラトンの哲学に影響を与えたと考えられるピタゴラス学派においても、何らかの密儀や禁欲を通じ、肉体と分離した魂の永遠性を追求する傾向が認められたことは見逃せない。

エレウシス密儀が特定の場所でのみ行われたのと対照的に、ディオニュソスの密儀は特定の聖地をもたなかったこともあり、黒海沿岸、エジプト、小アジア、イタリア南部の広い地域に拡大していった。紀元前一八六年にはローマの元老院によって、ディオニュソス密儀の信者の弾圧が決議されている。またポンペイ遺跡の「秘儀荘」に残るフレスコ画は、この儀式の内容を窺わせるものとして知られている。

ローマ帝国の支配下では、東方から流入した様々な密儀宗教が実践された。たとえばアナトリア起源の男神アッティスと女神キュベレの祭礼では、人々はアッティスの死を嘆きつつキュベレに犠牲を捧げる。するとアッティスは蘇生し、信者たちには歓びの時が訪れる。エジプト起源のオシリスとイシスの神話も名高い。穀物を育てる豊穣の神オシリスは妬みを受けて殺害され、遺体はバラバラにされてしまう。しかし妻の女神イシスは遺体の断片を拾い集めてつなぎ、生命の息を吹きかけて復活させる。ただしそれは彼岸の国の支配者としての永遠の生であった。詳しい内容は不明だが、二世紀のローマの詩人アプレイウスはこの密儀に列した体験を著作『黄金のろば』に書き残している。

ミトラス教

ローマ帝国で最も流行した密儀宗教であるミトラス教については特筆する必要がある。ミトラス神はインド・イランの古くからの神の名であるが、紀元前一世紀頃、ギリシア化したマズダ教の神官によってシリア・小アジア地域で密儀宗教としての形を整えたと推測され、二世紀初頭にはローマ帝国のほとんどの地方に流布していた。その信仰を受け入れ、拡大に貢献したのは旅先の都市に神殿を建立した東方出身の裕福な商人たち、そして各地の属州に駐屯してその地で儀式に参加したローマ軍の兵士たちである。礼拝所の原型は奥に祭壇が置かれた自然の洞窟だが、建築物も多かった。

ミトラス教の教義と祭儀は、こんにち考古学的資料から類推しうるのみである。発見された詩句が語るところでは、人生は苦難に満ちているが、神は「永遠の血のほとばしりによって我々を救い給うた」。実際ミトラス神は聖牛を屠って太陽となり、その行為が悪に打ち勝つ力を世界に与えてくれたと信ぜられ、祭壇には牛を屠る図像が必ず置かれていた。入信とは悪からの救いと同時に、悪との闘争への参加である。入信者が裸体でひざまずき、導師から生贄の血に汚れた刀をみせられるという死を疑似体験する儀式の図が残り、詩句にも「私は耐え忍ぶことにより、神々の教えを担う」という一節が残されている。こうして入信した信徒はやがて、昇進の式を通過しつつ定められた七つの位階を昇ってゆくことになる。儀式は暗闇の中で行われ、入信式のほか戦勝祈願、小動物や鳥の犠牲、焼香、聖餐式なども執り行われていたようである。

ペルシア起源の宗教と西方の伝統との混淆（シンクレティズム）、信徒には節制と徳義心、国家への忠誠を求め、逆にディオニュソス崇拝に典型的にみられるようなオルギーの要素を排していたこと、これらの特色がこの密儀宗教が広くローマ社会に受け入れられた理由であろう。「もしキリスト教がなんらかの致命的な病によって成長が止まっていたら、世界はミトラス教化していただろう」とは一九世紀フランスの思想史家エルネスト・ルナン（一八二三〜九二年）の有名な言葉である。だがこんにちからみて、この見解は受け入れがたい。礼拝所の数はローマ市内だけでも一〇〇以上を数えたにせよ、その規模は小さく、推計される信徒数はそれほどの人数に達しない。またミトラス教は主に兵士を対象とした男性のための宗教であり女性の入信を認めていなかった。普遍宗教への志向を有していなかったのである。キリスト教への影響は明白でなく、競合の状態も不明である。ミトラス教の神殿と教団組織は、帝政末期に流入した外民族によって、またコンスタンティヌス帝の改宗以後はキリスト教徒によって破壊された。

密儀宗教とキリスト教

ヘレニズム世界においては、「密儀」を指すのは複数形ミュステーリア、隠された究極の真理（秘義）を指す用語としてはミュステーリオンが用いられていた。ギリシア語訳『旧約聖書』（七〇人訳聖書）にもミュステーリオンの語は登場し、その意味は、地上では隠されているが天上の神のみ旨によって実現が定められ、黙示者にのみ示される出来事というものである。この考え方は『新約聖書』に引き継がれ発展した。とくにいくつかの使徒書簡では、キリスト自身がミュステーリオンと呼ばれる。隠されていた神の救いの計画が、キリストによって明らかにされ、それは福音を通してすべての人に知られるべきものと理解された。やがて教父たちは、復活祭で祝われるキリストの死と復活を秘義と捉えるようになる。四世紀後半になると密儀宗教はその最盛期を過ぎていたが、キリスト教の典礼は整備が進み、この時期の教父たちはキリストの死と復活に結びつけられた入信儀礼としての洗礼と聖体拝領の意味について、密儀宗教の用語を用いつつ信徒に解き明かしたのである。このあたりの事情について、二〇世紀ドイツの神学者オード・カーゼル（一八八六～一九四八年）は著書『秘儀と秘義』（邦訳あり）において、密儀宗教における儀式は、キリスト教典礼の「型」を提供したのだと説明している。

思想面での変遷はおよそ以上のようにたどることができるが、この時代のキリスト教会の礼拝では、聖書の解き明かしの説教以後は、入信者のみが参加を許された領域だった。信徒だけの場になってから、互いの親愛の挨拶としての接吻（当時はきわめて近しい関係でしか交わされなかった）や、「キリストの血と肉をいただく」意味合いの聖体拝領が行われたのである。したがって、信徒たち自身も含め、同時代の人々に与えたキリスト教の印象は、十分に密儀宗教的だったかもしれない。

冒頭でも触れたが、本コラムのライトモチーフは、密儀宗教についての知識を得ることを通じて、キリスト教を培った宗教風土への理解を深めることにある。古代末期のローマ世界において、キリスト教も一つの密儀宗教だったという理解も可能かもしれない。だが、「キリスト教の勝利」はそれだけでは説明できない。この時期からすでに、キリスト教は密儀宗教的であると同時に、政治的、哲学的、社会活動的であり、要するに同時代の社会のあらゆる側面に関与しようとしていたのである。

（印出忠夫）

参考文献

石井祥裕「秘義」「秘義神学」、鶴岡賀雄・松村一男「密儀」、松村一男「ミトラス教」『新カトリック大事典』研究社、一九九六～二〇〇九年。
井上文則『異教のローマ――ミトラス教とその時代』講談社、二〇二五年。
前田護郎「密儀」、小川英雄「ミトラス教」『宗教学辞典』東京大学出版会、一九七三年。
本村凌二『多神教と一神教――古代地中海世界の宗教ドラマ』岩波書店、二〇〇五年。

第1章　キリスト教の東と西

1　神と人間の距離をめぐる一神教のドラマ——イコノクラスムまで

唯一なる神と人間の蜜月期

世界の歴史の中で一神教と呼ばれる宗教は、ユダヤ教、キリスト教、イスラームの三つで、そのいずれもが、ユダヤ人の祖であるアブラハム、イサク、ヤコブの神を唯一の神と認めて信仰する。

その神は、七五歳のアブラムの前にふたたび現れて、アブラハムと改名することを命じ、アブラハムを多くの国民の父とするという契約を結んだ（同書一七章）。その数年後、三人の旅人の姿を取ってマムレの樫の木のもとにいたアブラハムを訪れてイサクの誕生を預言した（同書一八章）。イサクが成長するとそのイサクを自らのために捧げ物にするように命じ、その命令に従ったアブラハムがイサクに刃物を振り上げた瞬間に、天の御使いを遣わせてそれを止めさせた（同書二二章）。

アブラハム、イサク、ヤコブの神を唯一の神と認めるアブラハムの子孫たち、すなわちユダヤ人はエジプトでファラオの奴隷となっていたが、ユダヤ人の一人であるモーセが羊飼いとして神の山ホレブに来たとき、柴のあいだに燃え上がっている炎の中に現れ、ユダヤ人を奴隷の境遇から救い出してエジプトから連れ出すことを約束した（「出エジプト記」三章）。モーセに連れ出されたユダヤの民はエジプトを脱出し、モーセの後継者ヨシュアの代に約束の地カナンに定住した（「ヨシュア記」）。ユダヤ人たちは、紀元前一〇世紀頃ダビデ、ソロモンのもとで強力な王国を築きあげた（「列王記」）。

このあたりまでが、唯一無二の神であるアブラハム、イサク、ヤコブの神とその神を信仰するユダヤ人たちの蜜月期である。一神教の認識では、人間を見守る神は、人知を超えて偉大で、人間の認識が捉えきれぬほど高く、しかも深みに根差す存在である。この時代までは、神はその全能さゆえに、律法を守るユダヤ人をしっかり守ってくれていた。神と人間との距離は近かった。だが、紀元前六世紀初め、アッシリアによってイスラエル王国が、バビロニアによってユダ王国が滅ぼされ、いわゆるバビロン捕囚が行われ、ユダヤ人が約束の地から離れて世界中に離散するあたりから、神と人間との関係に微妙な違和感が漂い始める。神と人間との距離が、だんだん遠ざかっていくのだ。遠ざかった神と人間との距離を示すものが『旧約聖書』の一書である「ヨブ記」である。

懐疑の時代とキリストへの道

心理学者C・G・ユングは、晩年に『ヨブへの答え』という書物を公表し、『旧約聖書』の中の神のイメージの両面性について公言し、損害を受けたと告白している（C・G・ユング『ユング自伝二』みすず書房、一九八七年、二七頁）。きわめて大胆でユニークなユングの解釈は以下のとおりである。

「ヨブ記」冒頭で、躁状態といえるほど上機嫌である神ヤーヴェは、神を畏れ、悪を避けて生きているヨブの自らへの敬虔さを自慢するが、サタンは皮肉のこもった態度で、「ヨブが、利益もないのに神を敬うでしょうか。ひとつこの辺で、御手を伸ばして彼の財産に触れてごらんなさい。面と向かってあなたを呪うにちがいありません」と嗾《けしか》ける。ヨブが自分を裏切るのではないかというヤーヴェの不安を掻き立てるのである。ヤーヴェはヨブを試すというそれだけの理由でヨブを恐ろしい災難に陥れる。

ヤーヴェの軽薄さは、荒れ野で悪魔の誘惑をしりぞけるイエスの用心深さとは対照的だ。サタンの誘惑に屈するヤーヴェは、あきらかにその全知全能に反するといわざるをえない。それは、人々の信仰と期待にもかかわらず、神がバビロン捕囚をはじめとするユダヤ人の災厄を黙過してきたことと関係があるのだろう。ユングは、ヨブについて次のように評価を下す。「打ち倒され、迫害された者が勝利するのは当然である。なぜならヨブはヤーヴェより道徳的に上に立ったからである。ヨブの優位によって今や熟慮や反省を本当に必要とする状況が生まれた。ヤーヴェは人間ヨブより道徳的に優れていることを、それゆえ彼が人間の状態にまで追いつかなければならないことを、間接的に認めているのである。ヤーヴェの被造物が彼を追い越したからこそ、彼は生まれ変わらなければならない。もし彼がその決断をしないなら、それは彼の全知と明らかに矛盾することになろう」（C・G・ユング『ヨブへの答え』みすず書房、一九八八年、六九頁）。

人間に追い越されてしまった神が、自らの全能性を回復するためには、神はあえて人間にならなくてはならない。神が人間に生まれ変わるとは、すなわち、神の子イエス・キリストがこの地上に遣わされたことを意味する。ユングは、キリストについては次のように述べている。「キリストの一生は、神の一生と人間の一生とが同時に生きられるなら、そうなるはずであるという、まさにそのようなものである。それは一つのシンボル、いうなればヨブとヤーヴェが結合して一つの人格になったかのようである。人間になるというヤーヴェの意図はヨブとの確執から生じたものであるが、それがいまキリストの人生の苦悩のなかで成就するのである」（ユング『ヨブへの答え』七五頁）。

神がイエス・キリストにおいて人間になることによって、神と人間との距離は一気に近づく。しかしながら同時に、神は人間の認識を超え、人間の能力によって捕捉されるものを超越していなくてはならない。四世紀末にキリスト教がローマ帝国の国教となったあとも、キリストの人性をより希薄化し、キリストにその神性のみをみようとする単性論が、シリア、エジプトにおいて隆盛する。イエス・キリストが神であるならば、人間であってはならぬと考えようとする単性論から、イエス・キリストは預言者という特別なカテゴリーの人間であるが、決して神ではないと考えるイスラームの生誕まではあと一歩の距離しかない。単性論が隆盛したシリア、エジプトはイスラームが生誕すると急激にイスラーム化することになる。イスラームが神と認めるのは、アッラーのみだ。イスラームの生誕によって、神と人間との関係性はユダヤ教の昔に戻ったといえるだろう。おそらくこちらのほうが一神教の本来の姿なのではないかと筆者は考える。

イスラームが生誕すると、キリストを完全な人間であり、完全な神であるとするキリスト教の複雑な立場は、たちまちムスリムの糾弾を受けることになった。イスラームからみれば、神はアッラーのほかにはありえない。その結果、神であるイエス・キリストの絵を描いてよいのか否かという問題が、ビザンツ帝国の中で激しい議論を巻き起こし、武力闘争にまで発展した。

イスラーム生誕とイコノクラスム

黎明期キリスト教でも実は、神の像を描くことはとても遠慮されていた。それは、キリスト教徒が迫害時代に隠れて神に祈ったカタコンベの絵によく表れている。イエス・キリストの姿は、羊飼い、鳩、牧者、葡萄の枝などで象徴的に遠慮がちに描かれるものだった。魚として描かれる場合もあった。というのは、「イエス・キリスト、神の子、救世主」のギリシア語の頭文字をつなげていくと、イクテュス＝魚という単語になるからだ。

図1-1　ラヴェンナのサン・ヴィターレ聖堂のユスティニアヌス像

根津由喜夫氏撮影。

ところが、六世紀のユスティニアヌス帝の時代くらいから、イエス・キリストの画像が堂々と描かれるようになってきた。ビザンツ帝国領内のラヴェンナのサンヴィターレ聖堂では、皇帝として君臨するユスティニアヌスと巻物をもつキリスト像とが重ね合わされている。イスラームは人間には不可知な尊い神を絵に描くとは何事かと痛烈に批判した。当時、西欧よりも文明的にはるかに進んでいたビザンツ帝国のエリート層は、この批判の意味を理解した。ビザンツ帝国内では、片っ端からイエス・キリストの画像が破壊されていった。この聖像破壊運動がすなわちイコノクラスムである。

しかし、ビザンツ帝国はかつて人間の塑像がさかんに造形されたギリシアの地であり、人々の形あるものへの愛着も強く、たちまちイコン擁護派が巻き返した。イコン擁護派の中心には修道士たちがいて、イコン擁護の論陣を張った。その代表者はダマスコのヨハンネスで、「聖像への崇敬はその原像に帰す」とする神学者、大ワシレオスの言葉を引用しながら、聖画像の正当性を主張した。七二六年、シリア出身のビザンツ皇帝レオン三世がイコン崇敬を禁じる勅令を出したことに始まったイコン破壊派とイコン擁護派のこの武力闘争は、結局、七八七年にレオン四世（レオン三世の孫）の皇后エイレーネーが主宰した第二ニカイア公会議で、イコン崇敬の正当性が再確認されて一応の決着をみた。しかし、八一五年にふたたび聖像禁止令が出され、この勅令が八四三年に廃されるまで、イコノクラスムは続く。ビザンツ帝国がイコン崇敬は偶像崇拝ではないのだという結論に至るまでに、一二〇年の歳月が必要とされ、そのあいだに人々の膨大な血が流された。

イコノクラスムはキリスト教の原点に立ち返ることによって解決した。カルケドン信仰箇条によれば、イエス・キリストは完全な神であると同時に、完全な人間だった。神としてのキリストは絵に描くことはできないが、人間としてのキリストは絵に描くことができる、いや積極的に描くべきだという結論に立ち至ったのである。その結果、東方正教会の教会は、イエス・キリスト、神の御母マリア、聖人たちの画像で埋め尽くされることになった。

人性に重きを置くビザンツ教会

このことで、イエス・キリストの捉え方が変わったのだと筆者は考えている。思考のうえでは、キリストは神であり同時に人間なのだが、感性のうえでは、壁にびっしりイエス・キリストや神の御母マリアや聖人たちが描かれた聖堂にいると、否が応にもキリストが人間であることが迫ってくる。イコノクラスムを経て、神であるキリストの人性を再確認したことが、ビザンツ帝国のキリスト教を微妙に変質させた。

コンスタンティノープルを中心とする東方正教は、イエス・キリストの人性を強く意識する方向へと傾斜した。それに対して、ローマを中心とする西方キリスト教にとっては、キリストの人性はむしろ秘儀に属するものであって、表に引き立てる事柄ではなかったようだ。ローマ教皇を頂点とする西のキリスト教のイコノクラスムに対する対応は、足並みのそろわないものだった。ローマ教皇は、聖像画の破壊に関してはっきり反対を表明していたが、やはりムスリムとの対決を経験したフランク王国の神学者たちは、イスラームからの批判に一定の理解を示し、ローマ教皇とは異なりビザンツ帝国のイコン擁護派の主張には不服だったらしく、聖画像を積極的には擁護しなかった。イコノクラスムをめぐって東西教会に入った亀裂は、続く時代に典礼に使用する言語の問題が前景化すると、ますます拡大していく。

2　スラヴ語典礼の誕生――キュリロス、メトディオスのスラヴ人宣教

蛮族の言葉による典礼の可否

ビザンツ帝国は、聖画像論争に決着をつけた九世紀半ば、ゲルマン諸族への布教を成功させたローマ教会に対抗するかのように、スラヴ文語の制定によるスラヴ人への伝道という施策を打ち出した。蛮族であるスラヴ人の言葉に聖書を移し替えて、スラヴ族という蛮族に自らのキリスト教を広め、自らの勢力圏を拡大することが狙いだった。聖書を蛮族の言葉にするという発想は、この時代にあっては、ふつうに考えてはほとんどありえないような、不敵なほど大胆な施策だった。

キリスト教の教えとは、「神の子、イエス・キリストが、罪深い人類を救済するために、自らは罪がないにもかかわらず、人類の罪を背負って十字架にかけられて死に（すなわち、受難し）、そして、三日後に復活する」ということだが、この教えに内容を与えるものが、『旧約聖書』と『新約聖書』にほかならない。翻訳の過程で様々な解釈が生まれ、それが異端として発展するリスクを抑え込むために、教会、とくにローマ・カトリック教会は、言語に関して厳しい統制を行っていた。

ローマのキリスト教圏の教会では、ラテン語が唯一の共通言語だった。宗教的権威として唯一のローマ教皇があり、世俗の権力として諸国の王があったように、宗教界の唯一の共通言語であるラテン語が諸国を結びつける一方で、その土地土地の諸国の民族語（世俗日常語）がバラバラに存在していた。この状況を打破したのが、マルティン・ルターによる宗教改革である。ルターは、聖書をドイツ語に翻訳し、ローマ教会を介さず、民衆が民族語で聖書を読むことによって神と直接つながるべきだという考えを表明した。ルター以降、聖書は公然と各民族語に訳されるようになった。

これに対して、ビザンツ圏のキリスト教はこの点、非常に寛容であり、言語によって各民族の教会を統制することはなかった。むしろスラヴ語を用いるスラヴ人に対しては、民族語を尊重する態度を取った。寛容であるというよりも人道的であるといったほうがふさわしい。

聖書の歴史とスラヴ語の典礼

そもそも『旧約聖書』はヘブライ語で書かれていた。バビロン捕囚以降、ユダヤ人は地中海世界の各地に離散し、居住していたが、ギリシア語をリンガ・フランカとするヘレニズム世界が成立する頃には、ヘブライ語がわからないユダヤ人がかなり増えてきた。ギリシア語しか理解できないユダヤ人のために、紀元前一世紀頃までに、「セプトゥアギンタ（七〇人訳）」というギリシア語聖書が編纂された。そして、『新約聖書』は、四福音書も、書簡もはじめからギリシア語で書かれた。迫害時代を経てキリスト教がローマ帝国の国教となる四世紀には、ヒエロニムスの手によってラテン語訳聖書「ウルガタ」が編纂された。宗教改革でマルティン・ルターがドイツ語に聖書を翻訳する一六世紀前半まで、基本的に聖書は、ヘブライ語、ギリシア語、ラテン語でしか語られてはならないものだった。

ローマ教皇とフランク王国カロリング朝の神学者たちとのあいだに、聖画像崇敬の是非をめぐって、微妙なズレがあったが、カール大帝の時代には蜜月であった、ローマ教皇庁とカロリング王権とのあいだにあったこのズレをさらに拡大させたのは、まさに古代教会スラヴ語による典礼を容認すべきか否かという問題だった。

ビザンツ帝国で聖画像の是非をめぐる混乱が終息したとき、ビザンツ帝国の周辺には、ゲルマン系言語でもなく、ラテン語系言語でもないスラヴ語を話す人々が、キリスト教へ未改宗の状態で残されていた。現在のチェコの東部にあたるモラヴィアに限らず、キリスト教に未改宗のスラヴ人の生活圏は、ローマとコンスタンティノープルとの勢力圏争いの草刈り場となった。ローマとコンスタンティノープルのどちらがスラヴ人を改宗させ、自分たちの勢力圏に取り込むかを競い合ったのである。そうした状況の中で、モラヴィアの侯ロスティスラフが、ビザンツ皇帝ミカエル三世に、自分たちはキリスト教に改宗したい、願わくは、教師になる伝道師を派遣してほしいと、使節を送ってきた。ロスティスラフ侯は、ローマ教会側の宣教の前線となっている東フランク王国のドイツ人勢力と対立していたのである。

キュリロス、メトディオスの召命

ビザンツ皇帝ミカエル三世は、哲人《フィロソーフ》と呼ばれていたコンスタンティノスを召喚した。コンスタンティノスは死の直前に修道士となり、キュリロスの修道名を受けるが、キュリロスの名前のほうが有名なので、以下キュリロスと呼んでいきたい。ミカエル三世は次のようにキュリロスにいって使命を託した。「哲人よ、私はおまえが疲れていることを知っている。だが、おまえはぜひともかの地に行く必要がある。なぜなら、ほかの誰も、おまえのようにこの使命を果たすことができないからである」。哲人はこの使命を引き受けたのち、神に一心に祈る。神は自らの僕《しもべ》の祈りを聞き入れ、文字を啓示し、「哲人はたちまち文字を創りあげ、福音書の本文を書きはじめた。「はじめに言葉があった。言葉は神とともにあった。言葉は神であった」」。こうして、キュリロスは、兄のメトディオスとともにスラヴ人の宣教に乗り出すことになる。

キュリロスが新しい文語の制定にあたって基礎を置いたのは、彼が幼年時代から熟知していたテッサロニキ周辺のスラヴ人が話すマケドニア系方言だった。これは南スラヴ語に属すが、モラヴィアで話されていたのは西スラヴ語のチェコ語系の言語であり、若干異なっていた。しかし、これでも十分用が足りたのは、九世紀当時、スラヴ諸語は今よりもはるかに似通っており、それぞれの言語が同じ一つの言語の方言と称すべき状態だったからだ。キュリロスとメトディオスは、八六三年早春、スラヴ人の弟子たちを伴って陸路コンスタンティノープルを発ち、秋にモラヴィアに到着し、この地に四〇カ月滞在して、詩篇、福音書、アポストル（使徒書簡および使徒言行録の典礼用抜粋）などを古代教会スラヴ語に訳した。ところが、これは東フランク王国のドイツ人聖職者たちの気分を著しく害するものだった。

ドイツ人は規律に厳格だとよくいわれるが、この性格はこの当時から変わっていないようだ。神は絵に描いてはならないとムスリムに指摘されれば、その原則にこだわって聖画像に批判的な態度を取ったことはすでに述べたが、このときドイツ人聖職者たちがこだわった原則は、「三言語主義」と呼ばれるものだった。聖書というのは神の言葉だから、神聖な言語で語られねばならない。その神聖な言語とは、『旧約聖書』が書かれたヘブライ語、『新約聖書』が書かれたギリシア語、キリスト教を国教としたローマ帝国の言語であるラテン語の三つであるというのがその主張だった。この考え方は、この当時のキリスト教圏の常識といえるものだった。東フランク王国の人々が日常使っていたドイツ語と、お祈りの言葉であるラテン語は、語族の違う言語である。東フランク王国のゲルマン人は、お祈りはラテン語で行われなくてはならないという原則にも忠実だった。だから、スラヴ語で祈ろうとするキュリロス、メトディオスと、その弟子たちが余計に憎く見えたのかもしれない。

三言語主義との論争

キュリロス、メトディオス兄弟は、モラヴィアでドイツ人カトリック聖職者たちの厳しい批判を受け止めた。八六六年の終わり頃、両兄弟は自らの弟子たちを司祭ないし主教に叙階してもらうためにヴェネツィアに出た。ヴェネツィアからローマに向かい、ドイツ人聖職者に一定の影響力をもつローマ教皇にスラヴ語典礼を認めてもらうこともその目的の一つだったと考えられる。だが、ヴェネツィアでキュリロス、メトディオス兄弟を待っていたのは、またもや論争だった。キュリロスは論敵を次のように糾弾する。

神の降らせたまう雨は、万人の上に等しく降り注がないだろうか。また、太陽も同じく、万人の上に照り輝かないだろうか。また、我々はすべて等しく、空気を呼吸していないだろうか。それなのに、あなたがたは三つの言葉だけを神の言葉と見なし、ほかのあらゆる民族や種族が、盲であり、つんぼであることを望んでいる。あなたがたはどうしてそれを恥ずかしいと思わないのか。私に説明してもらいたい。あなたがたは神を、ほかの民族に自分の文字を与えることができないほど、無力であるとするのか。それとも、それを望まないほど、ねたみ深いものとするのか

（「〈翻訳〉コンスタンティノス一代記：訳ならびに注⑵」『スラヴ研究』三三号、二〇七〜二〇八頁）。

神の前で言語、民族に卑賤はないと、高らかに宣言しているキュリロスのこの言葉は感動的だ。ローマ教皇庁も、東フランク王国も、ビザンツ帝国も、モラヴィアでさえ、自らの利害のためにしのぎを削っている中から、神の前では万人が平等であるという認識に到達する人間が現れてきた。結局、キュリロス、メトディオス兄弟のこの啓蒙の光に感化された教皇ハドリアヌス二世は、彼らを温かく迎えたばかりではなく、スラヴ語による典礼の許可を与え、自らメトディオスとスラヴ人の三人の弟子たちを司祭に叙階し、後継者の養成というモラヴィア伝道の目的を達成させてやった。しかし、幸運は長く続かなかった。コンスタンティノスが病を得て修道士キュリロスとなり、八六九年二月一四日に、四二歳で亡くなってしまったのである。

キュリロスの死後、メトディオスの奮闘が続くが、モラヴィアでは情勢が一変していた。ロスティスラフ侯が失脚し、ドイツ人司教ヴィーヒングの強い影響下にあった、その甥のスヴァトポルクが侯位に即いた。ローマ教皇によって冷たいあしらいを受けてきた東フランクの聖職者たちの巻き返しが始まっていた。フランク王国とビザンツ帝国のあいだを、バランスを取りながら仲介していたローマ教皇も、宗教の理想を追求するよりも、自らを庇護してくれるフランクを頼む態度を鮮明にさせた。かくして、モラヴィアとパンノニアにおける、コンスタンティノス＝キュリロスと、メトディオスのスラヴ人宣教事業は実を結ぶことなく終わった。

3　キエフ・ルーシに到来したスラヴ文語によるキリスト教――東方正教の西方キリスト教への敵愾心

ブルガリアから琥珀の道を北上するスラヴ語典礼

しかし、キュリロス、メトディオスによるスラヴ人宣教事業そのものは、場所をモラヴィアからブルガリアに移して継続した。メトディオスの弟子たちを喜んで受け容れたブルガリア公ボリス（在位八五二～八八九年）の意を受けて、メトディオスの弟子でモラヴィア伝道にも同行し、のちにスラヴ人として初めて最初の主教となったクリメント（九一六年没）は、南西マケドニア地方で七年間に三五〇〇人の弟子を養成した。オフリド派と呼ばれる人々である。ボリスの子シュメオン（在位八九三～九二七年）は宮廷を新しい都、プレスラフ（東部ブルガリア）に移すが、ここでもシュメオンの庇護のもとで、プレスラフのコンスタンチン、イオアン・エグザルフらの文人を輩出した。彼らはプレスラフ派と呼ばれている。ブルガリアはコンスタンティノープルにも近かったので、ギリシア語に堪能なスラヴ人知識人も多く、これら知識人の手でギリシア文字のウンキャル体をもとにキリル文字が創られた。キリル文字という名称はキュリロスから来ているが、これはキュリロス、メトディオス兄弟が創ったものではない。キュリロス、メトディオスが考案したのはグラゴール文字という、独特の曲線美をもったキリル文字とは異なる文字である。キリル文字は、それを使用する無名の人々の手によって創られ、普及したのだった。

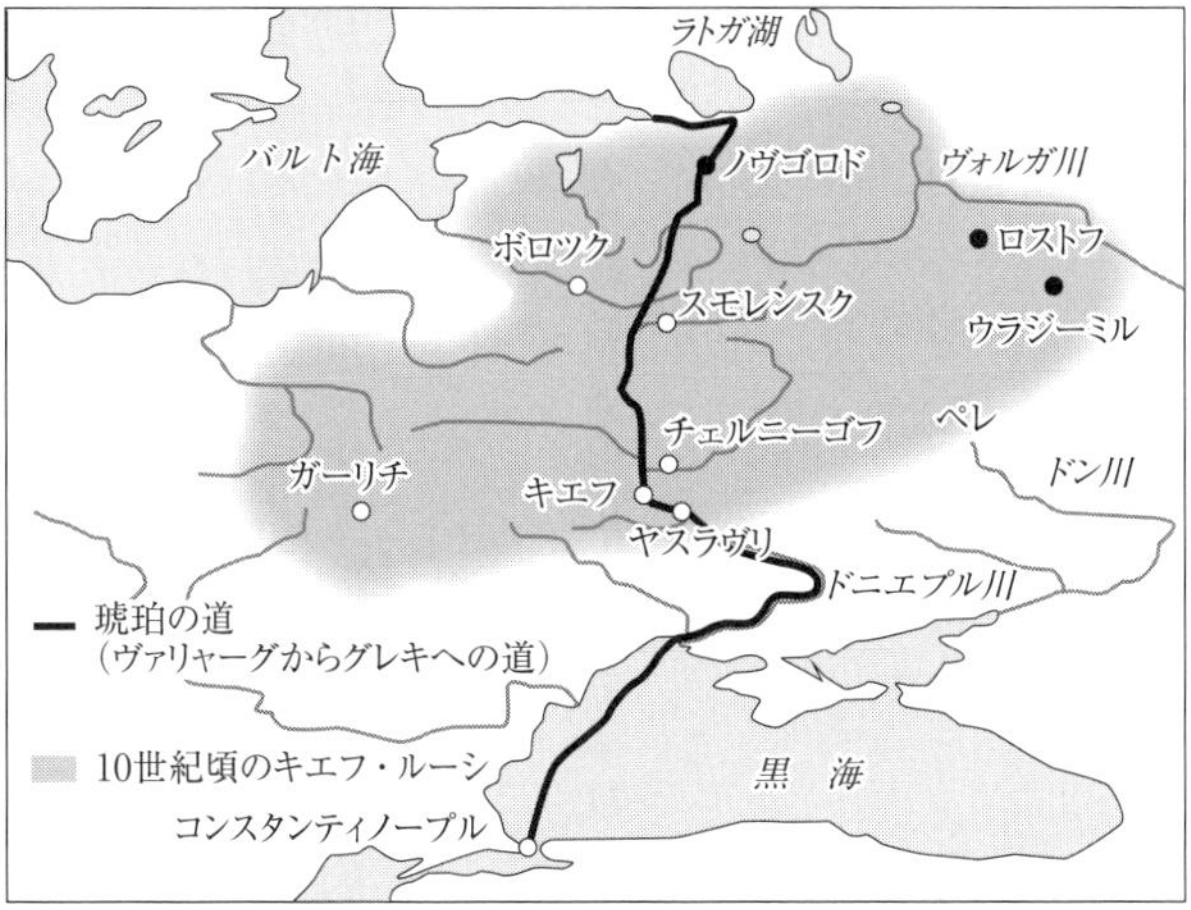

図1-2　10世紀頃のキエフ・ルーシと琥珀の道

地図製作：松崎芳則（ミューズ・グラフィック）。
出典：三浦清美『ロシアの思考回路』扶桑社，2022年。

南のバルカン半島に位置するブルガリアでスラヴ語典礼が普及していた頃、北では、興味深い社会経済上の現象が起こっていた。ヴァイキングの活躍である。彼らはスカンジナヴィア半島を拠点として、バルト海、地中海で交易と海賊活動に従事し、一部はアメリカ大陸に至っている。彼らはのちにロシアとなる地域にも進出した。この地には、北のバルト海に注ぐ川と、南の黒海に注ぐ川が流れているが、この河川が上流でわずか十数キロメートルに近づく地点がある。そういう場所を「ヴォロク」と呼ぶ。「引っ張る」を意味する「ヴレーチ」からできた名詞だ。

ヴァイキングたちは、このヴォロクで船を陸に揚げ、引っ張って、バルト水系と黒海水系を結び交易路を開拓したのである。この交易路は、バルト海で産出する宝石の琥珀を、文明世界であった地中海世界に運んだことから、「琥珀の道」

と美しい名称で呼ばれているが、実際の主要交易品は「奴隷」だった。英語のslaveやフランス語のesclave、ドイツ語のSklave、つまり「奴隷」の語源が「スラヴ人Slavs」にあるというのは決して俗説ではなく、英語でもフランス語でもこの言葉は一一世紀頃から用いられている。つまりその時期は、琥珀の道が活性化した時期と軌を一にしているのだ。琥珀の道は、ヴァイキングの国からギリシアへの道という意味で、「ヴァリャーグからグレキへの道」と呼ばれることもある。この琥珀の道をたどって、ブルガリアで根づいたスラヴ文語によるキリスト教文明が、のちにロシアとなる地、ルーシに到達した。

異なる宗教として理解される東西教会

キエフ・ルーシ国家の建設は、キュリロス、メトディオス兄弟が皇帝ミカエル三世からスラヴ人宣教の命を受けたのと同じ年の八六二年のことである。コンスタンティノープルからキリスト教を受容する一三〇年前のことだ。そこに居住する東スラヴ人たちのあいだでは内輪もめが絶えなかったために、彼らは異民族であるヴァイキングの首領リューリックを指導者として招聘して、ヴァイキングの命令秩序を受け容れて国家を樹立した。

リューリックはキリスト教徒ではなかったが、琥珀の道の担い手であった。この琥珀の道を北上してキリスト教もキエフ・ルーシに流入した。ルーシ建国からおよそ一〇〇年後の九五五年には、リューリックの息子イーゴリの妻であるオリガがキリスト教に改宗している。年代記『過ぎし年月の物語』によれば、オリガはコンスタンティノープルでビザンツ皇帝に求婚されそうになったが、気が進まないので機転を利かせ、ビザンツ皇帝に洗礼父になってもらい、キリスト教の洗礼を受けたあとで、(洗礼)父と結婚することはできないからと断ったのだという。

イーゴリとオリガの子スヴャトスラフは征服王で、三世紀にわたってカスピ海北岸に盤踞したハザール帝国を滅ぼして配下に収めるなど、支配領域を飛躍的に拡大させた。支配領域の拡大に伴って、多民族の一元的統治という政治課題が前景化してきた。兄ヤロポルクを殺害してキエフ大公位に収まった、スヴャトスラフの子ウラジーミルは、九八〇年、個々の民族が崇拝する多神教の神々の像を自らの邸宅に集め、多神教を一括管理することで、支配領域の統合を進めようとしたが、この試みはうまくいかなかった。『過ぎし年月の物語』によれば、こうした状況の中で、一神教を奉じる四つの勢力から次々に改宗を誘う使者が訪れた。一神教を奉じる四つの勢力とは、ユダヤ教を奉じるハザール人、イスラームを奉じるヴォルガ・ブルガール人、ローマ・カトリックを奉じるドイツ人、ギリシア正教を奉じるギリシア人である。

やがてキリスト教に改宗してのちに「聖公」と呼ばれることになるキエフ大公ウラジーミルは、ドイツ人に対しては「自分の先祖が受け容れなかったのだから帰れ」と諭した。この頃までに、ヴァイキングの多くがカトリックに改宗していたが、ルーシに流れ着いたリューリックの一族はヴァイキングの地でカトリックには改宗していなかったという意味であろう。ウラジーミルは、その一方で、ギリシア人の哲学者《フィロソーフ》の話は熱心に聞いたと『過ぎし年月の物語』は伝えている。やがてウラジーミル自身がこれら四つの一神教に対して調査団を組織して派遣し、調査を行わせる。使節団がコンスタンティノープルでの宗教儀礼の美しさについて「自分たちは地上にいるのか天上にいるのかわからなかった」と報告すると、ウラジーミルはこれに魅せられてギリシア正教からの受洗を決断した。このエピソードで重要なのは、年代記『過ぎし年月の物語』が、キリスト教改宗直前のキエフ・ルーシの東スラヴ人にとって、西方のキリスト教と東方のキリスト教が異なる宗教に映じていたという事実を伝えていることだ。

正教聖者が放つカトリックへの悪口雑言

ウラジーミルによる改宗から五〇年ほどのあいだに、キエフ・ルーシのキリスト教は急速に形を整えていった。多くのすぐれたキリスト教者を輩出したのがキエフ洞窟修道院である。キエフ洞窟修道院の第二代修道院長で、キエフ・ルーシで随一の聖者となったフェオドーシイは、一一世紀後半、キエフ大公位をめぐるヤロスラフ賢公の息子たちの争いの調停を買って出るなど、キエフ・ルーシの政治にも無視しがたい影響力を行使した。そのフェオドーシイが明瞭な反カトリックのマニフェストを残している。ヤロスラフ賢公の息子であるイジャスラフに送った書簡形式の論題『ラテンの信仰についてのイジャスラフの問い』がそれである。イジャスラフ公の妻ゲルトルーダはポーランド貴族の娘で、結婚後もカトリックの信仰を堅く守っていた。
　イジャスラフ公への親しみを込めた呼びかけで始まった書簡は、ただちにカトリック論難の本題に入っていく。

　彼らの信仰は有害なもので、その律法は穢れています。彼らはサベリウス派とほかの多くの異端的信仰を取り入れており、全土を汚しています。信仰深き専制君主よ、彼らを警戒してください。彼らの異端はかくのごときです。第一に、イコンに接吻しない。第二に、聖者の遺骸に接吻しない。第三に、地面に十字を描き、それに接吻し、起き上がってそれを踏みつける。第四に、大斎期に肉を食べる。第五に、種無しパンで聖体拝領をする。第六に、彼らの司祭は洗礼のさい、一回の水への浸礼で済ますが、私たちは三回行う。私たちはあらたに洗礼した人間に聖膏と香油を塗るが、彼らは口に塩を振りかける。彼らは洗礼名をつけるさいに、聖人の名前ではなく、自分たちの親たちの名を呼び、その名前のもとに洗礼をおこなう（三浦清美訳『キエフ洞窟修道院聖者列伝』松籟社、二〇二一年、三三六～三三八頁）。

有徳の聖者と讃えられたフェオドーシイの口から、これでもかこれでもかと流れ出すカトリック信仰への悪口雑言は、読む人を驚かせる。ここで「異端」の振舞いとして論《あげつら》われたラテン人の習慣の多くは、ビザンツの文筆家ミカエル・ケラリオスによって言及されたものであることを、N・ポヌィルコが指摘している（Библиотека литературы Древней Руси. Т. 1. СПб., 1997. С. 537）。また、「地面に十字を描き、それに接吻し、起き上がってそれを踏みつける」という習慣は、『過ぎし年月の物語』の九八八年の項、キリスト教に改宗したウラジーミルの信仰告白でも触れられている（國本哲男ほか『ロシア原初年代記』名古屋大学出版会、一九八七年、一二八～一二九頁）。
　こうしたフェオドーシイの西方キリスト教に対する罵詈雑言の中で特筆すべきなのは、西方キリスト教では、聖体拝領（東方正教では、聖体礼儀）の際に用いる、キリストの肉としてのパンが酵母なしのパンであることが論難されていることである。聖体礼儀に用いるパンの問題は、いわゆるフィリオクエとならんで、東西教会の分裂の際に争点となったことが知られている。この問題は、イエス・キリストをどう捉えるかに関わる重要な論点なのだ。東方正教会は、完全なる神でありなおかつ完全なる人間であるイエス・キリストを、人間として生き死にの枠の中にある存在と捉え、死したのち復活してなお肉として生きるキリストの、その「人間」であることに焦点を置き、聖体礼儀には、生きた膨らむ酵母入りのパンを用いることが正しいと誇示する。一方の西方教会は、むしろイエス・キリストを生き死にを超越した存在と捉え、キリストの生き死にの問題にこだわらない姿勢を取っている。

4　東西教会を分ける相違点——キリストの代理人としての統治者

東西教会を分ける五つの観点

では、東西教会はいかなる点で異なっていたのか。両者を分けるのは、①イエス・キリストの捉え方、②言語への態度、③暦のあり方、④統治機構の構造、⑤過去への姿勢、以上の五点である。

①八世紀から九世紀にかけてのイコノクラスムによって、東方正教会では、完全な神であり、完全な人間であるイエス・キリストの人性が強調されるようになった。すでに第2節で述べた。

②ヘブライ語、ギリシア語、ラテン語以外の言語で聖書が語られることを許さなかった西方キリスト教世界に対し、東方キリスト教では、スラヴ人に古代教会スラヴ語による典礼を認めていた。すでに第3節で述べた。

③西方教会がキリスト生誕紀元を用いていたのに対して、東方正教会では、西暦紀元前五五〇九年九月一日から五五〇八年八月三一日のあいだにかけて神による天地創造が起こったとし、この年を元年とする天地創造紀元を用いていた。

④地上における神の代理人という立場は、西方キリスト教では、ローマ教皇であり、東方正教会では、天上の神パントクラトールの地上における代理人たるアウトクラトール、すなわちローマ皇帝である。西方では、ローマ教皇を頂点とする宗教界と諸国の王が林立する俗界が分かれていたのに対し、東方では、宗教と政治は分離することなく混淆し、俗界の頂点にある皇帝が宗教界の頂点にある総主教を配下に置くという統治機構の構造を取っていた。

⑤西方教会では、一三世紀以降学問の機関として大学が発達し、ギリシア、ローマ、古典古代の知識を旺盛に吸収したのに対して、東方正教会では、過去への遡及は最初のアウトクラトールであるコンスタンティヌス大帝に遡るのみで、古典古代への関心を意図的に抑制していたが、キリスト教黎明期の教会教父たちの著作への関心は高かった。

キリストの代理人としての統治者

以上の五点のうち、ことに重要なのは①と④である。地上世界の頂点であるアウトクラトール＝皇帝の原イメージは、人間であるイエス・キリストにほかならないからである。アウトクラトール＝皇帝は、そのほかの人間たちに対しては神として君臨するのに対し、神に対しては人間として仕えるという二重性を有している。この二重性について、ソビエト・ロシアのビザンツ史家セルゲイ・アヴェリンツェフは、著書『初期ビザンツ文学の詩学』の中の「記号、旗、徴」で次のように書いている。

人がそのなかに（ギリシアのポリスの「僭主」のような）単純に権力のある人間、あるいは（アレクサンドル大王のような）「単純に」地上の神を見る君主というものは、多かれ少なかれごく自然にそのようにふるまうことがある。どちらの場合も、その存在とその意義のあいだには矛盾がないように思われる（*Аверинцев* С. С. Поэтика ранневизантийской литературы. Санки-Петербург., 2004. С. 121）。

これが古典古代の強力な権力者の概念である。存在と意義のあいだに矛盾はなく、存在が意義（権力）を有している。アヴェリンツェフは続ける。

まったく異なるものは、中世キリスト教の神権的な思想である。この思想の観点からは、君主は、自分自身は人間に過ぎないのである（キリスト教の殉教者が、神である皇帝に跪拝することを拒絶するために血を流したことは理由のないことではない）が、その一方で、人々に対する権力は原則的に人間ではなく、神（と、信じる者たちの唯一の義で万能の「皇帝」——旧約概念の「皇帝ヤーヴェ」の延長——として神にして人であるキリスト）のみに帰属させることのできるものである（*Аверинцев.* Поэтика. С. 121）。

中世的な概念においては、存在（人間としての皇帝）は意義（権力）をもっていない。意義は、「皇帝＝ヤーヴェ」のものである。

「アウトクラトール」は、何か他のものの、すなわち「パントクラトール」のイメージである。「聖化された宮殿」は、何か他のものの、すなわち天のイメージである。（中略）それは、君主のペルソナと神の領域が生きた徴あるいは生きたイメージの諸権利において、媒介されつつ媒介する相関性という中世特有の観念なのである。

アヴェリンツェフは、人間でありなおかつ神でもあるアウトクラトール＝皇帝の二重性を以上のように説明しているが、説明はさらに続く。

それではこのイメージとは何なのか？　イメージの理論に精通したビザンツの専門家たちが説明する通り、「イメージというのは、原初イメージを徴づけ、のみならず原初イメージとは異なる直喩である」（中略）。神の「原初イメージ」のある一つの完全に唯一無二な「イメージ」が、絶対的に「真実である」と考えられている。（中略）これは「見えない神の、生きた、自らの本質によって真実のイメージ、つまり神の息子である」（*Аверинцев.* Поэтика. С. 122–123）。

アウトクラトール＝皇帝というイメージの原イメージはキリストにほかならないのである。

それに応じて、神の天の王国の、唯一の、絶対的に「真実である」イメージは、地上におけるキリストの終末論的な王国である（『黙示録』によれば、それは「新しい」地上における、「新しい」天のもとにある）。キリストだけが、無条件に法に則った正統的な主人なのであり、天上のばかりではなく地上の主人である。「あらゆる権力（eksusia 全能全権）は天においても地上においても私に与えられている」（「マタイによる福音書」二八章一八節―訳者による注）。あらゆるほかの権力は、条件つきの徴が条件となっているように、この無条件性とともに条件づけられている（*Аверинцев*. Поэтика. C. 123）。

イエス・キリストが神でありなおかつ人間であることと、皇帝が人間でありなおかつ神の原イメージをもつことはオーバーラップするのだ。

皇帝というものは、「一時的に」キリストの「義務を履行する者」としてのみ、「キリストの代理であり代官としてのみ、すなわち『副キリスト』としてのみ」、統治君臨することができる。（中略）祝祭の日々にビザンツの君主は、左手の紫の玉座に鎮座する権利をもっていた。しかしながら、もっと尊敬に値する右手にある金の座所はさまざまな意味合いをもって空けられており、それはキリストのためであった。これは非常に重要である。皇帝の「聖なる」玉座が聖なるものと考えられているのは、本来のことを言えば、「用意された」原則として空虚な「玉座」の徴としてのみ「聖なる」ということになるのである。この「空虚な」玉座は、世々の終わりに唯一なる全能正統なる主人キリストが座することになるものである（いわゆるエティマシア＝備えの図像、図1－3参照）（*Аверинцев*. Поэтика. C. 123）。

キエフ・ルーシにおける父なる神と子なる神の混淆

ところが、キエフ・ルーシの文学的伝統においては、神と人間の境界が、すなわち万物の創造者たる父なる神と、子なる神であるイエス・キリストの境界が曖昧になるどころか消えてしまうことがあるのだ。その一例として、トゥーロフのキリルの説教を挙げる。不治の病に侵され、シロアムの池で救済を望む病人が自分を救ってくれる人間はいないと嘆くのに対して、それを聞いたイエス・キリストは、悲惨な境遇にある人間を救うために、神であるキリスト自らが人間になったのだと教え諭す。その教え諭しの中に次のような一節がある。

> どうして人間はいないなどと、そなたは口にできるのか。私がそなたのために人間になったではないか。そなたは「そんな人間はいない」と言う。私は人間になった。それは人間を神にするためだ。（中略）私はそなたに役に立つようにすべての被造物を造ったのだ。天と地はそなたに仕える。天はお湿りによって、地は実りによって。太陽は光と熱となってそなたに仕える。そなたのために、雲は雨となって地に降り注ぐ（三浦清美『中世ロシアのキリスト教雄弁文学（説教と書簡）』松籟社、二〇二二年、二一〇頁）。

この説教では、テオーシス思想が「私（イエス・キリスト――三浦注）は人間になった。それは人間を神にするためだ」と明瞭な言葉で語られているが、同時に子なる神のイエス・キリストが万物を創造したことになっている。この父なる神と子なる神との境界の消滅は、ギリシア正教というよりもロシア正教の特徴である。イコン画でも、ロシア正教では、万軍の主サバオト、つまり父なる神が絵に描かれるということが起こるが、これはビザンツではふつう行われなかった。この混淆がロシア特有のテオーシス思想観の源泉となっているように思われる。

図1-3　エティマシア（備え）の図像

出典：Wikimedia Commons.

　アヴェリンツェフにしたがって以上で述べてきたキリスト教君主のイメージができあがったのは、H・I・マルーによれば、六世紀前半のユスティニアヌス帝の時代だが、この時代の皇帝と総主教のつながりについては、マルーは次のように述べている。

精神界と世俗界とのこの二つの領域のあいだにはかなりの混乱は見逃せないが、しかし緊密な協力があり、両者は相互に深く浸透し合っている。西欧の歴史はこの二つを区別すべきことを教えている（H・I・マルー著、上智大学中世思想研究所編訳『キリスト教史2　教父時代』平凡社、一九九六年、三三九頁）。

異なる宗教となった東西教会

ここで注意すべきは、世俗の権力と宗教の権威は互いに独立でありながら、宗教権威を下位に置いて緊密な連携をもっていたことが、西方カトリックとは異なる東方正教の特徴だったということだ。このことは、エティマシアの図像に端的に現れている。キエフ・ルーシはこの世界観、ことに君主観をビザンツと共有し、部分的に変容させながら、総体としてはそのまま受容した。モスクワはそのキエフ・ルーシのビザンツ理解をかなり意識的に継承し、独自の仕方で発展させ、東方正教会は西方教会とは異なるものだという意識を先鋭化させてゆく。それはモスクワの特異性であるといえなくはないが、にもかかわらず、ロシア、ウクライナ、ベラルーシの共通の祖先であるキエフ・ルーシが、コンスタンティノープルからキリスト教を受容した一〇世紀末にはすでに、東西教会は同じキリスト教でありながら、ユダヤ教とイスラームが異なるように、ほとんど別の宗教であるかのように異なっていると認識されていたことは記憶しておいてもよいと思われる。

（三浦清美）

参考文献

國本哲男ほか『ロシア原初年代記』名古屋大学出版会、一九八七年。
＊年代記（レートピシ）の長い伝統をもつ中世のロシアで最初の年代記。『過ぎし年月の物語』とも呼ばれる。本書は、ノアの

洪水からスラヴ人の起源を説き起こし、使徒アンドレのルーシ訪問、キエフ国家黎明期を経て一一一〇年代に至るまでのキエフ・ルーシの歴史を、キリスト教の世界観の中で叙述している。

服部文昭『古代スラヴ語の世界史』白水社、二〇二〇年。

＊九世紀半ば、キュリロス、メトディウス兄弟は、ビザンツ皇帝ミカエル三世の要請でモラヴィア宣教に従事する。二人の兄弟は宣教のため、古代教会スラヴ語の文法体系を構築し、聖書の大部分を古代教会スラヴ語に翻訳した。古代教会スラヴ語を主軸に、主に九世紀から一二世紀初頭までの東欧の歴史を叙述している。

三浦清美編『中世ロシアのキリスト教雄弁文学（説教と書簡）』松籟社、二〇二一年。

＊中世ロシアの思想史の流れを伝えるキエフ府主教イラリオン、洞窟のフェオドーシイ、トゥーロフのキリルら、一二人の修道士たちの説教、書簡の翻訳。その根幹にあるのは、イエス・キリストにおいて神が人間になってくださったのである以上、キリストに近づくことを通じて、人間も神になり救済されるというテオーシス思想である。

三浦清美『ロシアの思考回路』扶桑社、二〇二二年。

＊一五世紀から一六世紀にかけてロシア、ウクライナ、ベラルーシとなる東スラヴ人の生活圏の歴史を描く学術的啓蒙書。ロシアとウクライナが戦争に至った経緯を、キュリロス、メトディオス兄弟のスラヴ語宣教にまで遡り、一〇世紀終わりにルーシ（ロシア、ウクライナ、ベラルーシの祖）が受け容れた東方キリスト教の同一性と変遷を通じて描き出している。

C・G・ユング『ヨブへの答え』みすず書房、一九八八年。

＊ユングが七七歳のときに刊行された書。神ヤーヴェは悪魔の甘言に乗って正しいヨブを試し、不幸のどん底に叩きこむが、ヨブは神に抗議し、受け容れられる。ユングが描き出す一神教のドラマとは、道徳的にヨブに追い抜かれたヤーヴェが、全能であるために人間イエス・キリストとなるというものである。

木村彰一『古代教会スラブ語入門』白水社、一九八五年。

木村彰一・岩井憲幸「〈翻訳〉コンスタンティノス一代記――訳ならびに注(1)」『スラヴ研究』三一号、一九八四年、一～一七頁。

木村彰一・岩井憲幸「〈翻訳〉コンスタンティノス一代記――訳ならびに注(2)」『スラヴ研究』三二号、一九八五年、一九一～二一五頁。

H・I・マルー著、上智大学中世思想研究所編訳『キリスト教史2　教父時代』平凡社、一九九六年、三二九頁。

三浦清美訳『キエフ洞窟修道院聖者列伝』松籟社、二〇二一年。

三浦清美「C・C・アヴェリンツェフの仕事――ビザンツの文明史的な位置づけと「初期ビザンツ文学の詩学」（モスクワ、一九

七七）」『Slavistika』三六、二〇二一年、四三〜五一頁。

C・G・ユング『ユング自伝二』みすず書房、一九八七年。

Аверинцев С. С. Поэтика ранневизантийской литературы. Санки-Петербург, 2004.

コラム2　イコノクラスム

イコンとイコン批判

イコノクラスムとは、イコンの破壊活動を意味する。イコンとは、「聖なる画像」とされるもので、一般的にはキリストや聖母マリア、天使や聖人などを描いた板パネルである。より広義には、以上の者たちを描いたものであれば、フレスコ画やモザイクなどであってもイコンに含まれる。

キリスト教では長い議論を経て、これら特別な絵画を「聖画像」ないし「聖像」として崇敬の対象とするようになった。とりわけ東方のビザンツ帝国にあっては、七世紀になる頃には、イコンは人々に対して奇跡を引き起こすと信じられ、圧倒的な尊崇を集めた。

けれども、イコンに対し接吻したり、ぬかずいて祈ったりする姿は、キリスト教が禁じている偶像崇拝にほかならないのではないか、という疑念を引き起こすことになる。

八世紀のビザンツについての主要史料である『テオファネス年代記』によると、七二六年にエーゲ海で火山の大噴火が発生し、各地に甚大な被害をもたらした。皇帝のレオン三世（在位七一七～七四一年）は、これを神の怒りと解釈し、その原因を人々のイコンへの崇拝に求めてイコン批判を開始した。これが教科書でレオン三世の聖像禁止令とされているものである。

皇帝は首都の大宮殿入り口の青銅門に掲げられていたキリストのイコンを撤去しようとしたが、これに抵抗する民衆とのあいだで流血の暴動となり、抵抗する者たちは厳しく処罰されたという。ただし、ある研究者によるとこの時点では青銅門にキリスト像が存在しなかった可能性があり、この出来事自体が後世に作られた虚構の可能性があるという。

年代記では七三〇年、皇帝は宮廷で会議を開催して正式にイコン批判を決定しようとしたが、コンスタンティノープル総主教のゲルマノスは、教義の変更には公会議の開催が必要だと決議への署名に抵抗した。この結果、

図1　ウラジーミルの聖母

出典：Wikimedia Commons.

レオン三世はゲルマノスを更迭して、イコン批判に同意する別の総主教を就任させた。

ただし、レオン三世の治世においては年代記の記述はイコンに関連した具体的な記述が皆無に等しく、レオンによる反イコン政策に対して皇帝への非難は繰り返し述べられるものの、実際のイコノクラスムについては事実上何もわかっていない。

イコン迫害の実態

通説においてイコノクラスムによる迫害が激化したとされるのが、レオン三世の息子コンスタンティノス五世（在位七四一～七七五年）の治世である。ただし、新皇帝の治世に入っても一〇年以上のあいだイコンをめぐる情報は聞かれない。新たな動きがみられたのは七五四年になってからである。この年、コンスタンティノス五世はコンスタンティノープル総主教の空位という状況下で首都近郊のヒエレイア宮で反イコンの公会議を開催し、全会一致でこれを決議した。ここにかつて総主教ゲルマノスが抵抗を試みた公会議の決定という形式は、力ずくではあるが実現されることになった。

実際にイコノクラスムに関連すると思われる迫害が年代記に記載されるのは七六〇年代に入ってからである。首都で皇帝の信仰を批判した修道士が鞭で打たれて死亡し（七六一年頃）、七六五年にはアウクセンティオス山の隠者ステファノスが、修道生活を推奨することで皇帝の権威を貶めたとしてコンスタンティノープルの市中を引き回されて命を落とした（同様の処罰は七六七年にも別の柱頭修行者に対しても実施された）。

この年には多くの将兵がイコンを崇拝しているとして厳しい処罰を受けるとともに、コンスタンティノス五世は帝国の全臣民に対してイコンを崇拝しない旨の宣誓を命じた。さらに翌年には、首都の馬車競技場（ヒッポドローム）において修道士たちが女性の手を引いて行進させられ集まった人々から嘲笑を浴びせられた。皇帝は修道院施設をも迫害の対象とし、首都にあるいくつかの修道院を兵舎に転用したり、破壊させたりした。このような修道士への迫害は地方でも確認され、七七一年には小アジア西部でテマの将軍が男女の修道院を売却し、修道士たちを処刑したり視力を奪ったりした。この結果、この地方には修道士の姿はみられなくなった。知らせを受けた皇帝はこの措置に感謝し、帝国の他の地方でも同様の迫害が実施された、と年代記は記している。

古くからの通説では、皇帝はイコンの主な制作者にしてその擁護者である修道士を攻撃の対象とし、あわせて修道院が有する財産を狙ったと説明されていた。けれども、八世紀のイコノクラスムにおいて修道士や修道院への迫害が確認できるのはコンスタンティノス五世の治世後半に限られている。年代記の記述は修道士たちとイコンとの関係を暗示しているようにもみえるが、それでも厳密には修道士たちがイコン崇拝ゆえに迫害を受けたとは明記されてはいない。

七七五年に病没したコンスタンティノス五世を継いだ

長男のレオン四世は、反イコンの態度を継続したが、修道士たちを積極的に高位聖職者に登用する事例が確認され、修道士といってもイコンに対する態度はまちまちであったことが判明する。

そのレオン四世は治世五年目の七八〇年に死去し、遺された幼少のコンスタンティノス六世（在位七八〇〜七九七年）を後見するかたちでレオン四世妃だったエイレーネーが摂政として政務を担当することになった。彼女は官僚出身のタラシオスを総主教に抜擢するとともに、彼と協力しつつイコンの復活を計画することになる。一度は反イコン派の抵抗もあって首都での公会議開催の計画が頓挫することもあったが、最終的には七八七年にかつてコンスタンティヌス大帝が主催したのと同じニケーアにて公会議が開催され、イコンは復活することになった。イコン擁護派は、イコンに対する自分たちの態度は「崇拝」ではなく、あくまでもそこに描かれた人物に対する「崇敬」なのであり、神への執り成しを祈っているのだと主張した。

こうして半世紀以上にわたるイコノクラスムは終了することになったが、研究史上でまず問題とされたのは、イコン破壊やイコン擁護派への迫害がどの程度のものであったのか、ということであった。実質的に頼りになるのは『テオファネス年代記』の記述くらいであり、他には殉教した隠者ステファノスの伝記『小ステファノス伝』が迫害に関する情報を提供してくれるものとして遺されているだけである。けれども、前者の中身も詳しく検討すると、せいぜい一時期を除いてイコン擁護派への迫害は非常に限定されたもののように読める。また後者の史料は内容について信用度が低い聖人伝であり、その記述に重きを置くことは慎重でなければならない。確かに、この時期やそれ以前のイコンは現在にほとんど遺されていないだけに、イコンの破壊は大規模に実施された可能性は残るのだが、あくまでも状況証拠にすぎない。

イコンの教会へ

ところで、七八七年をもって終結したかにみえたイコノクラスムであったが、ほぼ四半世紀がたった八一五年に皇帝レオン五世（在位八一三〜八二〇年）によって再度イコン批判が開始された。いわゆる第二次イコノクラスムである。レオン五世はイコノクラスムを開始したレオン三世と同じ軍人出身であったが、なぜ彼が政策を変更したのかは不明である。ともかく、やはり世俗の権力者である皇帝の施策としてイコノクラスムは再開され、イコンを支持する人々はコンスタンティノープル総主教や主要な修道院長などを中心に解任され、追放処分とされた。

その後、宮廷クーデタでレオン五世を殺害して即位したミカエル二世（在位八二〇〜八二九年）は反イコンの立場を継承しつつ、人々がイコンについて賛否を議論することを禁じた。第二次イコノクラスムはさらにミカエル二世の息子テオフィロス帝（在位八二九〜八四二年）にも受け継がれたが、彼が幼い息子ミカエル三世を遺して亡くなると、その皇后であったテオドラが摂政となり、最終的に八四三年に七八七年の第二ニカイア公会議の決議に復帰することが決定され、イコンは最終的に復活することになった。エイレーネーのときと同じく、またしても摂政の皇太后による決着となったのである。

通説ではレオン五世に始まる第二次イコノクラスムは第一次のものほど勢いはなかった、というように語られてきた。けれども、第一次イコノクラスムについても迫害の実態については怪しい面が多分にあり、一概に決めつけることはできない。

最近の研究では、イコノクラスムとはいったい何であったのかが問い直される方向にある。つまり、その実態が不明瞭なままであるうえに、史料的にも私たちに遺されているのはイコン派の言説ばかりであるだけに、いよいよその内実は怪しいものとなってくる。

ある学者などは、結局のところイコノクラスムとは論争が終結した後に、勝利した側のイコン支持派が作りあげた神話に近いものであるという。そもそも、イコノクラスムという用語自体が史料上の用語ではなく、イコン支持派が反イコン派を「イコノクラスト（イコン破壊者）」と呼んだことから、それにあやかって作られた後世の呼び名なのである。それゆえより公平な視点からすれば、本コラムの題目も「イコノクラスム」ではなく「イコンをめぐる論争」とすべきだといえるだろう。

ただし、一つだけ確実なことがある。それは、八世紀から九世紀前半に至るイコノクラスムが作られたストーリーである可能性は否定できないにせよ、その後のイコンの歴史はこのストーリーを信じるかたちで展開されていったということである。ビザンツ帝国を中心として、その宗教的な影響を強く受けた世界では、イコンは教会内で特別な位置を占めることとなる。そこには西方のカトリック教会のようなキリストやマリアなど教会関係の彫像はいっさいみられないのであり、イコンのパネルやフレスコ画・モザイク画像が主に聖堂内を彩ることになり、まさにイコンの教会という独特の性質を帯びることになったのである。

（中谷功治）

参考文献

中谷功治「イコンの教会――ギリシア正教会とイコノクラスム」指昭博・塚本栄美子編『キリスト教会の社会史――時代と地域による変奏』彩流社、二〇一七年、第三章。

中谷功治「聖像（イコン）と正教世界の形成」大黒俊二・林佳世子編『岩波講座 世界歴史八 西アジアとヨーロッパの形成 八～一〇世紀』岩波書店、二〇二二年、二〇三～二二二頁。

第2章　罪と贖罪

1　「公的贖罪」の時代

贖罪と「赦しの秘跡」

西欧中世の教会では、司祭が頻繁に信徒の罪の告白を聴き、その罪に対してふさわしい罰、つまり、贖罪を科していたことはよく知られている。西欧中世の民衆の生活で、告解と贖罪がいかに重要なものであったかについては、一四世紀後半に書かれたチョーサーの『カンタベリー物語』を読めばよくわかる。『カンタベリー物語』は、カンタベリー巡礼に行く途中の巡礼者が宿屋で様々な逸話を話すという筋で、その最後の話として「教区司祭の話」があるが、そこでは司祭が「赦しの秘跡」について詳しく語っている。話し手の司祭が述べるのは多様な罪の種類と、告解後に行うべき贖罪についてである。罪は、妬み、怒り、傲慢、貪欲といった動機により分類され、酩酊、過食、姦通、近親相姦、自慰などの罪が挙げられる。また、罪の贖《あがな》いとしては、痛悔、苦行、鞭打ち、断食、徹夜の祈りなどの行為が詳述されている。チョーサーが生きた時代、罪の告白と贖罪が、人々の日常生活の中に根づいていた。ここでは、原始教会の時代から中世末まで、罪と贖罪がどのように理解され、贖罪の行為がどのように実践されたのかを考えてみたい。

そもそも、キリスト教信仰の根幹には、人が自身の罪を悔い改め、神と和解すれば、魂が救済され天国に至ることができるという理念がある。聖書によれば、キリストの到来を予言した洗礼者ヨハネが、神から罪の赦しを得るように宣教すると、人々がユダヤの全地方からヨハネの元に来て、その罪を告白し、ヨルダン川でヨハネからの洗礼を受けた。

その後ヨハネが捕らえられ、続いて、イエスがガリラヤで「時は満ち、神の国は近づいた。悔い改めて福音を信じなさい」(「マルコ」一章一五)と説教し始めた。イエスの教えによれば、人はすべて、神を信じ洗礼を受けることにより、その罪は取り除かれる。洗礼後に新たに罪を犯した場合でも、贖罪を行えば神の赦しから排除されることはない。人が「一日に七度、あなたに罪を犯し、七度あなたの元に戻ってきて、その都度「悔い改めます」というなら、彼を赦しなさい」(「マタイ」一八章二一〜二二)とイエスが語ったように、悔い改める者を赦す神の恩寵には限りがない。また使徒ヤコブが、「あなたの罪を互いに告白しなさい。互いのために祈りなさい」(「ヤコブの手紙」五章一六)と信徒に命じたように、信徒にとり自身が犯した罪の告白と贖罪は、原始教会の時代から信仰生活の最も重要な要素とみなされた。

また聖書では、信徒が神から罪の赦しを得る際には、教会が仲介者となるとされる。すなわち、イエスは弟子たちに対し、「私はあなたにいう。あなたが地上でつなぐものは何であれ、天上でもつながれるだろう。あなたが地上で、解くものは何でも、天上で解かれるだろう」(「マタイ」一八章一八)と語ったが、この言葉は、教会が保持する神の代理者としての権能を象徴的に表すものとして、神学上、理解されることになった。ここでの「つなぐ」とは「罰を科す」こと、「解く」は「罰を取り去る」ことの意味で解釈され、教会が神の代理者として罪人の赦免と救済を決定する権限を保持し、叙階された司祭が「赦しの秘跡」を執行する権限をもつという教義が発展した。

「公的贖罪」の実態

では、初期キリスト教会で、信徒が受洗後に罪を犯した場合、どのように贖罪させ、再び教会に受け入れたのだろうか。贖罪の方法は二世紀頃以降、教会の制度化とともに教会法的に規定されるようになる。それによれば、初期のキリスト教会では、贖罪は司教座教会での公的儀礼として行われるものであった。通常、司教は四旬節の始まりに、信徒の集まった教会内で罪を犯した信徒にその罪を告白させた。告白した信徒は一度、破門され、贖罪者身分となり、粗布の贖罪服を着て断食と祈禱を行いながら、四旬節の期間を過ごす。そして聖木曜日に司教から按手の儀礼を受け、破門を解かれ、再び教会に受け入れられる。だが「公的贖罪」は、信徒に生涯一度だけ許された儀礼であり、司教から「赦し

図2-1　幼児洗礼（左）と告解後の秘跡の授与（右），15世紀フランスの時禱書の挿絵から

出典：J.Clegg, *The Medieval Church in Manuscripts*, 2003, p.17.

の秘跡」を受けた後でも、結婚できず、公的な職や聖職に就くこともできなかった。「公的贖罪」の規定からは、初期のキリスト教会がいかに厳格に、その信仰共同体の規律を維持し、自らの純粋な信仰を追求していたかを知ることができる。

また「公的贖罪」については、実際の光景に触れる古代末期の史料もある。有名な例は、教父アウグスティヌスの『伝記』であるが、その中で、彼がピッポ司教だった四〇〇年頃に司教座教会で行われた「公的贖罪」の儀礼の記述がある。それによれば、約四〇〇人の贖罪者が、教会内に設定された「贖罪の場所」に集められ、贖罪の期間を過ごし、贖罪が終わると司教の按手の儀礼を受けたといわれる。もう一つ、「公的贖罪」に触れた史料として有名なものは、五世紀前半にビザンツの知識人ソゾメノスが書いた『教会史』での記述がある。ソゾメノスは、自身がローマに行った際に司教座教会でみた贖罪の儀礼について言及しているが、そこでも贖罪者たちは教会の特別な贖罪者のための場所に集められていた。そして贖罪者たちは、司教が決めた期間、断食などの贖罪を実行し、その後、司教から罪が赦されると再び共同体の典礼に参加できるようになった、と述べる。

アルルのカエサリウスの『説教』

これらの例から、四世紀から五世紀頃には西欧の司教が、その教会で「公的贖罪」の儀礼を行っていたことがみてとれる。「公的贖罪」はその後、中世に入っても行われ続けたが、初期中世の「公的贖罪」の内実を詳細に語る史料としては、何より六世紀前半にアルル司教カエサリウスが書いた『説教』での贖罪の論考が重要である。カエサリウスはまず、贖罪すべき罪とは何かについて、日々の小罪と大罪を区別しつつ述べる。彼によれば、小罪は、過度の飲食、沈黙時の大声の会話、物乞いへの無慈悲な態度、定められた断食の不履行、教会のミサへの遅刻、生殖以外の目的での性行為、病人や捕囚者への無関心、和解可能な敵と和解しない行為、家族や従僕への厳しい態度、権力者へのへつらい、教会での無駄話、悪しき考え、好色な目つき、わいせつな話や歌を聴くことなどであり、大罪は、殺人、不貞、異教の崇拝、偽誓、窃盗、傲慢、妬み、貪欲、怒り、姦淫、堕胎などである。そして、大罪を贖うためには、「公的贖罪」を行う必要があるとする。「公的贖罪」を科された場合、贖罪者はその間、公的に信徒共同体から排除され、髪を切り、特別の贖罪服を着用し、断食などの贖罪を行わねばならない。ただ、小罪を贖うためには「公的贖罪」ではなく秘密の贖罪の方法があるとする。それは、一般に公表せず、個人的に断食、喜捨、病人や捕囚者の世話、敵との和解などの贖罪を行う方法である。

「臨終の贖罪」の普及

カエサリウスが秘密の贖罪として言及する贖罪の方法は、「公的贖罪」と対比して、贖罪の分類上、「私的贖罪」と類型化されるものだが、その方法は、同時期のアイルランドではすでに普及し、海を越えて大陸にもすでに広がっていた。「私的贖罪」について述べる前に、この時期に普及した「臨終の贖罪」にまず触れておきたい。

古代末期になると、キリスト教が国教化されたこともあり、過酷な贖罪を要求する「公的贖罪」は一般人には過重な負担を強いるので忌避され、その代替として、すぐには贖罪を行わず先送りし、臨終の際に贖罪の儀礼を行う習慣が広まる。五世紀の教皇レオ一世が明確に、死の床にある信徒は厳しい贖罪を行うことなく神と和解できると語っているが、そのことからも、厳しい贖罪を臨終まで延期する信徒が数多くなっていた実態がわかる。

五〇六年に開催された南仏のアグド教会会議では、若者はすぐには贖罪者になるべきではないこと、既婚者が贖罪を行う場合もパートナーの許可が必要であることが決議されているが、このような決議からは、この時期、贖罪の苦行をしなくても、「臨終の贖罪」が、教会法的な贖罪とみなされるようになっていたことがわかる。しかし一方で、過酷な苦行を伴う「公的贖罪」を支持する意見も存続していた。たとえば、教父アウグスティヌスは、同時代に盛んになった「臨終の贖罪」の慣習を批判し、その説教で、人が罪を犯せば、贖罪を人生の最後まで延期することはできないこと、罪人は健康なうちに、その生を変えねばならないこと、とくに大罪を犯した信徒は、誠実な贖罪を実行することによってのみ教会に復帰できる、と説いている。

2 「私的贖罪」──アイルランドとブリテン島の「贖罪規定書」

「私的贖罪」の始まり

このように古代末期には、「公的贖罪」を全信徒に一律に科することは困難となり、「臨終の贖罪」へと贖罪が延期されるようになったが、一方で普及したのが、信徒仲間に公開せず、司祭からの指示で個人的に行う「私的贖罪」である。初期の「私的贖罪」への言及としては、トレド第三教会会議（五八九年）での「私的贖罪」の断罪がある。すなわち、この教会会議の第二教令では、西ゴート王国の教会内で、教会法に従わずに「愚かにも、自分の罪について個人的な贖罪を繰り返している者がいる」と批判されている。そしてこの教令は、これまでの贖罪のあり方のように、教会法を遵守し、罪人が一度破門され、贖罪服を着用して贖罪者身分となり、その後、教会との和解がなされるべきだと規定している。だが、ここでの「私的贖罪」の断罪からは、逆に西ゴート王国内の教会で、この時期、「私的贖罪」の方法が浸透していたことがみてとれる。また重要なことは、この当時、「私的贖罪」は、アイルランドとブリテン島の教会ですでに一般的な贖罪の方法として普及していたことである。これまでの研究からは、おそらくアイルランド、ブリテン島から大陸に「私的贖罪」が伝播したものと推定されている。

アイルランドは、大陸とは別の独自のキリスト教文化を発展させた地域だが、そこでは、教会法的に定められた「公でも繰り返し行うことができた。

的贖罪」の方法は知られていなかった。アイルランドで独自に発展した贖罪方法は、信徒が私的に司祭に告白し、助言された贖罪を実践し、最後に教会と和解するというものであった。またこの「私的贖罪」は、全信徒がいつでも、何度でも繰り返し行うことができた。

「贖罪規定書」

同時にアイルランドでは、一般に「贖罪規定書」と呼ばれる、司祭が使う贖罪の手引書が書かれるようになる。「贖罪規定書」は、司祭が信徒に罪を犯したかどうかを問答形式で尋問する書物であり、個々の罪それぞれに一定の量刑の贖罪が定められていた。司祭は信徒に対する司牧の中で、「贖罪規定書」を参考にして贖罪の量刑を信徒に科していた。その残存する最古の著作は六世紀に書かれた、アイルランド人フィニアンの作とされる「贖罪規定書」である。この「贖罪規定書」に書かれた規定の大部分が、その後、同じアイルランド人により書かれ大陸でも流布した『クメアンの贖罪規定書』、『コルンバヌスの贖罪規定書』にも取り入れられている。

「私的贖罪」はアイルランド教会の影響下、さらにブリテン島にも伝播し、アングロ・サクソン人によっても多くの「贖罪規定書」が書かれた。その最も有名なものが『テオドールの贖罪規定書』である。この作者はカンタベリー大司教であったギリシア人テオドロ（六九〇年没）で、それ以降の「贖罪規定書」に大きな影響を与えた。また、アングロ・サクソン人による「贖罪規定書」としては、『ベーダの贖罪規定書』（作者はベーダ本人ではないがベーダ作とされる）、『ヨーク大司教のエグバートの贖罪規定書』の二つがとくに有名で、両方とも八〇〇年頃以前にあった、古い贖罪規定書を再編集した「贖罪規定書」で、大陸のフランク王国でも司牧の実践で利用されることになる。

贖罪の方法と期間

「贖罪規定書」では、個々の罪に対し、それに対応する一定の量刑の贖罪が定められていたが、贖罪の方法としては祈禱を伴う断食が最も一般的であった。また断食にも様々な種類があった。すなわち、一定の食事や飲料の制限、少量の飲食への制限、パンと水のみの断食、肉食の禁止、固形の食べ物とワインの禁止、一週間のうち一定の日の断食、一年のうち一定の期間（四旬節の四〇日間、復活祭、クリスマス、聖霊降臨祭前の四〇日間）の断食などといったものである。また断食以外の贖罪としては、既婚者の性行為の謹慎、戦闘の放棄、追放刑、慈善行為などがあった。また、贖罪を行う期間は、重罪では、生涯にわたる贖罪、一五年、一二年、一〇年、七年、一年のような長期の贖罪があり、軽微な罪では、四〇日、二〇日、七日、一日といった期間の贖罪があった。たとえば、酩酊には七日、過食には一日といった贖罪が科された。さらに長期間の贖罪は、より集中的な短期の贖罪による代替も可能であった。たとえば、完全に飲食を絶ちながら三日間、徹夜で、腕を広げた姿勢で詩篇の朗唱を続ければ、通常の一年の贖罪とみなされる場合もあった。

「買戻し」

また「贖罪規定書」の規定では、一定の金銭を支払うことにより、科された罰を贖うことも可能であった。これは贖罪の「買戻し」と呼ばれるが、贖罪の「買戻し」は、犯罪に対する罰が金銭の支払いにより贖われたケルト人部族法の「人命金」と同じ考えに基づいている。『ベーダの贖罪規定書』、『エグバートの贖罪規定書』では明確に、本来の贖罪行為が困難な場合は、金銭による「買戻し」が可能だとされている。いずれにせよ「贖罪規定書」では、個人が贖罪できない場合、他人に金銭を支払い、自分の代わりに贖罪してもらう行為が正当化されたが、この「買戻し」の習慣が贖罪の形骸化を招くことにもつながった。

3　西欧初期中世の贖罪

宣教者の活動と「贖罪規定書」の導入

六世紀後半には多くのアイルランド人修道士が大陸のフランク王国に渡り、キリスト教の宣教活動を行ったが、その際に彼らは「贖罪規定書」を用い、民衆にキリスト教の罪と贖罪について教えていた。フランク王国で布教したアイルランド人の中でも小コルンバヌスがとくに有名であるが、彼は五九〇年頃、弟子たちとともにアイルランドからフランク王国に渡来し、アウストラシアのメロヴィング王権の支援を受けながら、リュクスイユ修道院などの多くの修道院を創設し、フランク王国のキリスト教化を進めた。彼が書いた『修道戒律』の中には「贖罪規定書」も含まれており、修道士、聖職者、俗人の別に、個々の罪に対する贖罪の量刑が詳しく定められている。「贖罪規定書」による贖罪の方法は、アイルランド人の布教活動とともに大陸で定着するようになる。

その後、アウストラシアの宮宰のピピン二世がフランク王国を統一すると、今度は、イングランド人の宣教者たちとの連携のもと、フランク王国の教会改革が進められた。その際、宣教者たちはアイルランド人と同様、「贖罪規定書」を用いながら、民衆教化にあたった。イングランド人宣教者としてはウィリブロルドが有名である。彼はノーサンブリアで育ち、その後アイルランドの修道院で生活した後、大陸に渡り、ピピン二世の保護下フリースラントで布教活動を行ったが、彼も「贖罪規定書」を用いて布教したと考えられる。また、次の宮宰カール・マルテルのもとでは、イングランド人ウィンフリッドが教会改革の立役者となった。彼は、フランク王国の教会で広く使用された『クメアンの抜粋』と呼ばれる「贖罪規定書」の作成に深く関わったと考えられる。『クメアンの抜粋』は、クメアンと呼ばれるアイルランド人に帰されるものだが、実際は八世紀前半、北フランスのコルビ修道院の修道士がウィンフリッドの指示で作成したらしい。この写本は、同時代に作成されたものが二〇冊以上も残存しており、フランク王国内の多くの場所で司祭が使用した「贖罪規定書」とみなされる。さらに宮宰ピピン三世が王に即位し、カロリング朝が成立すると、フランク王国の教会改革は、教皇権と結びつきながら展開する。八世紀から九世紀にかけて、多くの「贖罪規定書」が書かれ各地の司牧活動で使用されたが、「贖罪規定書」ごとに、罪と贖罪の量刑に関してかなり相違があったので、カール大帝が贖罪の方法の根本的な改革を試みることになった。

「贖罪規定書」の廃絶決議

カール大帝は、『一般訓令』（七八九年）で民衆生活のキリスト教化政策を細かく規定し、聖書の統一的な写本を作成させるなどの事業を通じて、カロリング朝が進めてきたフランク王国での教会改革を徹底させようとした。「贖罪規定書」に関しては、当時、あまりにも多様性があったので、カール大帝は八一三年にシャロン・シュル・ソーヌで教会会議を開催させ、贖罪の方法を根本的に改める決議がなされた。すなわちこの会議では、当時、地域ごとに異なる「贖罪規定書」を用い、様々なかたちで贖罪が行われている現状が批判され、それとともに、「多くの場所で、人々がもはや、教会法の古い伝統に従った贖罪を行っていない。破門や和解で、古い儀礼がもはや適用されていない」という事態を慨嘆し、「贖罪規定書と呼ばれる書物を根絶」すべきこと、また公的な罪を犯した者は公的に裁かれ、「公的贖罪」を行うべきだと決議された。

この決議にもかかわらず、実際には「贖罪規定書」が廃絶されることはなく、「私的贖罪」が「公的贖罪」に戻ることもなかった。しかし、この決議からは当時、多くの「贖罪規定書」が流布する中、異なる量刑を科す「私的贖罪」が王国内に存在し、司教たちが、その多様性に困惑している姿がみてとれる。

国王と贖罪

カール大帝期に復活が要請された「公的贖罪」は、何よりもこの時期から、国王が行うようになる。カロリング朝の政治理念では、国王は、「王にして祭司」であり、「教会としての国家」を支配し、神の代理者として王国の安寧を保持すべき立場にあった。ゆえに、地震、洪水、疫病、凶作、飢饉などの国家の災厄も、国王の神に対する罪により引き起こされるとみなされたので、国王は災厄が生じると、王国全体に贖罪を命じるとともに、自らも「公的贖罪」を行ったのである。

その例としては、カール大帝が王国内で大飢饉が生じた際に、勅令を出し、司教、司祭、修道士、修道女、伯らに贖罪の断食と喜捨を命じている。また、続くルートヴィヒ敬虔帝は、政治抗争の中で「公的贖罪」を行った。彼は息子たちとの争いから和解し、八二二年八月にアッティニーの教会会議で彼の罪を公的に認め、「公的贖罪」を行ったが、ここでは「公的贖罪」が紛争の和解の儀礼ともなっている。ルートヴィヒ敬虔帝はその後、再び息子たちとの抗争で敗北し、八三三年にも和解の儀礼として、「公的贖罪」をソワッソンのサン・メダール教会で行ったが、その際に彼は、自身の罪を告白し、主祭壇の前で粗布の贖罪服を着て、地面に平伏する儀礼を行った。

オットー朝とザリエル朝のドイツの国王は、一〇、一一世紀に紛争解決の儀礼として、しばしば「公的贖罪」の儀礼――「平伏（deditio）」の儀礼とも呼ばれる――を行うようになる。ハインリヒ四世が教皇グレゴリウス七世に対して贖罪の儀礼を行った一〇七七年一月の「カノッサの屈辱」も、このような国王の「公的贖罪」の伝統の中にあるといえよう。

プリュムのレギノの『教区巡察と教会の教え』

カロリング期の教会改革により、フランク王国内では、司教による司教区巡察が制度化されたが、一〇世紀以降には、司教区巡察の際に司教や司祭が参照する手引書が書かれた。初期の手引書としては、九〇〇年を過ぎた頃にプリュムのレギノが書いた『教区巡察と教会の教え』がよく知られている。この著作はレギノがマインツ大司教に献呈したもので、様々な教会法の抜粋や贖罪規定が入れられており、司教区巡察を行う司教あるいは司祭がそれを参照して教会裁判を行い、また人々に贖罪を科す際の手引書として用いた。この著作によれば、司教は司教区巡察の際、それぞれの村に到着した後、村の人々を集め、その地で発生した、神の意志に反する犯罪はすべて告知するように求め、さらに八九の問いについて尋問し、もしそれに反する罪を犯していれば、それぞれの罪にふさわしい贖罪を行うように助言すべきといわれる。

ヴォルムスのブルカルドゥスの『教令集』

同様の司教区巡察の手引書としては、ヴォルムス司教ブルカルドゥスが一〇二〇年頃にレギノの著作を継承し編纂した『教令集』がある。この中には、教会法集成と「贖罪規定書」が入れられているが、この著作を有名にした最大の理由は何よりも、その「贖罪規定書」で挙げられる罪の内容から、当時の異教的俗信や魔女崇拝などの民間信仰が生き生きと描かれているからである。この著作は一一世紀だけでも五五冊の写本が制作されており、その数は当時の写本としては驚くべき多さである。写本作成の場所からは、この著作がとくにオットー朝からザリエル朝のドイツ王権の支配地域で流布したことがみてとれる。また全体で二〇巻の分量であることから、巡察の際に携行した手引書ではなく、司教座教会などに置かれ、そこで参考書として閲覧されたと考えられる。

この著作の第一九巻が「矯正者・医者」というタイトルの「贖罪規定書」である。これは現存する最も詳細な「贖罪規定書」であり、約二〇〇ある質問表の形で、個々の罪とその贖罪の量刑が詳しく規定されている。ブルカルドゥスがこの著作を編纂した目的は、司教や司祭が行う司牧活動の手引書としてのみならず、司教座の学校で行う聖職者教育のためでもあったと思われる。実際、この著作は教科書として利用しやすいように目次や項目の見出しも付けられている。しかし何といっても、この「贖罪規定書」は、同時代の他の史料にはまったく記述のない、当時の民間宗教の貴重な証言になっているのが重要である。一例を挙げれば、一つの質問には、当時の雨乞いの儀礼が生き生きと描かれている。

おまえは女性たちが慣習として行っていることをなしたか？　雨が必要なのに降らないとき、彼女らは一群の少女を集め、そのリーダーとして小さな女の子を選ぶ。彼女らはその子の衣服を脱がせ、裸の子を村の外の場所に連れて行く。そこには薬草があり、それは、ドイツ語で「ベリサ（belisa）」と呼ばれる。彼女らは、裸の子にその右手の小指でその薬草をつまませ、根元からつまませると、彼女らは、それをその子の右足のかかとに結ぶ。彼女らはその手に小枝を持ちながら、その子を導き、その子は薬草を引きずりながら、最も近い川へと行き、彼女らは小枝を使って、その子に水をかける。そして、呪文とともに、雨乞いの儀礼を行う。その後、彼女らは裸の女の子を川から村に連れて帰るが、このとき、その女の子は、カニのように後ろ向きに歩く。おまえがこれを行うか、この行為に同意したとすれば、パンと水の二〇日間の贖罪をしなければならない。

ブルカルドゥスはこの「贖罪規定書」で、この他にも、魔女崇拝、死者崇拝、占いなどの民間信仰について詳細に描いている。彼はヴォルムス司教として、荘園法の立法も行ったことからもわかるように、近隣の農民たちの日常生活に強い関心をもっていた。おそらく農民の生活を監督すべく、司教区内を巡察する中で、農民世界の民間信仰を調査していたと思われる。ともあれブルカルドゥスの「贖罪規定書」において、初期中世世界で広く受容されていた罪への量刑としての贖罪の文化がその頂点に達したといえる。

4　良心の検討と告解の義務

「痛悔」の重視

一一世紀前半までは、「贖罪規定書」を参照して量刑を科す贖罪方法が、西欧では一般に受け入れられていた。だが一一世紀半ばから、教皇庁が指導する教会改革が始まると、贖罪の観念とその方法も大きく変化する。つまり、この時期から神学者たちは、断食などの外面的な行為だけでなく、何よりも心の内面的な「痛悔」が、贖罪で不可欠であると主張するようになる。すでにそれ以前の「贖罪規定書」においても、罪の告白と内面的な「痛悔」は贖罪のために必要だと規定されていたが、一一世紀後半から一二世紀にかけて、司教座の学校が発展し、神学が学問として体系化されると、内面的な「痛悔」の重要性について、それまでにない精緻な神学の議論が登場する。また一方で、教会法も学問として体系化されると、ヴォルムスのブルカルドゥスの『教令集』のように、教会法と「贖罪規定書」をまとめた形での手引書は書かれなくなる。一二世紀には、もはや伝統的な「贖罪規定書」は新たな写本として制作されず、ブルカルドゥスの『教令集』でさえ、一二世紀には数点の写本が書かれたのみで一二〇〇年後はもはや新たな写本は作られていない。

贖罪が人の良心の問題であり、心からの「痛悔」が贖罪の決定的な要素となることについては、アベラールがその倫理学の著作『倫理学（汝自身を知れ）』（一一三〇年代）で最初に明確に展開した。アベラールはこの著作で、贖罪の鍵となる要素を、外面的な行為でなく内面的な改心に求めたが、それは初期中世の「贖罪規定書」に基づいた、量刑としての贖罪の時代が終わったことも意味した。アベラールが活動した一二世紀のパリでは、神学が教会法と分離しながら発展を遂げるとともに、贖罪のあり方を考察する倫理学も独自に体系化されていく。倫理学の発展からは、司祭が司牧の現場でいかに信徒の罪を見極め、贖罪を科すべきかについての新しい手引書も多く書かれるようになる。

贖罪の軽減と任意性

このような倫理学の新しい展開とともに、贖罪は、法的に定められた量刑により一律に定められるものではなく、聴罪司祭が自身の判断で任意に贖罪の方法を決定でき、また量刑を軽減できるという理念が登場する。それは都市の発展に伴い、商業化し、世俗化した社会で、教会が一般民衆の司牧を行うために、厳しすぎる贖罪を科すことが現実味を失ってきた状況に対応する。一二世紀後半のパリの学校で教えた神学者アラン・ド・リールは、その『贖罪論』で、原始教会では贖罪の厳しさが、人々に罪を犯すことを躊躇させたが、教会が成長するにつれ、贖罪が人間にとり弊害ともなったので、現在では軽減する必要があると述べる。彼は、罪人が断食や徹夜の祈禱に耐えられなければ、贖罪は、教会への喜捨や巡礼行為でよいと述べる。一二世紀以降の神学者の著作では、一般的な贖罪の軽減と司祭の判断による任意性への言及がみられるようになっていく。

告解の義務

こうして外面的な量刑に従う贖罪よりも、心からの「痛悔」の意義が強調されると、聴罪司祭への罪の告白が、贖罪の何よりも重要な要素とみなされるようになる。その結果、インノケンティウス三世が主催した第四ラテラノ公会議（一二一五年）の布告『オムニス・ウトリウスクエ・セクスス』で、分別のつく年齢になった全キリスト教徒が、少なくとも年に一度、自身の聴罪司祭の前で罪を告白すべきことが規定された。信徒の定期的な告解は、それ以前から各地で信徒に求められていたが、この布告が画期的であった理由は、教皇インノケンティウス三世が公会議の布告として、全カトリック世界に適用する規範として定式化したことにある。

第四ラテラノ公会議での告解の義務化とともに、司祭による信徒への司牧活動が、いっそう教会改革の問題として意識され始める。こうした教会内での変化はしばしば「司牧革命」と呼ばれるが、それとともに司祭が信徒の告解を聴き、贖罪を課す方法についての様々な書物、『聴罪司祭の大全』や『告解の手引書』などが書かれるようになる。そうした書物では、司祭が告白する罪人にどう適切に対処すべきかが詳細に論じられる。そこでは、罪人が真の「痛悔」で動かされているかどうか、罪人の内面を観察すべきことなど、心の内面への関心がそれまでの贖罪に関する著作にはないほど重視された。

5　聴罪司祭の教育

『聴罪司祭の大全』

一三世紀になると、告解と贖罪を体系的に解説し、司祭の聴罪の手引きとなる著作が書かれるようになる。この種の著述には大別して、告解と贖罪に関する『大全』と、実践的な『告解の手引き』があったが、それらは中世後期から、印刷術の普及もあり多くの部数が印刷され、聖職者により広く読まれるようになった。

『大全』は、告解と贖罪の理念と方法を体系的に論じる百科全書的なものだが、その最初は、教会法学者ペニャフォルトのライムンドゥスが書いた『聴罪司祭の大全』（一三世紀初め）とされ、その後の著作に大きな影響を与えた。その後の『大全』で、とくに中世後期から近世にかけて流布したものは二つである。一つは、フランシスコ会士クラヴァシオのアンゲルスが書いた『大全』で、もう一つはドミニコ会士シルヴェステル・プリエリアス・マッゾリーニが書いた『大全』である。アンゲルスの著作は『アンゲルスの大全（アンゲリカ）』と通称され、一四八六年に印刷本として初版が刊行され、その後、ヴェネツィア、ニュルンベルク、ストラスブール、リヨンなどの西欧の主要な都市で刊行された。一方のシルヴェステルのものは『シルヴェステルの大全（シルヴェストリーナ）』と通称され、一五一四年に初版が印刷された。『アンゲルスの大全』とともに西欧世界全体で普及したが、とくにイタリアでよく読まれた。

『告解の手引き』

また『大全』と並んで、聴罪司祭のための実践的な手引書も書かれた。中世後期にとくに人気があったのは、フィレンツェのアントニウスが書いた『告解の手引き』とアンドレアス・デ・エスコバルが書いた『告解の方法』である。両方とも一五世紀に印刷本として刊行されたが、アントニウスの手引書は西欧の三二の都市で印刷され、アンドレアスの手引書は二三の都市で印刷された。ともに一五世紀以降、司祭が告解を聴く際の指南書としてよく読まれたものである。さらに、一五世紀にジャン・ジェルソンが書いた『三巻の書』も、近世に至るまで、司祭用の告解の手引きとして古典的な価値をもち続けた。この著作は最初にフランス語で書かれ、その後にラテン語版で印刷され、次にスペイン語、フラマン語、スウェーデン語、ドイツ語、フランス語版が印刷され、一六世紀でもカトリック世界で、告解と贖罪の手引きとして参照される著作となった。

これら『大全』も『告解の手引き』も、印刷術の発明以降、ますます大量に印刷されたが、それらの著作では、読み手が特定の問題についてすぐに回答が得られるように、通常、目次、インデックス、相互参照が付されていた。こうした書物が、中世後期から近世にかけてのカトリック世界で、司祭が信徒に対して司牧活動を行う際に不可欠の参考書になっていたといえる。

告解の方法と「贖罪金」

『告解の手引き』ではまた、司祭が告解を聴く際の作法がきめ細かく規定されていたが、そこからは中世後期の時代に、現実の告解がどのように行われていたのかをみてとることができる。『告解の手引き』では通常、以下のような配慮が求められた。

まず司祭は、誰もがみることができる教会内の場所で告白を聴かねばならなかった。中世後期には、司祭と贖罪者のあいだに間仕切りがある懺悔室はまだなかった。いわゆる懺悔室は一六世紀後半から出現する。司祭は告解の場所で椅子に座り、贖罪者は、彼の前にひざまずいて告白する。だが、告解の際には、司祭と贖罪者はお互いに顔をみないようにし、声のみ聴くように求められた。司祭は手引きに従い、贖罪者に罪への質問の問答を行い、最終的に告解が終わると、贖罪者は司祭に対し、お礼の寄付を行った。寄付は通常、金銭の支払いであった。中世後期の司祭への『告解の手引き』では、司祭に対し、告解を聴く代価を求める行為を禁止するものもあったが、通常、金銭の支払いが慣習となっていた。それは、とくにドイツでは「贖罪金」と呼ばれていた。この支払いは、定義上は贈与だが、中世後期の西欧世界では、どこでも司祭の特権的収入源となっていたのである。代価を支払う告解の慣習が、宗教改革者によるカトリック教会の告解制度批判につながったことは容易に想像できよう。

6　宗教改革期への展望

ルターによる贖罪制度の批判

宗教改革者マルティン・ルターは、一五二〇年一二月一〇日、ヴィッテンベルク大学の同僚と学生を都市の郊外に集め、教皇の権威を代表する著作を燃やし、教皇権への批判を明確にした。その中には、グラティアヌス『教令集』などの教会法集成、ルターを批判した神学者ヨハン・エックの著作、彼を破門の罰で威嚇した教皇レオ一〇世の教勅『エクスレゲ・ドミネ』とともに、ドイツでよく読まれていた贖罪の『大全』である、クラヴァシオのアンゲルスの『アンゲルス大全』もあった。この『大全』の焼却からは、ルターの宗教改革が、中世カトリック教会が構築した罪と贖罪の体系を破壊することも大きな目的であったことがわかる。実際、ルターはよく知られているように、贖宥状により煉獄の霊魂の贖罪が可能だとする教説の批判から自身の改革思想を展開し、人が義化されるのは善行でなく信仰のみによると主張し、カトリック教会の告解と贖罪の制度を批判した。しかし一方で、カトリック教会は一六世紀以降の対抗宗教改革の中で、告解を贖罪のための重要な制度としてさらに精緻なものにしていった。

西欧での贖罪の歴史を全体としてみれば、原始キリスト教時代に信徒集団の中での「公的贖罪」として始まり、初期中世での「贖罪規定書」の出現以降、司祭の前で個人的に行う「私的贖罪」へと変化していき、さらに一二世紀以降、信仰の内面化と「司牧革命」により、外的な量刑の遂行よりも内的な「痛悔」を重視する思想が出現し、よりいっそう、贖罪者の良心が問われる形に変化していった。この大きな変化の中で、宗教改革者による中世カトリック教会の贖罪制度の根本的な批判が生じたことは疑いない。

このように、贖罪のあり方が時代とともに次第に個人主義化する傾向は、確かにそのとおりだとしても、一方で中世末まで、人々の前で贖罪を行う「公的贖罪」も頻繁に行われていたことも重要である。たとえば、中世後期の北フランスやライン川流域都市では、しばしば数百人規模の公的贖罪者が四旬節に贖罪を行い、聖木曜日に教会に再加入を許される儀礼を行っていたことがわかっている。ペストの時期に各地で出現した鞭打ち苦行団も「公的贖罪」の一種とみなすことができよう。贖罪の歴史の大きな流れとしては、「公的贖罪」から「私的贖罪」への変化、それに伴う外面的な贖罪行為から内面的な「痛悔」への変化があるが、一方で、贖罪は個人の内面的良心の問題としてだけでなく、近世に至るまで、共同体の社会的な問題として捉えられてきたことも忘れてはならない。

贖罪と刑罰の分離へ

ここまで、西欧中世の罪と贖罪に関して概観してきたが、西欧中世では、宗教的な贖罪と公的な刑罰が深く結びついていたことも重要な点である。とくに初期中世では、教会制度と世俗国家の制度が同心円的に重なり合っていたこともあり、「贖罪規定書」では、殺人、暴力行為のような世俗の犯罪とともに、神聖冒瀆、異教的俗信、性的な逸脱行為などの宗教的犯罪とがすべて一括りにされ、共同体の秩序を乱す犯罪として贖罪の対象となっていた。「贖罪規定書」では、同性愛、近親相姦、獣姦などの性的な逸脱行為がとくに贖罪の対象として規定されているが、その点では、日本古代の『延喜式』で「国津罪」として、近親相姦、獣姦などが規定されていることにも通じるものがある。宗教的な違反行為、性的逸脱行為が公的な刑罰としての贖罪の対象となるのは、近親相姦のような性的タブーの違反が重大な共同体への犯罪とみなされる原始的社会に共通する事象であろう。

こうした、聖俗両方の共同体への違反を同じく贖罪の対象とする社会から、世俗の犯罪への刑罰を独自の公的刑罰へと分離させる思想の発展が、西欧では一二世紀頃以降から近世にかけて進展する。それはまた、教会での贖罪の対象となる罪が、性的なタブーの違反、俗信、異端などの私的、宗教的な問題に集中していく時期とも一致する。信仰の内面化から宗教改革に至る時代は、一方で、都市や国家レベルでの公的な刑罰が確立する時代でもあったといえる。

（甚野尚志）

参考文献

阿部謹也『西洋中世の罪と罰』中公新書、二〇一二年。

＊ヴォルムスのブルヒャルトの贖罪規定書の分析を中心に据え、キリスト教の罪と贖罪、ゲルマン的俗信の批判を扱う。

岩井洋「中世カトリック教会の経営――告白・贖宥・煉獄・聖年」『帝塚山大学全学教育開発センター紀要』七、二〇二三年。

＊中世カトリック教会の告解と贖罪のあり方を概観し、付随する問題として、贖宥や煉獄の問題まで視野に入れて論じる。

ジャック・ル・ゴッフ著、渡辺香根夫・内田洋訳『煉獄の誕生』法政大学出版局、一九八八年。

＊一二世紀の神学における煉獄概念の登場が、罪と贖罪についての観念の変化とともに生じる事象であることを論じる。

佐藤彰一『贖罪のヨーロッパ』中公新書、二〇一六年。

＊古代末期から初期中世における告解と贖罪の理念の変遷を概観しつつ、それが修道院に与えた影響について論じる。

瀧澤秀雄「カロリング教会改革における贖罪書批判」（『史学雑誌』一〇六―三、一九九七年）、同「初期中世の贖罪規定書における個人への配慮」（『西洋史学』一七七、一九九五年）。

＊西欧初期中世の贖罪規定書に関し、どのような史料があり、それらがいかに研究されてきたかを詳細に論じる。

ジャン・ドリュモー著、福田素子訳『告白と許し――告解の困難、一三―一八世紀』言叢社、二〇〇〇年。

＊カトリック教会の告解の制度が、近世に精緻な告解に関する議論を生み、それが近代の個人意識の形成につながる道筋を解明する。

野口洋二『中世ヨーロッパの民衆の世界――ブルカルドゥスの贖罪規定をつうじて』早稲田大学出版部、二〇〇九年。

＊ヴォルムスのブルヒャルトの贖罪規定書の邦訳と解説。罪の一覧表からは、当時の民衆の俗信がよくみてとれる。

藤崎衛監訳「第四回ラテラノ公会議決議文翻訳」『クリオ』二九号、二〇一五年。

＊告解の義務などの教令を含む第四回ラテラノ公会議の決議の全訳。

Rob Meens, *Penance in Medieval Europe, 600-1200*, Cambridge, 2014.
＊西欧中世の贖罪史研究の現状を反映した著作。中世の贖罪制度の歴史的変遷について、全体の流れがよくわかる。

Bernhard Poschmann, *Penance and the Anointing of the Sick*, New York, 1964.
＊カトリック信仰の立場から贖罪の歴史の見取り図を描く。元はドイツ語の著作だが英語版で普及している。

Thomas N. Tentler, *Sin and Confession on the Eve of the Reformation*, Princeton, 1977.
＊中世後期に書かれた告解と贖罪に関する著作を分析し、宗教改革前夜の告解の特徴を分析している。

コラム3　瀆《とく》神《しん》

「罰当たり」な言動

私たちは、神社や寺院など神聖な場所での粗暴な振る舞いや神仏を軽んじるような言動を「罰当たり」と認識することがあるが、これは「神仏などの超人間的な存在が罰を下す」という感覚をもっていることの表れであろう。似たような認識はキリスト教の中にも見出すことができる。すでにモーセの十戒の一つは「あなたは、あなたの神、主の名をみだりに唱えてはならない。主はその名をみだりに唱える者を罰せずにはおかない」（「出エジプト記」二〇章七節、聖書協会共同訳、以下同）と定めている。これに対応して「私の名によって偽りの誓いをしてはならない。あなたの神の名を汚してはならない。私は主である」（「レビ記」一九章一二節）との戒めもある。神の名を不適切な文脈に結びつけることは神の威厳や聖性を傷つけるものであった。さらに、「あなたはイスラエルの人々に告げなさい。神をそしる者はその罪を負わなければならない」（同二四章一五節）、続いて「主の名をそしる者は必ず死ななければならない。会衆全体が必ずその者を石で打ち殺さなければならない。イスラエル人であれ、寄留者であれ、御名をそしる者は死ななければならない」（同二四章一六節）、また「神を呪ってはならない。あなたの民の指導者を呪ってはならない」（「出エジプト記」二二章二七節）といった掟もある。

瀆神をめぐる議論

このように、神を冒瀆する行為に対する糾弾には聖書以来長い歴史があり、すでに中世初期の贖罪規定書にも言及があるが、瀆神に対する議論や規制が多く確認されるようになるのはおおよそ一三世紀以降である。その一つの理由は、キリスト教世界の拡大や西ヨーロッパ世界でのキリスト教化の進展にある。こうした過程で聖職者と一般信徒の距離が縮まるとともに異端運動に対応する必要性も高まり、ローマ・カトリック教会は托鉢修道会などを通じて一般信徒の信仰の実践に深く介入し、信仰の内面化を図ったのである。

まさにこのような動きの中で、托鉢修道会から輩出した神学者などが瀆神を糾弾するとともにその体系化も進めていった。ギヨーム・ペローは、瀆神を内的な意志に基づく「言葉の罪」としていわゆる七つの大罪に加える主張を提示したが、これは後の時代にも受容された。ペローと同時期により精緻な議論を展開したのが、ヘイルズのアレクサンデルである。彼は、瀆神を「創造主たる神を意図的に中傷し、その名誉を汚すこと」と定義するとともに、①神に帰しないものを神に負わせること、②

神に帰すものを否定すること、③神にのみ帰すものを自らに認めることの三種類に区分しているが、いずれも神が有するはずの全能性や無限性、非現前性などを侵害するものである。トマス・アクィナスも、アレクサンデルの議論を踏まえつつ、瀆神が意図的に神を嫌悪し傷つける行為である点を重視し、信仰の告白に反する大罪に位置づけた。このようにみると、瀆神は、誤った教義とはいえ自身の信仰の正しさを信じる異端とは、重なる部分がありつつも同義語としては解釈できないだろう。

さて、神学者の議論を通じて、瀆神が神の名誉と明確に結びつけられ、人間に対する侮辱やそれに対する反応と同様に、不適切な誓いや呪いといった冒瀆的な言動によって神の名誉が傷つけられると瀆神者のみならず共同体全体にも「神の怒り」や「神の罰」が下されるという認識が定着した。これは後の時代にも受け継がれ、シエナのベルナルディーノに代表される一五世紀の説教師も、罪を糾弾する説教や例話の中で、瀆神を神に直接向けられた悪行としてしばしば取り上げていた。また、宗教改革期にも、たとえばマルティン・ルターの著作に「神の名誉が傷つけられた場合に神は復讐する」という観念が確認できる。

瀆神の規制

神学者の議論が盛り上がるのと並行して、瀆神を規制・処罰する動きもみられるようになった。その主たる担い手となったのは、異端審問などを執り行う教会よりもむしろ、世俗権力であった。彼らが積極的であった理由は、一つはキリスト教君主としての敬虔さや統治の熱心さをアピールすること、もう一つは先に引用した「出エジプト記」二二章二七節にみられるように神の威厳と指導者（君主）の威厳を同一視する考え方にあった。こうした君主として、カスティーリャ王アルフォンソ一〇世やフランス王ルイ九世が挙げられる。一方、勢力の分立傾向が顕著で国王（皇帝）の権力が限定的であったドイツ（神聖ローマ帝国）では、皇帝フリードリヒ二世による立法がみられるものの、帝国レベルの取り組みは、後述するように一五世紀末を待たなければならなかった。

では、世俗権力はどのような根拠で瀆神を規制したのだろうか。ここではドイツの状況をみてみよう。中世後期以降、都市社会が緊密化する中で、市民の代表機関である参事会が公共の福利の実現を旗印に住民に対する支配・統制を強め、キリスト教に基づく秩序や風紀、道徳を守る目的から、飲酒や賭博、華美な衣服などとともに瀆神も積極的に規制するようになった。一五世紀末頃になると、こうした都市の取り組みを踏まえる形で帝国内の領邦君主も秩序維持政策を進めた。瀆神の規制に関して一つのターニングポイントとなったのは、一四九五年のヴォルムス帝国議会で神聖ローマ皇帝マクシミリアン一世によって発せられた法令である。この中で、五三八年にビザンツ皇帝ユスティニアヌス一世によって発布された『新勅法』第七七号が参照され、瀆神は飢饉や天変地異、戦争などの災厄の形で現れる「神の怒り」を招くものであるという図式が、意外にもこの段階になって法規範の前面に出てくることとなった。これ以後、瀆神は、キリスト教に基づく「よき秩序」の維持や構築を目指す「ポリツァイ」の名を冠し、帝国内で数多く出された立法（一六世紀に三度発布された帝国ポリツァイ条令など）の中で重要なテーマとなった。こうしたポリツァイ立法と連動する形で、一五三二年のカロリーナ刑事法典やそれを受けた領邦レベルの刑事立法でも瀆神に対する条項が立てられた。

瀆神に対しては、死刑から舌の切断といった身体刑、追放刑、さらし者にする名誉刑、罰金刑に至るまで、様々な刑罰が規定され、互いに組み合わされることもあった。身体刑には、罪の性格を反映して発話を司る器官を対象とする刑罰としての性格とともに、身体の欠損によるスティグマ化の効果があった。名誉刑にも、公の場で瀆神者の名誉を奪うことで、傷つけられた神の名誉を回復するべきという観念が反映していた。

こうした瀆神の規制の歴史的経緯からは宗教改革をまたぐ連続性がみてとれる。カトリックであろうと改革派であろうと、キリスト教徒の風紀や道徳を浄化・改善しようとする方向性は共通しており、瀆神の規制の質や量について宗派間の大きな相違はない。もちろん、他宗派に「瀆神者」というレッテルを貼るような攻撃や論争は数多くみられた。しかし、瀆神の広がりはその「再発見」を意味するわけではなく、むしろ各宗派の神学者やしばしば彼らと連動した世俗権力による人々の信仰生活への介入が激しくなり、いわゆる規律化の過程がみられるようになったことの現れと理解するべきであろう。

コミュニケーションの中の瀆神

ところで、身体刑や名誉刑のような社会的に効果のある刑罰が規定されていたことから逆推論できるように、瀆神は中近世ヨーロッパの人々の行動様式に埋め込まれており、居酒屋での飲酒や賭博といった日常的なコミュニケーションの中で生じていた。とくに、運に左右される賭博には神の御業や超自然的な力が働くとされたため、その勝負をめぐって「神の血にかけて」や「神など認めない」などといった誓いや呪いの言葉を相手に吐き、それによって喧嘩や流血沙汰に至ることもあった。こうした点に鑑みれば、当時の社会を特徴づけていた名誉やそれをめぐる争いとの関連も重要である。数多くの裁判記録から確認できるように、口論では、男性に対して「悪党」や「泥棒」、女性に対して「娼婦」などといって相手を中傷することが典型であったが、「くたばれ」といったり神の身体や秘跡を呪ったりするような冒瀆的な言動を伴うことも少なくなかった。こうした言動は、神などの強大な力を自分の助けとして利用することや、神などをも恐れないという自分の強さを誇示して相手に対する優位を強調することといった、話者による演劇的な自己演出の機能をもっていた。

しかし裁判記録からは、冒瀆的な言動を見聞きした人々が争いで拘束・告訴された者について「以前から隣人に対して冒瀆的な言葉を吐いていた」「今回は以前にも増してひどい言葉を吐いた」などと証言していたことも確認できる。つまり、彼らが冒瀆的な言動を必ずしも即座に告訴したわけではなくある程度は黙認していた様子、また争いを起こした者に「瀆神者」というレッテルを貼って悪く描写していた様子が窺えるのである。

ヨハン・ホイジンガは『中世の秋』の中で、中世後期に瀆神が広くみられた理由を、一般信徒が聖なる存在に親近感をもっていたことに求めている。つまり、聖なる存在が世俗の手垢にまみれやすかったのと同時に、俗的な存在が神聖化される可能性もあったのである。このように考えれば、瀆神を単に不信心の産物と解釈することはできないだろうし、むしろ瀆神が日常的なコミュニケーションの中で生じたことやそれを許容する態度すらみられた背景も理解できるのではないだろうか。

（齋藤敬之）

参考文献

A・カバントゥ著、平野隆文訳『冒瀆の歴史――言葉のタブーに見る近代ヨーロッパ』白水社、二〇〇一年。

齋藤敬之「「神の怒り」を招く瀆神の法的処理と社会的文脈――一六―一七世紀ザクセン選帝侯領を例に」甚野尚志編『疫病・終末・再生――中近世キリスト教世界に学ぶ』知泉書館、二〇二一年、二四九～二六五頁。

David Nash, *Blasphemy in the Christian World : A History*, Oxford University Press, 2007.

Gerd Schwerhoff, *Verfluchte Götter : Die Geschichte der Blasphemie*, S. Fischer, 2021.

第3章　禁欲と戒律——修道院

1　古代末期の修道制

戒律の普遍性と宗教生活の多様性

「戒律」（レグラ）と聞くと、多くの人々は、規則によって厳格に定められた変化することのない宗教生活をイメージするかもしれない。このイメージは歴史的な実態を反映しているといえるだろうか。東方正教会の世界では修道戒律として、四世紀の教父バシレイオスが著した『修道士大規定』と『修道士小規定』が『バシレイオスの戒律』として受け入れられている。バシレイオスは当時エジプトで広がっていた修道制の二つの流れのうち、独住を旨とする隠修制に対して、共同生活を通じての修養を重んじる共住修道制を発展させた。バシレイオス自身、独住がしばしば独善に陥りやすいことを警告し、上長の指導のもとでの共同生活を推奨している。ビザンツ、スラヴ世界の正教会はバシレイオスの戒律を共通して受け入れているがゆえに、正教の修道生活は単一の形式に従い、西方のような修道会が存在しないともいわれる。しかしこのことは東方世界の修道制が、単調で多様性に乏しかったことを意味するわけではない。ローマ・カトリック教会の位階制とは異なった伝統を追求した正教会では、修道院の自律性が非常に強く、様々な実践が試みられてきた。また宗教史家のルイ・ブイエは、共住修道制の推奨にもかかわらず、東方には隠修制への志向が存在し続けたことを指摘している。逆に、西方では歴史的に様々な戒律や規則が採用され、多様な修道会が組織されてきた。しかしこれも、西方の修道制が単に雑多であったとか、自然発生的に多くの集団が生まれたことを意味しているわけではない。なぜこのような違いが、東西を超えた多くの共通点が存在するにもかかわらず生まれてきたのかについて、個別の事象を検討しながらみていく必要があるだろう。

修道戒律と教会秩序

そもそも、戒律はなぜ記録され、保存されるのだろうか。哲学者のジョルジョ・アガンベンは、修道院における規則とは狭義の法的文書ではなく、生の形式を伝える指針であるとしている。修道院の戒律は、自発的に修道院共同体に加わる入会者たちによって口頭で誓われるが、単なる法的規約とは異なり禁止事項だけを強制するのではなく、誓いどおりの生き方を会士が自発的に実践してこそ初めて意味をもつものである。五、六世紀は西方における修道制の発展期であり、各修道院で作られた多くの戒律が残っている。アルルのカエサリウス（四六九／七〇〜五四二年）によって作られた『修道士のための戒律』もその一つだった。これらの戒律は修道院長あるいは聖職者がそれぞれの修道院に与えたものであり、おそらく修道生活の標準化を目指したものではなかっただろう。修道院における師父と弟子の関係は多分に身体文化的、口述文化的であって、先に成文規範が存在して後から生活があるのではなく、各地の修道院で実験された多様な生活様式のうち、良いと考えられたものが規範化され最終的に文書で模範とされたと考えるのが妥当である。

世を捨てる、あるいは荒れ野（砂漠）に退く、というレトリックとは異なり、現実の修道制は司教を中心とした当時の聖職者にとって、必要に応じて介入すべき宗教生活だった。修道者は異端や分派主義との非難を受けることもあったのである。とくに厳格な禁欲生活は「マニ教的」あるいは「ペラギウス的」異端の嫌疑を受けることもあった。カシアヌス（四三五年頃没）は修道士を良い人々と悪い人々に分け、「共住修道士」と「隠修士」を前者に、「サラバイテ」と呼ばれる「独習者」「放浪者」を後者に分類している。上長あるいは聖職者の指導に従わず、独自の生活を試み、放浪を繰り返すことは異端者の外見的な徴《しるし》でもあった。四五一年、カルケドン公会議は、すべての修道院が現地の司教の監督下に置かれ、司教の権限においてのみ新しい修道院の建設が許可されるという重要な原則を示している。もちろん、とくに西方世界の状況を考えれば、このような規範が実際に適用されたと考える必要はないが、教会組織の発展とともに、修道制と戒律は、聖職者による教会秩序的な規制の網の目から必ずしも外れたものではなくなっていく。

ベネディクトゥスの戒律

西方修道制の象徴のように語られてきたヌルシアのベネディクトゥスと『ベネディクトゥスの戒律』だが、五二九年頃にモンテ・カッシーノの共同体を創設したと推測されるこの人物について、史料は沈黙している。ベネディクトゥスの名が後世に及ぼした影響を考えると、この沈黙は奇妙なことのように思われる。教皇グレゴリウス一世の著作とされる『対話』には、唯一、ベネディクトゥスの生涯についての記述が収められているが、「聖なる人」の様々な奇跡を書き記そうとした意図をまず措いても、そこで描かれるベネディクトゥス像と『戒律』の筆者の姿を結びつけることは難しい。ブイエが指摘しているように、『対話』で描かれるベネディクトゥスは遍歴する隠修士であり、カリスマ的な指導者である。しかし『戒律』は修道士の分類から始まり、共住修道制を賛美し、「サラバイテ」の悪徳を否定している。また多くの研究者が指摘しているように、『戒律』には、おそらく先行するだろう他の修道戒律である『師父の戒律』（レグラ・マギストリ）と様々な類似点がみられる。宗教史家のゲルト・メルヴィルは、ベネディクトゥスのカリスマ性と修道生活それ自体が『戒律』の普及をもたらしたのではなく、『対話』がベネディクトゥスを称賛したのち、人々の間、とくにガリアにおいてベネディクトゥスへの崇敬が高まり、現在残っている『戒律』の著者としてベネディクトゥスが同定されることにより『戒律』の名声もまた高まっていった、と推測している。重要な点は、ガリアとイタリアにまたがる多くの共同体において『ベネディクトゥスの戒律』が共通の規範として受け入れられたことだろう。八世紀まで続くこのベネディク

図3-1　修道士たちに戒律を与えるベネディクトゥス

出典：Wikipedia, public domain.

トゥス戒律の「発見」過程こそが、カロリング期におけるベネディクトゥスの修道制の発展に大きな影響を与えたと考えられる。

2　中世前期の修道制

アイルランド修道制

アイルランド修道制の伝統は「キリストを求める巡礼」(peregrinatio pro Christo) や贖罪行為によって特徴づけられ、ガリアの伝統とは大きく異なるものだった。彼らが遍歴の生活を受け入れたことで、新たな修道制普及の波が生まれる。小コルンバヌス（五四三～六一五年）は『修道士規定』と『共住生活規定』を著し、厳しい禁欲生活を推進する『コルンバヌスの戒律』を作り出したが、彼の死後も各地にその理念が伝えられていく。しかし七世紀からすでに、コルンバヌスの戒律とベネディクトゥスの戒律を融和させ、より穏健な生活を目指す試みもまた各地で繰り広げられていた。小コルンバヌスが創設したリュクスイユ修道院を継いだヴァルデベルト（六七〇年頃没）は、コルンバヌスの規則にベネディクトゥスの規則を付け加えている。八世紀になるとモンテ・カッシーノの修道院が「聖地」的な性格を強め、またガリアやイタリアの教会でローマ式典礼への統一が進む中で、アイルランド修道制の特徴だった遍歴も非難の対象となり、ベネディクトゥスの戒律への移行が進むことになった。戒律の下には歴史的にも地理的にも多様な宗教的実践が存在しており、多様性が消え去ることは決してなかったが、カロリング朝の帝国建設と結びついた宗教政策は、ベネディクトゥスの戒律に新たな意義を与えることになる。

カロリング帝国と修道院改革

カロリング朝は典礼の統一による広域支配を目論んだが、この動きは修道生活にも及ぶ。八〇二年にはカール大帝によって帝国改革が行われ、『ロルシュ年代記』によれば、「聖なる父ベネディクトゥス」の戒律が読み上げられ、解説が加えられたうえで、修道士がベネディクトゥスの戒律に反する行為に及んだ場合、戒律それ自体によって是正されるべきことが定められた。一般の人々が部族法を守るのと同様に、修道士「身分」の人々が戒律を遵守すべきであると指示されたのである。ベネディクトゥス戒律とその遵守が、単なる自発的な誓約と生活の規範ではなく、修道士一般を統制する法的規範という性格をもち始めたことをこの出来事から読み取ることができる。マルセイユのサン・ヴィクトル修道院のようないくつかの修道院は、戒律の文字どおりの遵守が不可能であると判断して、修道士としての身分を放棄し、男性参事会員（カノン）と女性参事会員（カノネス）、すなわち聖職者の身分へと転換している。このことは、それまで比較的曖昧な区分だった修道士と聖職者が、異なる社会階層へと発展していった点とも符合する。

ルートヴィヒ敬虔帝のもとで、アニアーヌのベネディクトゥス（七五〇頃〜八二一年）は、「一つの戒律と一つの慣習」（una regula et una consuetudo）を合言葉に、各地の修道院の独自の生活規範を蒐集し、それらを標準化した形で提示することで、典礼統一と同様に修道生活の統一を図っていった。八一六年から八一九年にかけてアーヘンで開催された複数の教会会議において、修道院共同体はベネディクトゥスの戒律にのみ従うよう定められ、慣習もまた成文化されることで規範としての意味を付与された。とくにアイルランド修道制の影響が強かった地域を筆頭に、実際の宗教生活がどの程度規制されたかについてなど、理念と現実との乖離は無視できないが、少なくとも以後一一世紀まで主流の修道生活として大きな影響を及ぼしたベネディクトゥス修道制の範型はこのような過程で形成されていったのである。修道士の社会的地位も大きく変わっていく。戒律は修道院内の司祭の位置づけについて定めているが、司祭職にあるものが修道院内の序列を乱すことを危惧して、彼らに戒律の遵守を誓わせることや、「祭壇での務めを果たす」者を修道院長が任命することが強調されている。しかし、八世紀から九世紀にかけてこの状況は大きく変化し、修道士の神への奉仕を確実なものとするため、修道士の叙階が一般的に行われるようになった。

クリュニー修道制

一〇世紀初頭、カロリング朝が分裂し、王による統制がもはや及ばなくなったフランス、ブルゴーニュ地方において、クリュニー修道院が創建される。創建当初からクリュニーは在地の勢力、また領主の介入を受けた司教座からその独立性を保つことが謳われ、ローマ教皇にのみ臣従する、いわゆる「クリュニーの自由」の原則が提示されるようになった。修道院をとりまく環境はカロリング朝前期から大きく変化したが、ベネディクトゥスの戒律に沿った修道制、とくにアニアーヌのベネディクトゥスによって慣習も含めて再規定されたそれは、より際立った形をとった。クリュニーのネットワークが広がっていくにつれ、多様な生活様式を維持していた各地の修道院共同体が、クリュニーとの系列関係に組み込まれていった。クリュニー本院の行政的権限が強まり、死者追悼を中心とした典礼が定められると、支院もまた、本院に倣った習慣を採用するようになっていく。クリュニーの慣習律と呼ばれる文書の記録は九九〇年頃、マイオルス修道院長の時代に始まったが、やがて単なる典礼の記録にとどまらず、修道院の行政、運営に関わる様々な記録を含むようになっていく。またヒルザウのようなクリュニーとは異なる修道院共同体もまたクリュニーに影響を受け、慣習律を成文化するようになっていった。アニアーヌのベネディクトゥスが述べた「一つの戒律と一つの慣習」に基づいたベネディクトゥスの修道制は、この時期を経たうえで初めて現実化したのである。

3　一二世紀の教会改革と修道院

隠修士運動

紀元一〇〇〇年頃になると、従来のベネディクトゥス戒律に基づいた枠組みから離れて、「荒れ野」を目指す隠修士運動が始まる。西方では、ビザンツの影響が強い南イタリアなど一部の地域を除いてベネディクトゥスの戒律に従った共住修道制が一般的であった。ベネディクトゥスの戒律でも隠者の存在は意識されているが、それは修行の高次の段階においてのみ許されるあり方であり、いわゆる「サラバイテ」らの放浪とは区別されるべきものだった。修道院への支援者に事欠かなかったビザンツ世界とは異なり、西方での修道制は封建社会の実情に適合した組織にならざるをえなかったが、その中でより深い霊的欲求を抑えることのできない人々、あるいは従来の貴族・領主層の親族を中心とした修道士たちとは異なる人々の存在も、一一世紀にはもはや無視できないものとなっていたのである。

イタリアではロムアルド（九五一～一〇二七年）がより厳格な宗教生活を求めて各地の修道院を転々とした末、トスカーナ地方にカマルドリの共同体を設立した。当初彼らはベネディクトゥスの戒律に従っていたが、やがて独自の会則（constitutiones）を有する会へと成長していく。カマルドリの運動は後にロムアルドを敬愛する改革者ペトルス・ダミアニへと受け継がれ、教会改革に大きな影響を及ぼすことになった。フランスでも、「ファリサイ的な」形式主義や過剰な典礼、華美な生活を拒否して、仲間たちと新たな宗教生活を模索する動きが活発化する。ミュレのエティエンヌ（一〇四四／四五～一一二四年）は、リモージュ近辺でグランモン共同体を立ち上げ、厳しい生活を送った。エティエンヌは十分の一税や土地の収益に頼って生きることを禁じ、自発的な清貧を徹底した。彼らの運動は経済的に不安定なもので、カリスマ的な指導者を前提として展開されるものであっただろうが、エティエンヌの場合は、彼の弟子たちが口承の形で創設者の教えを規則として伝え、それらが一二世紀半ばにまとめられたことで、グランモン会としての組織が安定することになった。同様の動きはフランス東部においても、ケルンのブルーノ（一〇三〇頃～一一〇一年）がグランド・シャルトルーズ修道院を設立する中でみられた。ブルーノはグルノーブル北部の山中で新たな厳格な修道生活を志したが、ここでは修道院の回廊と各隠修士の庵が接続され、共住と孤住の調和が実験されている。ブルーノ自身は文書の形で規則を残さなかったが、一二世紀前半に当時の修道院長グイゴが修道院の慣習律を著したことで、カルトジオ（シャルトルーズ）会の組織が安定する方向に向かった。

参事会運動

聖職者たちの中にも隠修士に倣って刷新された宗教生活を送ろうとする人々が現れる。八一六年のアーヘン教会会議の規則は、修道士と聖職者を区別し、聖職者に個人の財産所有を認めていた。この立場を超えて、財産共有と共同生活に基づく律修生活を送ろうとしたのが律修参事会員である。一〇四〇年頃、アヴィニョン近郊のサン・リュフ教会で数人の聖職者たちが共同生活を始めた。初期の運動は小規模だったが、やがて教会改革が高揚する時期にさしかかると、司教座聖堂参事会それ自体の律修化が各地で試みられるようになる。教皇中心の改革もまた、このような刷新された聖職者の存在を前提とするものだった。一〇五九年のローマ教会会議は、シモニアやニコライスムと並んで、アーヘン教会会議で作られた規則に従う聖職者たちの風紀の乱れを厳しく非難している。一一世紀末、教皇ウルバヌス二世は律修参事会を認可する際、参事会員の共同生活（vita canonica）は修道士の生活（vita monastica）と同等の立場にあると認めた。教会改革を推進し司牧に従事する聖職者もまた、改革の先鞭をつけた修道士たちに匹敵する重要性と使命を帯びていることが再認識されたが、参事会員の地位もまた、ひとたび律修参事会員という身分が形作られると、より否定的なニュアンスで在俗参事会員という身分が語られるという構造が生まれてくる。教会内の身分構造を決定づけたという意味でも参事会改革は大きな転機であった。

律修参事会員、あるいは律修聖職者が修道士に近い自己意識をもち共同生活を推進するようになると、彼らもまた戒律を自らのアイデンティティとして求めるようになった。このとき、従来の修道士に向けたベネディクトゥスの戒律と対になる形で現れたのが、いわゆる『アウグスティヌスの戒律』である。古代末期にアウグスティヌスが共同生活に関する勧告を著したことは当時から知られていたが、アウグスティヌスの著作とされた文章のうち、どれを参事会員が戒律として採用するのかが問題だった。『修道規則』（Praeceptum）と呼ばれる文章は一般的な修道生活の規定であった。しかしより詳細な典礼を規定した『修道院秩序』（Ordo monasterii）と呼ばれる文章もまた存在している（後者は現代ではアウグスティヌスの真筆性が疑われている）。教会改革が進行していくにつれ、参事会系の共同体は、前者のより緩やかな『修道規則』を採用する陣営と、後者のより詳細な『修道院秩序』を採用する陣営とに分かれていった。前者の共同体のことを「旧修道会」（Ordo antiquus）と称し、後者の共同体のことを「新修道会」（Ordo novus）と称することもある。聖職者的な性格の強い律修参事会の共同体に関しては、たとえば一一一八年に教皇ゲラシウス二世が「現代の典礼にそぐわないゆえに」『修道院秩序』の規則に従う義務を免除しているが、後述するプレモントレ会のように、より修道院的な生活を志向する人々が後者の規則を遵守するという現象もみられた。全般的にアウグスティヌスの戒律は、その曖昧さと選択的な受容が可能である点から、中世後期には司牧、奉仕活動に参加する共同体に戒律として採用される傾向が強まっていく。

シトー会とプレモントレ会

隠修士運動と参事会運動の成功は既存のベネディクトゥスの戒律に従う修道院にも衝撃を与えた。一一世紀後半には修道院を出奔し新たな生活を志向する人々が「サラバイテ」として非難されることも増える。この「共住修道制の危機」の時代に生きた人物がモレームのロベール（一〇二八頃〜一一一一年）だった。ブルゴーニュ地方、モレーム修道院の院長だったロベールは、一〇九八年、仲間たちとともに修道院を出てシトーと呼ばれる新たな入植地に定住した。しかしロベールは一年後にリヨン大司教ユーグの働きかけによって元のモレーム修道院に帰還することになった。これをよしとしない一部の修道士たちがシトーに残留し、一一〇〇年には教皇パスカリス二世がこの共同体を教皇の保護下に置き、モレーム修道院との関係から解放した。第三代院長であるスティーヴン・ハーディングの尽力やクレルヴォーのベルナールらの入会によってシトーの共同体は軌道に乗るが、当初、共同体がどのような方向に向かうのかは当事者たちも予想だにしなかっただろう。土地からの収益を禁止したグランモンの共同体とは異なり、シトーの人々は土地にまつわる寄進行為を受け入れつつ、ベネディクトゥスの戒律を「文字どおり」実行する道を選んでいく。助修士（コンベルシ）と呼ばれる、労働に従事する信徒たちを会に受け入れていったのである。シトーの共同体は分院を増やしつつ、しかもクリュニーのような領主的修道院ネットワークとは違う道をたどることになった。

発展の軌道に乗ったシトー会はその白い（染色されていない）会服やそれまでの修道院とは意図的に異なる、装飾を排した建築意匠を含めて、アイデンティティを自己形成していく集団だった。隠修士や参事会の共同体が、当初のカリスマ的創設者が死去した後も、修道院の慣習や規則を主に口述で伝えていき、やがてそれを文書化する例は他にもあったが、シトー会における文書群は、その蓄積それ自体が会の歴史と性格を自己言及しているという意味で際立った特徴を有している。これはシトー会が発展した一二世紀という時代が、口述から文書への転換期であったということとも符合する。スティーヴン・ハーディングの時代にすでに初期の会則集である『愛の憲章』（Carta caritatis）が編纂され、各修道院同士の水平的な同胞関係が規定されたが、それは会の性格が初期から変化しなかったことを意味するのではなく、文書は随時改訂されていった。この点でシトー会の会則は、戒律（レグラ）の普遍性や、不動の性格からは大きく隔たっている。むしろ一二世紀になって、自然法と人定法という法秩序に対する新しい考え方が定着していく中で、修道会を統治するための規範をどのように制定し、改定するかについても新たなモデルが生まれたと考えるべきであろう。『愛の憲章』は一一五〇年代にさらなる編纂が加えられるが、この時期までに著された他のシトー会初期文書と併せて、これらを単なる分院同士の利害調整過程として捉えるべきではない。それは修道会（Ordo religiosus）という集団としてシトー会が自己認識を確立したことを意味するのである。

シトー会の文書群がもつ重要性は、それが編纂され、人の目に触れるようになると、他の異質な共同体に影響を与えていった点にもある。クサンテンのノルベルト（一〇八〇／八五～一一三四年）は当初下級聖職者としてキャリアをスタートし、当時の修道院改革運動や律修参事会運動に関わったが、フランス西部で活動したアルブリッセルのロベール（一〇四五頃～一一一六年）と同じく、巡回する説教者というべき存在であり、いわばカリスマ的な指導者だった。しかしプレモントレ修道院を中心に共同体が発展し、他の共同体との同盟関係が拡大していくにつれて、これらを水平的に統治する規則が必要になってくる。ノルベルトがマクデブルク大司教に任命されて共同体を去ったのち、プレモントレ会はシトー会の組織モデルを参考にして、その方式を自らの運営に取り入れようとした。修道女の地位をはじめ、修道会と律修参事会との違いに基づいた相違点が大きいものの、先行するモデルがすでに存在していたことが組織形成に大きな影響を与えたことは間違いない。

4　中世後期の宗教生活と托鉢修道会

教皇と教会による宗教生活への介入

一二世紀における宗教生活の多様化は、信徒たちの自発的な参加を促すだけにとどまらず、従来の聖職者による教区形成や既存の修道院による領域形成を超えて、西ヨーロッパのキリスト教世界各地で、地域を越えた宗教生活者たちの動きを活発化させた。地域的利害との対立や、各宗教集団同士の競合、軋轢、果ては聖職者の指導に従うことを拒否した異端的集団の増加に至るまで、重大な問題が顕在化する。教会は「サラバイテ」に対する非難を繰り返すだけにとどまらず、ついには宗教生活の無制限な多様化それ自体に歯止めをかけようとするに至った。一二一五年の第四ラテラノ公会議では、今後の新修道会設立が禁止される。しかしこのような教皇と教会上層部の規制は、中世後期における宗教生活の新たな方向性を生み出す契機ともなった。一二世紀半ばから進行していた、刷新された宗教生活を模索する共同体同士による慣習の相互浸透と組織の大規模化は、シトー会やプレモントレ会、カルトジオ会など、いわゆる改革修道会の形成へとつながり、またクリュニーの組織改革による再編成（いわゆる「ベネディクト会」へと至る動き）をもたらしたが、これらの大規模な集団の陰に隠れて各地域で、多くはカリスマ的な指導者に支えられて短期間に行われていた運動もまた、組織化、広域化を志向するようになる。これらの運動はあくまで波状的なものであり、改革への熱意が失われたり、カリスマ的な指導者が死去または移動することによって、しばしば自然消滅するか、既存の組織へ吸収されたのだろうが、「一二世紀の宗教改革」がもたらした広範な影響力と、俗人信徒層への宗教的関心の浸透は、このようなサイクルに収まりきらない変化をキリスト教社会にもたらしていた。

説教者修道会（ドミニコ会）

スペイン北部で生まれたドミニコ（ドミンゴ・デ・グスマン、一一七〇～一二二一年）は、オスマの聖堂参事会改革運動に参加し、司牧と律修の生活を送っていたが、一二〇三年以降、異端者の改宗を志した。ローマ教会によって南フランスに派遣されたドミニコは、現地の異端者を改宗させる最も効果的な方法は、自らが清貧と貞潔の模範に従って生活しながら、聖職者としての学識に基づいた説教を行うことであると考え、仲間たちと実践するようになった。一二一五年にラングドック地方のトゥールーズで、六人の聖職者による共同体で活動を始め、同年、ローマで開かれた第四ラテラノ公会議において、ドミニコは教皇インノケンティウス三世に新修道会の設立許可を求めた。後に会が担った司牧上の重要性を考えれば意外にも思えるが、教皇は前述の第四ラテラノ公会議での新修道会設立規制に従いこの要請を拒否する。代わりにドミニコが選択したのはトゥールーズの共同体にアウグスティヌスの戒律を採用することだった。

しかしこれが結果的に共同体の成功をもたらしただけでなく、アウグスティヌスの戒律がもつ可能性が拡大されることにもつながった。一二一七年に教皇ホノリウス三世は答書（Gratiarum omnium）を交付したが、「説教者修道会」と呼ばれたドミニコの共同体は、ドミニコがまさに意図するように、従来は司教の認可に依存していた、普遍的に説教する権利、しかも正式の教理に関する説教権を会の使命として付与されたのだった。本来、この答書はトゥールーズの共同体だけに与えられたものだったが、ドミニコは兄弟たちをパリやボローニャに派遣し、当時ちょうど勃興し始めていた大学の世界で学ばせたのである。一二二一年のドミニコの死までに各地の共同体の数は二〇以上に増えていたが、彼らは創設者ドミニコの意思を正しく引き継ぐことに精力を注いだ。一二二八年には総長制度が定められ、初代総長に就任したザクセンのヨルダンを中心に説教者修道会の会則が制定されることになる。会がアウグスティヌスの戒律に従った集団であるにもかかわらず、実質的な運営方針を定める法的規範として会則が重視されたことは、いわば新修道会の設立規制という外的な制約の中で、会の進むべき方向性を、その機能（学習と説教）に基づいて制定するということを意味していた。従来のシトー会による水平的共同体という会則への理解と比べてもこれは大きな進展であり、後の時代につながる説教者修道会の「近代性」をそこに見出すこともできよう。先述した宗教史家のメルヴィルは「カリスマの日常化」というマックス・ウェーバーの用語を用いて、この事情を説明している。後述するフランチェスコの共同体と比較して、後継者たちが創設者ドミニコの聖性を記念することにさほど重きを置かなかったにもかかわらず（ドミニコの列聖は一二三四年）、会が拡大の勢いを決して止めなかったのは、会の使命についての明確なコンセンサスが会員に共有されていたことにある。

フランチェスコ会

アッシジのフランチェスコ（一一八二～一二二六年）の共同体形成は、ドミニコのそれとは大きく異なっていた。そもそも、フランチェスコ自身が共同体の拡大を望んでいたかすらも疑わしいゆえに、会の成功を語ること、あるいはフランチェスコ会の「モデル」を論じることはつねに両義的な意味をもつことになるだろう。アッシジの富裕な商人であったフランチェスコが「回心」を経験し、本格的な宗教生活に入ったのは一二〇五年頃からであろうといわれている。「裸のキリストに裸で従う」こと、絶対的な清貧を掟とした彼と周囲の人々の小規模な集団が、従来の隠修的共同体の枠に収まらないことが明らかになったのは一二〇九年頃だった。フランチェスコ自身、修道士でも聖職者でもなく信徒だったゆえに、彼らは聖書のメッセージを掟としたが、これがいわゆる『（フランチェスコの）原始戒律』として伝えられていく。

彼らはアッシジ司教グイド二世の助力もあって、ローマに行き教皇インノケンティウス三世との謁見を許された。教皇庁の反応が実際どのようなものであったにせよ、教皇がフランチェスコと仲間たちの生き方を口頭で承認したことの意義は大きかった。従来ならば「サラバイテ」と非難されたであろう定住をよしとしないあり方が許され、不法という咎を受けかねない信徒の説教もまた、教理についての（正規の）説教に対して悔い改めの説教が区別される形で（説教者修道会が正規の説教権行使を許されたのと対照的に）許可されることになった。しかし、このような既存の戒律の外にある集団が「小さき兄弟たちの修道会」として成長したことは、この時期、一二一五年の第四ラテラノ公会議で新修道会の設立が禁止されたことと併せて考えれば大きな矛盾をはらんでいる。ラ・ヴェルナの隠棲地にこもり、次いで聖地への旅に向かったフランチェスコの意思とは無関係に会の組織化の流れは進んでいった。一二二一年にウゴリーノ枢機卿（のちの教皇グレゴリウス九世）を共同体の後見人として要請し、フランチェスコ自身は会の運営から退いたが、貧困と使徒的生活への献身を主張する『第一戒律』（Regula prima, Regula non bullata）がそのまま受け入れられることはなく、一二二三年には教皇ホノリウス三世とウゴリーノらの手によって『第二戒律』が承認されることになった。この戒律によってフランチェスコの共同体は、総会と管区制度を有する正式な修道会として承認されたが、前述した「カリスマの日常化」という観点からみた場合、一二二六年のフランチェスコの死以降広がっていくことになる、フランチェスコ会のあり方についての会員間の認識の齟齬、繰り返される争いは、説教者修道会とは対照的な、制度とカリスマ的な求心力とののっぴきならない相剋を示すものだった。後に、いわゆる「聖霊派」の流れを汲む伝記作者が、他ならぬフランチェスコ自身がウゴリーノ枢機卿に、自分たちは神への謙遜と単純さに従う道を望んでいるがゆえに、ベネディクトゥスの戒律もアウグスティヌスの戒律も望まないと表明したと後代のフランチェスコ伝で述べているのは、この相剋を如実に示している。ともあれ、女性を含めた信徒の共同体という新しい宗教生活の可能性が開かれたことで、同時期の他の宗教運動に対し托鉢修道制の将来的優位が確立されることになる。

隠修運動の組織化（アウグスティノ隠修士会とカルメル会）

フランチェスコ会とドミニコ会、アウグスティノ隠修士会とカルメル会を併せて「四大」托鉢修道会と称することがあるが、これらの運動が同時並行的で均質だと考えるのは的を射ていない。ドミニコ会は聖堂参事会員らが従来のアウグスティヌス戒律を採用しつつ、教育と説教を主任務とする機能的集団を形成しようとして制度化していったし、フランチェスコ会は、フランチェスコを中心としたカリスマ的な共同体が拡大した結果、清貧を旨とする会の組織化を迫られた。では当時のその他の集団はどうだったのか。

一一世紀から始まっていた隠修運動は、一二世紀になるとグランモン会やカルトジオ会といった安定した組織が生まれ、シトー会の成立に影響を及ぼすなど、制度化の傾向がみられた。しかしこれは当時の人々の隠修への欲求や期待が薄れたことを意味するわけではない。教区の管理から離れた場所での小規模な共同体の設立やカリスマ的な指導者の周りに集まる流動的な信徒という隠修運動の形式はある意味で普遍的なものであり、一三世紀にもなお、とくにイタリアを中心に、隠修士共同体の成長、発展は続いていたのである。トスカーナ地方では多くの隠修士共同体が緩いグループを形成しながら併存していた。代表的なものはグリエルモ隠修士会と呼ばれる集団であり、他にもより小規模な、ジョヴァンニ・ボノの隠修士会、モンテ・ファヴァーリの兄弟会、ブレッティーノの隠修士会といったグループが存在していた。組織形態も規模も多様であったこれらの集団が、一二五六年、枢機卿リカルド・アニバルディを保護者として「大合併」したのがアウグスティノ隠修士会の出発点とされている。「大合併」自体は必ずしも成功を収めなかったようだが、アウグスティヌスの戒律を与えられることで隠者の集団に共通の基盤が付与され、会員は新たな、統一された会服をまとうことになった。このような動きには、フランチェスコ会と同様に、会の運営に介入し、彼らを使徒的な托鉢修道会として役立てていきたいという教会上層の意向が反映している。一四世紀にアウグスティノ隠修士会の組織はイタリアを越えて拡大したが、会士フリーマールのハインリヒはその著作で、古代のアウグスティヌスが聖職者となる以前に隠修士だったという伝承を表現し、アウグスティヌスの戒律に従う隠修士会の正統性を主張することになった。新修道会の設立が禁止され、フランチェスコとドミニコの托鉢修道会が主流となる中、彼らは自らの生き方を改めて公に表現しなおす必要に迫られたが、このような動きは同時期、イタリア中部以外でも存在していた。

アッコの司教ヴィトリーのジャックが記しているように、十字軍時代の聖地には宗教生活を送る数多くの信徒たちが暮らしていた。後にカルメル会と呼ばれる共同体も、このような環境の中で伝承と歴史のはざまに生まれてくる。一三世紀初頭、ヴェルチェリの司教アルベルトが彼らの一部に戒律を与え宗教生活を組織化したといわれているが、カルメル会はこれをアルベルトによる『(カルメルの)原始戒律』として記念している。当初この規則は明らかに隠修士の生活を模範としており、孤独で孤立した場所での修道生活を強調していた。しかし、十字軍の波が次第に退潮すると、「カルメル山の隠修士たち」もまた、他の共同体と同様に変化の波に晒されたのである。一二三〇〜四〇年代にかけてカルメルの隠修士共同体が南ヨーロッパを中心に各地で建設されたが、彼らは都市環境の中に入り込んでいった。共同体はここで厳格な戒律の緩和を求めて教皇インノケンティウス四世に誓願する。一二四七年に教皇に承認された新戒律は、従来の孤立した場所での生活を免除し、沈黙の義務を緩和し、共同での食事を許可していたが、これらの措置は、彼らが托鉢修道士として都市内で説教・司牧の活動に参加できるようになったことを意味している。しかしこのような教会上層による介入や変化は会の運営に深刻な疑念や対立をもたらしたようである。当時、会の指導者であった（フランス人の）ニコラは一二七〇年頃に『火の矢』(Ignea Sagitta) と題する著作を著し、カルメル会士たちは司牧と教育の準備ができていないがゆえに、都市での活動はむしろ彼らの霊性にとって有害であり、隠修生活の恩恵へと再び立ち返るべきであると説いている。

にもかかわらず事態はむしろ逆の方向へと進行した。一二七四年の第二リヨン公会議において、第四ラテラノ公会議で決議された新修道会の設立禁止が再び、とくに托鉢修道士を名指しする形で繰り返されたのである。これは当時パリなど各都市で大学などを中心に托鉢修道士と在俗聖職者との対立が激化していた背景に基づいているが、すでに組織として確立され、キリスト教社会での有益さを示していたドミニコ会やフランチェスコ会と比べて、他の小規模な共同体は会の存続に関わる危機に見舞われた。修道院の閉鎖や他の修道会への吸収・合併という事態を免れたカルメル会も、一三世紀後半以降はドミニコ会の組織を模範とし、司牧・教育活動に重点を置くことで組織の維持を図った。とはいえ、アウグスティノ隠修士会やカルメル会のような集団は、托鉢修道会という形式に従ったとはいっても、自らの隠修士的な原点を忘却してしまうことはなかった。アウグスティノ隠修士会が隠修士としてのアウグスティヌス像を提示することで、観想と活動の調和という課題に彼ら自身の答えを導き出したように、カルメル会もまた一四世紀になると、『旧約聖書』の伝説的な預言者エリヤから聖地のイエスと聖母マリアを経て現代へと至る彼ら自身の救済史観を創り上げていったのである。このような伝承に基づいた隠修的修道制の再定式化と呼ぶべきものは、修道士や聖職者の間だけではなく、中世後期の信徒の信心様式にも大きな影響を及ぼしている。

（鈴木喜晴）

参考文献

G・コンスタブル著、高山博監訳、小澤実・図師宣忠・橋川裕之・村上司樹訳『十二世紀宗教改革——修道制の刷新と西洋中世社会』慶應義塾大学出版会、二〇一四年。

＊日本語で読める一一、一二世紀の教会改革についての著作のうち、最も重要な一冊。

R・W・サザーン著、上條敏子訳『西欧中世の社会と教会——教会史から中世を読む』八坂書房、二〇〇七年。

＊原著は一九七〇年と古いが、中世後期の宗教運動について今でも重要な知見が得られる。

佐藤彰一『禁欲のヨーロッパ——修道院の起源』中央公論新社、二〇一四年。

＊同著者による『贖罪のヨーロッパ』、『剣と清貧のヨーロッパ』も併せて読むこと。

杉崎泰一郎『修道院の歴史——聖アントニオスからイエズス会まで』創元社、二〇一五年。

杉崎泰一郎『十二世紀の修道院と社会』改訂版、原書房、二〇〇五年

戸田聡『キリスト教修道制の成立』創文社、二〇〇八年。

L・ブイエ著、上智大学中世思想研究所訳・監修『キリスト教神秘思想史一——教父と東方の霊性』平凡社、一九九六年。

J・ルゴフ著、池上俊一・梶原洋一訳『アッシジの聖フランチェスコ』岩波書店、二〇一〇年。

＊近年の研究と史料批判に基づいたフランチェスコ伝の一つ。

Alison I. Beach and Isabelle Cochelin (eds.), *The Cambridge History of Medieval Monasticism in the Latin West*, 2 vols., Cambridge, Cambridge University Press, 2020.

＊古代末期から中世末期まで、修道制をめぐる各論点について、六〇編以上の記事が収録された論文集。

Gert Melville (translated by James D. Mixson), *The World of Medieval Monasticism: Its History and Forms of Life*, Collegeville, Minnesota, Cistercian Publications: Liturgical Press, 2016.

Steven Vanderputten, *Medieval Monasticisms: Forms and Experiences of the Monastic Life in the Latin West*, Oldenbourg, De Gruyter, 2020.

＊中世における修道生活の各形態について最新の知見に基づいて解説している。

コラム4　修道制と人文主義

二つの人間観

修道制と人文主義——俗耳からすればこれほど相反する二つの言葉もないだろう。人文主義の源語umanesimo（伊）あるいはhumanism（英）が近代語としてはむしろ人間主義と訳されるように、人文主義の価値観の中心に据えられてきたのはつねに人間であった。人文主義の価値観を代表するマネッティの著作が、まさに『人間の尊厳について』と題されるのも故なしとはしない。他方、修道制は生老病死を担う人生を「涙の谷」とみなし、人間性の本質としての五欲の〈修道〉による克服を通じ、神性との一致に至ろうとする努力の制度化であった。中世西欧におけるこうした価値観を象徴する著作とされるのが、インノケンティウス三世の『人生の悲惨さについて』である。中世的人間観を代表するこの著作と、ルネサンス的人間観の結晶としてのマネッティの著作は、ブルクハルト以来二つの時代の人間観の断層を示す好例として絶えず比較されてきた。だが中世とルネサンスの〈断絶説〉を助長するこうした解釈は、どこまで妥当だろうか。むしろ人文主義がその一端において、中世末期の修道院文化の産物に他ならなかったことを、このコラムにおいては指摘したい。

古代・中世修道制の人文主義的性格

キリスト教修道制の起源は一般に、三世紀のエジプトの聖アントニウスに創始された、都市人間社会からの離脱としての隠修生活に求められている。だがいかなる隠者といえども肉体をもつ以上、なにがしかの物質に依存せざるを得ず、彼のもとに集まった隠者たちは互いに扶助し合うとともに、時に彼らが離脱したはずの都市とも接触の回路を維持することを必要とした。かくして隠者たちは彼ら相互の間において、さらには外部の人間たちとの間で、節度ある交際を保持する上での規範を必要とするようになる。こうした潮流の帰結として四世紀パコミウスによって確立したのが共住修道制であり、キリスト教世界における修道制はここにその端緒を有する。まず注目したいのは、こうした経緯からも、キリスト教修道制にはその最初から、聖アントニウスに代表される（そして「福音書」におけるイエスの四〇日間の砂漠での隠遁に象徴される）俗世からの徹底的な離脱と、パコミウスの共住修道制に代表される信者間の理想的交際として実現する、神の国の雛型の地上における具現（それはまた「使徒行伝」における原始キリスト教共同体の姿の追憶でもある）という、二つの方向性が存在していたことである。こうした信者間の理想的交際のあり方に、後世の人間中心主義としての人文主義の文化史的萌芽をみることが可能だろう。この二つの方向性の対立とその止揚をふまえ、ヨハネス・クリュソストモス、カエサリアのバシレイオス、ニッサのグレゴリウスに始まる多くのギリシア教父さらにはヒエロニムスやアウグスティヌスの如きラテン教父によっても、以後の修道生活の思想的根拠となる多くの文献が作成されていった。

五世紀以降エジプト起源の修道制が、南仏レランス島修道院を起点に西欧に移入されたことはよく知られている。注目されるのはそこに集った修道士たちの多くの出自が旧ローマ貴族層であり、彼らの発心の動機が、文人の閑暇ある田園生活の理想を、修道院の隠遁生活へと読み替えることを通じ、「自由学芸」を核とする古代的教養を救出しようとした点であろう。この点で西欧修道制にはその始発より、豊かな人間交際の手段としての人文主義の要素が組み込まれていた。西欧修道院規則の定立者たる聖ベネディクトゥスの生の様式を、「学問を一度は経験し、軽んじることはないが、神の王国のためにそれを放棄」すると概括した、ジャン・ルクレールの考察はこの機微を見事に要約している。

だがこのように定礎された西欧修道制がフランク帝国の勃興のもと庇護を受け、多くの司祭修道士さらには司教修道士を輩出したことにより修道院は、一般信徒の司牧活動の、ひいては帝国の宗教政策の一端を担うことを余儀なくされた。またこれと並行して実現した所領の多大な寄進は、修道院の世俗化や果てはその俗人支配をすら招き寄せるに至った。「修道院は絶えず改革を必要とする」という慣用句が示すように、これ以降、中世全般にわたりクリュニー修道院運動（一〇世紀）、シトー修道院運動（一二世紀）、托鉢修道会運動（一三世紀）と相次いだ改革の連鎖自体、修道院のもつ外に開く方向性（そこにおいて他者とのコミュニケーション手段としての人文主義的学知は不可欠の教養となる）と、それに対する反動たる祈りへの沈潜という内に閉じる方向性（否定神学に昇華する言葉に基づく人間的学の放棄）の反復交代の史的過程を示している。とりわけ托鉢修道会運動の精神との連関において注目すべきが、冒頭で言及したインノケンティウス三世の『人生の悲惨さについて』であろう。そこにおいては肉体をもつ人間の脆弱性が徹底的に描写され、来世における神との一致に希望をかけることが強調される。

観想生活と活動生活

留意したいのは、中世の都市社会の成長に伴いそこに発生した都市大衆への、説教を介した福音宣教を軸とする托鉢修道会の聖性の理想が、決して世俗からの離脱ではなく、むしろ世俗において他者と共にあること、つまりはこの世俗のただ中において世俗を超越する世界内超越にあったことだ。実はインノケンティウス三世の『人生の悲惨さについて』は、「人間の尊厳」を取り扱ういま一つの著作と、相補的構図のもとに構想されていた。彼がドミニコ会とフランチェスコ会という、世界内超越という新たな聖性理念を担う二つの修道会の革新性を直感しその創設を裁可したのも、彼自身の人生に対するこうした複眼的視点があったからであろう。そして托鉢修道会の宣教活動が、読む・話すという人間的能力への、ひいては古典的修辞技法への修道士たちの関心を促し、その土壌から聖トマスや聖ボナヴェントゥラの如き学僧たちが出現してくる。

他方、一四世紀末に至ると中世都市社会の発展を前提に、インノケンティウス三世が着手できなかった「人間の尊厳」をめぐる考察への欲求が、主にイタリアにおいて高揚した。すでに人文主義の先駆ペトラルカはその対話篇『我が秘密』において、「人生の悲惨」の痛感による世界外への離脱を説くアウグスティヌスに対する反論として、文学的名声に由来する現世の名誉への執着について告白した。だがインノケンティウス三世の論考を明確に意識した著作としてここでは、一五世紀初頭のオルヴィエート会士アントニオ・ダ・バルガの『人間の尊厳について』および『人間の卓越について』に目を向けよう。これらの著作においてバルガは、後年のピコの人間の尊厳論に先駆け、神により自由と理性を付与されるとともに、それに基づく真の幸福の自己認識により、存在の階梯を自在に昇降する人間の高貴さを謳歌する。だが実はバルガが用いたこうした議論は、古代末期のラクタンティウスによる、人間の直立歩行の礼賛に結晶化する、神の傑作たる人間が担うべき超越的なものへの憧憬や、こうした観念を継承したクレルヴォーの聖ベルナルドゥスの文言を通じ、中世末期修道院文化においてもすでに常套句となっていた。

修道制と人文主義の調和

このような一四～一五世紀にかけての修道制の文化環境から芽生えた、修道院人文主義的な「人間の尊厳」観の精華こそ、カマルドリ会士アンブロージョ・トラヴェルサーリの知的営為である。一一世紀に活躍した聖ロムアルドを創始者とするこの修道会は、個々の隠遁生活の相互扶助としての共住制という、初期のエジプト修道制を彷彿とさせる修道様式にその特色を有したが、中世末のこの時期には同会にあっても、各自の隠遁と相互の共住という修道生活の二つの方向性の葛藤は、再度問題化しつつあった。その修錬期より卓越した語学的才能の片鱗を示したトラヴェルサーリは、ニッコロ・ニッコリやフランチェスコ・バルバロ、ヴァリーノ・ダ・ヴェローナら同時代の多くの世俗の人文主義者との交流を通じ、古代文献学なかんずくギリシア教父文献学への関心を開花させ、ギリシア四大教父のそれをはじめとする、ギリシア教父の霊的著作の翻訳を次々に成就させた。もちろんこれは単に彼個人の知的興味に発端するのみならず、これら教父の言説において初期修道制の精神の淵源を尋ねることを介してカマルドリ会内部の修道生活の方向性の対立の解消を意図するものであった。そればかりではない。トラヴェルサーリの知的営為の射程は、累次の公会議の開催という時代状況を背景に、カトリック教会内部のさらには東西教会間の神学的対立の止揚を、修道生活を通じて実現することをすら目指すものであった。

ルネサンス人文主義の〈宣言〉とも称されるマネッティの『人間の尊厳』については、先に挙げたバルガの人間の尊厳論や、それを換骨奪胎した作品として知られるバルトロメオ・ファツィオの『人間の卓越秀抜について』の欠を補いつつ、人間世界の調和というトラヴェルサーリの先述の志の、俗世における実現を図るものに他ならなかった。もしマネッティの「人間の尊厳」が、トラヴェルサーリに至る修道院的人文主義の「人間の尊厳」と異質の点をもつとすれば、伝統的なキリスト教的「人間の尊厳論」が、「人間の条件としての悲惨」を忍受しつつ、キリストのまねびにより「人間の本性としての尊厳」の回復を目的としたのに対し、マネッティらによるルネサンス期の市民的「人間の尊厳」論が、神が人体に付与した五感の感受性を、人生における悲惨の源ではなく享楽の源ととらえ直し、最も霊妙なる器官たる手の働きに基づく事物の限りない創造の業に、自身を聖化する新しい道を見出そうとした点にあった。ここにおいてマネッティの人間の尊厳観は、「世界内超越」の観点の深化という点において、先立つ修道院的人文主義を克服し、続く時期の共同生活団の生活倫理に根差すエラスムスの人間論や、世俗内の成功に神の選抜をみるカルヴァンの近代的な「プロテスタンティズムの倫理」の芽生えを示唆するものといえよう。

（石黒盛久）

参考文献

今野国雄『修道院——祈り・禁欲・労働の源流』岩波新書、一九八一年。

佐藤光夫『イタリア・ルネサンスにおける人間の尊厳』有信堂高文社、一九八一年。

デーヴィッド・ノウルズ著、朝倉文市訳『修道院』平凡社、一九七二年。

ジャン・ルクレール著、神崎忠昭・矢内義顕訳『修道院文化入門——学問への愛と神への希求』和泉書館、二〇〇六年。

Marco Pellegrini, *Umanesimo : Il lato incompiuto della modeirnità*, Morcellana, 2015.

Charles Stinger, *Humanism and the Church Fathers : Ambrogio Traversari（1386–1439）and the Revival of Partistic Theology in the Early Italian Renaissance*, State University of New York Press, 1977.

第4章　正統と異端

1　キリスト教と、異なるものの排除

古代のユダヤ教徒たち（ヘブライ人たち）は、律法と神殿での祭儀を重視していた。歴史上にイエス・キリストが出てくる頃、学問のなさや生活上の困難から律法を正しく守れない貧者や病人を、穢れの源と考えて虐げる側面が出てきていた。

イエス・キリストは、そのように差別されていた貧者や病人と食事をともにするなど積極的に関わり、異なる者を排除するどころか、境界を無化し招き入れた。神の国の民の間に差別はなく、不条理なことをされても復讐せず敵を愛せ（「マタイによる福音書」五章四四、「ルカによる福音書」六章二七など）とするのがイエスであった。問題が起これば暴力の行使で解決し、統治者とは戦闘能力に優れた者であると捉えられていた古代社会において、イエスの考え方はほとんど革新的であった。

だが、そのキリスト教が覆った西洋中世（およそ五〇〇～一五〇〇年）で、十字軍をはじめとする異教徒への攻撃や異端の討伐を躊躇しなくなるのは不思議である。たしかに、『旧約聖書』の中の神は、神の目の前に正しくないことが起こると人間に罰を与え、民族を排除することも厭わない。だが、キリスト教徒ははじめ、正義や正当性如何を判断するのは神に他ならず、自ら暴力を用いて異なる者を排除しようなどとは思わなかった。そのような暴力の行使は、神の領域への侵犯であった。つまり、その侵犯の禁忌に勝る正当性の根拠が中世の間に育ったのである。

正統と異端の問題のうち、古代末期の正統教義成立過程における異端（分派）も重要なものであるが、本章ではアウグスティヌスと異端の関係のみを概観したうえで、盛期中世（一一～一三世紀）を中心に焦点を当ててみたい。

2　アウグスティヌスと異端

中世の神学者、聖職者が絶えず参照する権威の筆頭に、古代末の教父アウグスティヌス（三五四～四三〇年）がいる。自伝的著作『告白』によると、彼は当時流行っていた善悪二元論の異端、マニ教に一時傾倒した。キケロの『ホルテンシウス』をとおして、世俗の名誉を追う生き方から、不死なる知恵としての神を求める生き方へと転向したアウグスティヌスにとって、グノーシス派の傾向をもち知恵に神性へのつながりをみるマニ教は、魅力的に映ったためである。その後、ミラノのアンブロシウスの説教を聞くことで決定的な回心を果たしてキリスト教徒となり、生地のアフリカで司教を務めた。

アウグスティヌスは、同時代の異端をできる限り正統に引き戻そうとして、マニ教徒やドナトゥス派、ペラギウスの一派などと論争した。四二七年頃、カルタゴの司祭から異端の分派とその教説のリストの作成を求められ、『異端について』（四二八年）を著す。死によって未完に終わるが、その一覧は中世の長きにわたって異端対策の参照元となった。

彼は異端者に「頑固さ、執拗さ」（pertinacia）があることを強調している。教義に誤謬があることで即座に異端となるわけではなく、間違いを指摘されても「頑なに」直さないのが異端なのである。キリスト教には兄弟的忠告（「マタイによる福音書」一八章一五）の精神のもと、まずは指摘し、できうるかぎり神の民にとどめようとするところがある。アウグスティヌスはこの精神に忠実に従っているのである。教義の過ちではなく頑なな態度を異端とみなす源を作ったとして、アウグスティヌスは迫害社会の元凶とされることもあるが、それは一面的な見解といえよう。

また、アウグスティヌスは、異端の中でもアフリカでとくに多かったドナトゥス派の説得に苦心した。ドナトゥス派は、一度棄教した司祭による秘跡を無効であると考え、適格者による秘跡のやり直しを認める人々である。一方、正統側は神からの印である秘跡のやり直しを認めない。アウグスティヌスは、秘跡はあくまでも神の力によるもので、ほどこす人の性質に左右されないとの見解を示しつつ、論拠として、その力を行使した者たちは「主の印」（dominicus character）なるものに基づいて、聖なる共同体を作るからであるとした。その共同体は、目にみえる教会組織と一致せずとも、神の恩寵のもとに疑いなく存在するものだという。つまり、秘跡をほどこす者たちの特別性を表すものとして、神の目の前にのみ明らかな共同体を想定したのである。こうした考え方は盛期中世の神学者の見解を先取りしていた。

さらに、アウグスティヌスは異端への暴力を正当化する理論の源泉ともされる。『神の国』で「正戦」（justa bella）について述べているためである。戦いによって相手を傷つけ死に追いやることは大罪であるが、正当防衛、正しい意図による戦い、正しい権威に導かれた戦いは、過った者や行為を正すための人間の戦いとして、神に認められているという。

アウグスティヌスは「平和をもたらす戦争」について繰り返し述べており、この点が中世にも参照されるが、それは実際にドナトゥス派により正統の教会組織が瓦解しかねない危機を感じる中で希求された、切迫した理想像としての平和であった。つまり、そうした危機がなければ、戦いを正当とする理論を彼が構築したとは思われず、単に戦いを正当化しているわけではないのである。ローマ帝国下、キリスト教が許容され殉教者が出なくなってくる中で極端な終末論が力を失い、それでもいま生活が安寧でないとすればいかなる理想のもとに生きればよいのか、戸惑う時代であった。折しもキリスト教とは異なる世界観をもち、戦闘に長けた異民族の流入も始まっていた。だからこそ、神の意志のもとの秩序がいかに実現されうるのか、当時の世俗の権力を含めて理想化した『神の国』が執筆されねばならなかったのである。

だが、アウグスティヌスの言葉は文脈を排して流用される。とはいえ、現実の状況にあわせて変容する柔軟性をもつのがキリスト教のあり方なので、中世の状況に応じて教父アウグスティヌスを用いるのもまた、キリスト教史らしさなのかもしれない。

3　中世キリスト教世界の成立と異端

一〇〇〇年頃の異端対策

キリスト教が許容され国教となったものの、ローマ帝国は東西に分裂し、西方にはゲルマン人をはじめとする異民族、すなわち非キリスト教徒が押し寄せた。彼らに対して各地の司教や修道士がキリスト教を布教するのが初期中世である。西ローマ皇帝が早々に廃位されてしまった事情もあり、西方世界は世俗権力と教会権力とが手を取り合いながら発展した。つまり、キリスト教ははじめから社会に埋め込まれていたのである。

一〇〇〇年頃になってようやく、ノルマン人やマジャール人などの異民族との戦いにひと段落がつき、キリスト教世界としての中世が輪郭をみせ始めた。このとき散発的な異端がみられたが、各地の司教や国王がその場で対応することで間に合う程度の小規模なものであった。たとえば、一〇二二年にカペー朝のフランス国王ロベール二世がオルレアンで異端を火刑にし、一〇二八年にミラノ大司教のもとでも異端の火刑があった。

『リエージュ司教事蹟録』の中に一〇四三年頃、シャロン＝シュル＝マルヌの司教がリエージュの司教ワツォに宛てた手紙がある。司教区で「マニ教徒」の悪い教えに従う農民たちが秘密の集会を開いていると聞き（本章の最後にみるような悪魔の陰謀説の伝承の可能性が高い）、危機感をもち相談している。なお当時、アウグスティヌスやセビリアのイシドルスなどの著作を参照して、マニ教徒という言葉が用いられていた。

ワツォは、「毒麦と良い種」の喩え（「マタイによる福音書」一三章二四～三〇）によりながら、毒麦である異端を見分けるのは難しく、麦まで一緒に抜いてしまうかもしれないので、収穫のとき（神による最後の審判）まで辛抱強く待つようにと諭している。つまり、一一世紀半ばにはまだ、異端を見分けるのは神であり、人間はその判断に踏み込むべきではないとの見解が続いていたのである。

教皇グレゴリウス七世

西洋中世のキリスト教は現代でいうカトリックで、聖職者が秘跡をほどこす権利を独占する聖職者位階制度を軸に、教皇を頂点としたヒエラルキー組織を形成していった。他方で封建社会が発展し世俗領主たちも力をつけるようになると、彼らが司教をはじめとする高位聖職者の位を独占したり、より高く買ってくれる者に売ったりすることが起こってくる。とくに一一世紀には聖職者の位階の売買（シモニア）や、聖職者の妻帯（ニコライスム）が深刻な問題となった。逆にそれを問題視する程度に教会組織そのものが育ってきたということである。

教皇グレゴリウス七世（在位一〇七三〜八五年）は、聖職者の規律の弛緩は、世俗の王が自分に協力的な人を教会に任命するせいであるとして、世俗権力からの教会の自由、および聖職者と俗人の峻別を訴えた。いわゆるグレゴリウス改革である。そして、一〇七五年の『教皇訓令書』（*Dictatus papae*）の第二六条で、ローマ教会と一致しないものはカトリック教徒とはみなされず、実質上異端になると述べた。あらゆるカトリック教会はローマと調和せねばならないとする考え方は前々からあったが、信仰の調和という理念上の意味であった。だが、グレゴリウスは拡大解釈して、典礼や組織編成などの実務にも適応させようとしたのである。

カスパーの研究を踏まえたバラクロウによれば、グレゴリウスにとっての改革とは単に模範や理想の問題ではなく、教皇はペトロの後継者であるから教皇の権威はキリストの権威であるとするテーゼを導けば、そこから教皇権の種々の主義主張を述べることにためらいがなかったという。

グレゴリウスが現実味をもって唱えた理想は大きな影響を与えた。ここに教皇の異端討伐への可能性が一歩開かれたのである。従う教義にかかわらず、ローマ教会の意向に従順でない場合に異端とされうる「不服従の異端」の地平である。そこで教会改革に与する枢機卿は、グレゴリウス七世の敵対者であった神聖ローマ皇帝ハインリヒ四世（ドイツの王つまり俗人であるのに、相変わらず聖職者を任命しようとした）を異端者と呼ぶようになる。この教会改革の時期には、シモニアやニコライスムに染まる者が異端と名ざされた。教皇を頂点としたキリスト教世界がはっきりしてくるとともに、その輪郭を脅かす者を異端と呼称し対処することが使命となる——その輪郭を形成せんがために異端を区別するようになるのである。もともとキリスト教には、死後の行き先（神の国）に重点を置き現世の富や欲を蔑視する傾向があったが、一一世紀末から一二世紀にかけて、教皇を主導者に現世の人々をも神の方へと回心させようとする方向性へと転じてゆくのである。

民衆と、聖なる清貧の説教師

ところで、初期中世にあらためてキリスト教の布教の対象となった異民族は読み書きをしない戦闘民族であり、ヨーロッパ中世とは、文字を知らぬ者たち（illiteratus、俗人）が大多数を占める、声と音の世界であった。他方で修道士や聖職者はウルガタ（ラテン語版聖書）を参照するためにラテン語を修得する必要があった。都市が発達して若干の読み書きができる商人らが出てくるまでは、キリスト教の指導者層が文字を独占し、修道院こそが知の保存庫であった。一一世紀にはキリスト教世界の枠組みが成立してくるとされるが、民衆にとってはどうだったのだろうか。

シュヴァルツヴァルトのヒルザウの大修道院長ヴィリヘルムス（～一〇九一年）の『伝記』の中に、その修道院長が自らの所領を巡回している際、貧しい婦人に話を聞く場面がある。夫が農地から帰るまでのあいだ言葉を交わすのだが、キリスト教の教義の話をしようにも、その会話のほとんどは、いかに生活が苦しいかの愚痴に終始したという。このとき「こうした素朴なる者たちは、無知をあらわすにしても深い信仰にある」と述べられており、民衆があまり深く教義を理解していなくとも、信じていることで十分とされているのがわかる。

また、当時のキリスト教の教えの浸透ぶりを知ることのできるものとして、ヴォルムスの司教を務めたブルカルドゥスの贖罪規定がある。ブルカルドゥスは教会改革者であり、著作『教令集』（*Decretum*）（一〇〇八～一〇一二年に書かれた）は教会行政に関して集成した記録であった。その中の第一九巻が、冒頭部分をとって「矯正者・医者」（Corrector Medicus）と呼ばれる贖罪規定の部分である。もともとヴォルムス教区のために作られたが、編纂直後からイタリア、ドイツを中心に広く受容された。

俗人たちは、主禱文や使徒信経といった短い祈りを口伝えで教わり、日々唱えていたが、第六五章には、薬草を集めるときに、その二つの祈りと異なる呪文を唱えたのかと問われ、唱えた場合には一〇日間、パンと水で贖罪するようにと述べられる。同じようなことが第九八章にもあり、何かの仕事を始めるときに、神の名前を唱えて祈るかわりに、魔術によって何かをしたり唱えたりしたか、ということが尋ねられ、一〇日間の贖罪が割り当てられている。あるいは、教会に来ても祈りを唱えているかのように口を動かしながら、うわさ話やほら話に耳を傾け、司祭が祈るようにいっても、お喋りを始めて返事も祈りもしない、ということをすれば、一〇日間、パンと水で贖罪するようにと第一四五章にある。いずれも贖罪期間が短いため、該当する場合がしばしばあり、短い祈りを決まりどおり唱えるということすらも徐々に体得するものであったことがわかる。

この時期に、民衆の心を摑み、しかし異端とされた巡歴説教師・修道士にローザンヌのアンリ（ヘンリクス、一一四五年頃没）がいる。フランスのル・マンの司教ヒルデベルト（一〇六五頃～一一三三年）は、地域の司教座聖堂参事会の改革に尽力していた。聖職者の信仰心の腐敗と富裕化が問題となる中で、ヒルデベルトは聖職者に清貧のもとでの共同生活を推進していた。

ヒルデベルトはローマに行く間、清貧の理想を理解するローザンヌのアンリに説教を任せた。アンリは貧しい身なりをして悔悛を示すその様子で、ル・マンの民衆たちの共感を予想以上に集めた。婚姻を含め、秘蹟が七つに決定される時期であり、結婚を肯定的に語ることで娼婦を回心させた。当時、少しずつイメージが固まりつつあった煉獄についても説教をした。さらに、聖職者にこそ清貧と悔悛がいま必要とされることを強調した。

すると、民たちは自分たちの苦しい日常生活と照らしあわせて、身近にいた聖職者である聖堂参事会員たちに清貧と悔悛が足りていない点にとりわけ実感を抱いた。そして、聖堂参事会員たちを大食漢の搾取者と罵り、蜂起を起こすのである。ローマから戻ってきたヒルデベルトを待っていたのは、アンリこそがわれらの指導者だ、と述べてヒルデベルトを含めた聖職者に反発する民衆たちであった。

アンリの説教の内容が正統の教会改革の方向に合ったものであっても、聴いている民衆たちが共鳴できるもののみを接収した結果、一部の意図のみが中心となった集団が生まれているのである。初期中世の間、上からのキリスト教化のみで、聖霊（秘蹟をほどこす力としての）と文字を聖職者に独占され沈黙していた民たちが、説教の声というテクストを媒介に「テクスト共同体」（ストック）として現れた瞬間であった。教会側は結局アンリを異端とみなす。なお、説教のすべてを理解できなくとも、聖書に基づく知には漠然とした敬意が払われていた。蜂起がおさまらず苦労した司教がアンリに、聖書の知識に関わる意地悪な質問をして貶めると、それをみた民衆たちの間でアンリへの崇敬の熱が冷めてゆくのである。

中世の異端研究でコペルニクス的転回を行ったムアは、アンリを異端とみなした司教および教会側を、新たな集団のリーダーであり、その後展開する「迫害社会」の担い手と捉えた。カタリ派をはじめとする異端に関して、残っているものの多くは異端を異端として断ずる正統の側の史料である。そのため、異端者の実像を表すものというよりも、迫害者の意識を反映したものである、ということを指摘したのがムアである。現代の歴史家からすれば当たり前のことかもしれないが、史料が現実を反映すると考える視点からすると驚くべき転換であった。

さて、このあと教会当局は民衆たちの内面的な司牧にいっそう踏み込むようになり（一二一五年の第四ラテラノ公会議における定期的な告解の義務化など）、共同体をも改変する傾向があるのはムアのいうとおりであるが、盛期中世とは果たして迫害社会への道程なのだろうか。

4　カタリ派をめぐって

カタリ派という異端

グレゴリウスの改革以降、聖職者による俗人の指導という構図が明確になってゆく。一方で、清貧と使徒的生活（質素な身なりで神の愛を説いてまわる生き方）があらためて理想のイメージとなり、中世の終わりまで理想であり続けた。西フランスで多くみられた隠修士たちはその理想の最初の体現者であり、ローザンヌのアンリもそこに含まれる。個別に歩き回る隠修士が修道院や聖堂参事会など固定された集団に接収されると、シトー会の説教師や托鉢修道会士がその理想を引き継ぎ、教皇の手足となって活動した。

一一〇〇年代半ばにフランスのラングドックと北イタリアを中心に急速に広まり、ローマ教会に危機感を抱かせた異端カタリ派も、そうした清貧と使徒的生活の理想を求める流れの中に位置づけることができる。善悪二元論という共通点から、かつては古代由来のマニ教が外部から到来して西方世界を脅かしたと思われた。だが、キリスト教がある程度浸透してきたがゆえの霊的希求と、富を統治の手段とする教会組織の清貧の理想との矛盾が限界に近づいた頃に活動が活発化している点に鑑みると、単に外部から移植されたセクトとは思われない。

異端研究の動向としては、正統の民衆霊性や宗教運動の中に異端を位置づけ、その霊性に着目する仕方が、グルントマンを先駆者としながらムアの転回を経て、現在では一般的で、優れた研究も多い。カタリ派については、修道士や神学者ら異端を糾弾する側の史料のみならず、カタリ派自体の教義論考や典礼定式書および、異端審問記録などがより綿密に駆使されるようになり、邦語でも渡邊や池上、小田内、図師らが研究史を含め霊性や「実像」をまとめており実り多い。

その教義を伝えるカタリ派の手になる限られた文書のうち、『両原理論』はとりわけ貴重なものである。カタリ派は、善悪二元論のもと、金銭をはじめ物質的なもの、目にみえるものをすべて悪神の被造物と考えた。人間を、肉体という牢獄に魂が閉じ込められたものであるとみなし、ローマ教会も聖職者も秘跡も否定した。カタリ派の教義をすべて受け入れることは、厳しい現世否定のもとに生きることとなるのでかなり苦しい。そのため、それを文字どおり実践するのは完徳者（良き人）と呼ばれるごく一部のみで、大半は帰依者という、その教義に敬意を払いながらも、正統の一般信徒とあまり変わらない生活を送る者たちであった。

完徳者は肉欲を完全に断ち、肉や牛乳はもちろん卵すらも、生殖の結果のものとして口にせず、質素な生活をした。地域の家を訪れて福音を説く際には、俗語（俗人たちの日常会話の言葉）に訳された聖書を用いて説教を行った。また、説教の終わりには、同性同士ならば「平和」と呼ばれる接吻が交わされた。接吻は中世社会において臣従礼などの儀礼にも含まれる重要な身ぶりであり、正統の鏡映しのようなカタリ派のあり方が窺われる。

正統のキリスト教徒であっても、肉欲の忌避は根強い。カタリ派では、この世の被造物を悪神の業として、『旧約聖書』のすべてを否定したうえで、同様に肉欲を否定するためか、産む身体への畏れないしは嫌悪がより如実に出てくる。一四世紀はじめにカタリ派最後の伝道活動が行われたピレネー山中のモンタイユー村で、完徳者ギヨームが説いた話によれば、女性を肉体的に知ることで、罪の穢れが天まで至り、宇宙全体にまで広まるという。トゥールーズのカタリ派の帰依者ペトルス・ガルキアスは妻を無知な野獣と呼び、二年間身体の関係を絶っていると述べる。肉体を徹底的に悪しきものとみなした結果、妊娠で肉体を自らの内に宿す女性もまた悪魔化、野獣化してしまっているのである。

なお、コンソラメントゥムという掌を頭にのせる儀式を完徳者から受けることで、帰依者は完徳者になることができた。死ぬ間際であれば厳しい現世否定のもとに生きるのも苦ではなく、完徳者になっておけば、死後すぐに悪しき肉体からの善良な魂の解放を実現できると信じられていたので、完徳者が病床に呼ばれることは多かった。正統教会の聖職者が堕落して裕福な暮らしをする一方で、極度の清貧生活を行う完徳者が民衆の尊敬を集め、共感を呼んだのは想像に難くない。民衆霊性とカタリ派の関わりは、ル・ロワ・ラデュリの著作に詳しい。

カタリ派の完徳者には女性でもなることができたため、正統の教会組織が叶えられなかった女性たちの霊的欲求に応えたとする見解もある。ただし、カタリ派にはいま述べたように女性の産む身体への畏れと嫌悪が強いため、完徳者の女性は、女性としてというより、清貧と禁欲を極めた性別を超えた聖性の持ち主として認められていたのだろう。しかしごく普通の帰依者の女性にとっては、同性として素直に憧憬の対象であった可能性はある。

また、カタリ派は南フランスの地域性と適合した。当時フランス国王の勢力は南まで届いておらず、大部分が農地である南方では地域ごとの領主が支配していた。富と権力に無関心なカタリ派が領地に暮らしていても、領主にとって邪魔にならなかった。むしろ民衆がいうことを聞いて平穏に暮らすのならば、教義の逸脱には目を瞑ることができ、カタリ派を保護する領主もいた。

以上、カタリ派は明確にローマ教会や秘蹟を否定している点から、教義の上でも異端である。しかし、戒律を厳密に守る完徳者と帰依者という上下関係や儀式、説教などいずれも正統に酷似した体系的な性格をもつ点がいっそう脅威となったのではあるまいか。カタリ派がどこまで組織立った教会をもったのか、カトリック教会側の危機感による空想の産物ではないのかについては依然として議論はあるが、正統が組織的・ヒエラルキー的なキリスト教世界を立ち上げた時期にこそ生まれえたものであった。

異端に対する教皇と修道士

当地の正統の修道士たちもカタリ派を見過ごすことはできず、教皇に状況を報告した。教皇ははじめシトー会士の説教師を送り込んで、言葉で正統に引き戻そうとした。シトー会は質素な身なりと生活形態で知られる修道会だが、カタリ派の完徳者と比べれば、共有財産をもつ点で説得力に欠ける。ベルナルドゥスなどの優れた説教師であってもさほど成果は芳しくなく（一一四五年の説教）、そのほかのシトー会士であればなおさら苦労した。

そこでキリスト教世界の内部に向けて教皇が「十字軍」をさしむけることになるのだが、ここで、教皇庁の異端対策への法的枠づけの変化をみておきたい。

一二世紀には教会法の整備が進み、一一四〇年頃のグラティアヌスの『教令集（矛盾教会法令調和集）』では、アウグスティヌスやアンブロシウスを引きながら「平和をもたらす戦争」についてまとめられている。教会法学者であった教皇アレクサンデル三世（在位一一五九～八一年）がその『教令集』を用いて異端への処罰についての見解を展開させ、異端を助けた者を罰することの正当性を認めている（一一六三年トゥール教会会議）。

また、教皇インノケンティウス三世（在位一一九八～一二一六年）は一一九九年、教令（*Vergentis in senium*）において、異端がローマ法の大逆罪（crimen laesae maiestatis）に等しいものと定めた。大逆罪とは、被害者のいない犯罪といわれるもので、王室の威厳や信仰、道徳などの抽象的なものへの罪である。古代ローマには存在したが、中世ではある程度公的な力が強まる一二世紀頃以降になってようやく主張され始める。教皇が公的権威となる頃、一地方の領主にすぎなかった世俗の王も以前より権力を増すのであり、大逆罪はその権威づけの一端に用いられた。プランタジネット朝のヘンリー二世（在位一一五四～八九年、トマス・ベケットの事件で知られる）をはじめ、教皇権と争った世俗の王たちは大逆罪の制定に熱心であった。大逆罪への死刑の採用自体は一一九七年、アラゴン王によってなされた。インノケンティウスの教令はこうした世俗の動きと連動したもので、異端はますます法的概念として用いられるようになってゆくのである。

カタリ派への対応も同時期であり、インノケンティウス三世は、南フランスに教皇特使ピエール・ド・カステルノーを送っていた。ピエール・ド・カステルノーは、カタリ派の信徒のみならず、カタリ派に与する領主も異端として破門する強硬策をとったため、おそらく逆恨みされて、教皇のもとへ帰る途中で何者かに暗殺されてしまう（トゥールーズ伯の密命ともいわれる）。そこで教皇は「平和と信仰の業」を自らの保護のもとに実行すべく、十字軍の決行を決断するのである（アルビジョワ十字軍、一二〇九〜二九年）。

シトー会士のハイステルバッハのカエサリウス（一一八〇頃〜一二四〇年頃）の『奇跡についての対話』の第二一章にはアルビジョワ十字軍の記述がある。同書はシトー会に入りたての人に修道士としての正しい生き方を教えるためのものだが、修道会の枠を越えて広く読まれ、説教の題材にもされた。その中で、カタリ派（アルビジョワ派）によって短期間で数千の都市が汚染されたと述べられており、もし信徒の軍勢が弾圧しないと、ヨーロッパ全体が汚染されていただろうと述べられている。そして、トゥールーズの住民が悪魔にとり憑かれたがゆえに暴挙を働く様子が具体的に書き連ねられている。聖なる祭壇に娼婦を寝かせ、十字架像の前でみだらな行為を行ったとか、十字架像への侮蔑のあまりに腕を折ったなどと記されているのである。

また、カエサリウスは、とくに犠牲者の多かった一二〇九年のベジエの虐殺を正当なものとみなしている。ベジエ攻略の先陣にはシトー会修道院長アルノー・アモリィがおり、十字軍士たちがカタリ派信徒か正統かをどう見分ければよいのか訊いたところ、修道院長は、異端が死を恐れて正統かのごとくふるまうことを懸念し、「彼らを殺せ。神は自らの者を知るであろう」と述べたという。このときにはもはや、異端を見分けられず、間違って殺すことを神への侵犯とみなす見方よりも、神の敵を討つことの使命感の方が勝っているのである。

以上、カエサリウスの著作からは、疫病のように広がる汚染や悪魔のイメージとつなげて異端を捉える傾向がみて取れる。こうした話が説教で繰り返されれば、ますます異端への攻撃に躊躇がなくなるであろう。

　また、アルビジョワ十字軍のより事実に即した記述として、『アルビジョワの歴史』がある。著者のシトー会士、ピエール・ド・ヴォードセルネーは、十字軍の後も伯父が一二一二年にカルカッソンヌ司教となったため、南フランスにとどまり秘書として随行したことで知られている。院長アルノー・アモリィが殺せといったとする台詞はないが、ベジエ攻略の翌年、ミネルヴを訪れた際、領主が開城を申し出ると、彼が不本意そうだったと述べられている。キリストの敵は皆殺しにしたいと願っているが、修道士で司祭だからそのようにはいえなかったなどと記述されているのである。

　殺人は大罪であるとする信心と、平和と信仰の戦いへの使命感、およびその使命感への熱狂による殺人への意図せぬ嗜好とでもいえそうなものが垣間みられる。この嗜好はアルビジョワ十字軍から異端審問に至るまで、カタリ派と対峙した修道士、聖職者に時折みられるもので、渡邊の研究に詳しい。平和や信仰、その他何らかの大義を実現する者でありたいとする使命感の強さがときに、虐殺への熱狂を駆り立てる構図は、時代と地域を超えて繰り返されているように思われ、考えさせられる。

　アルビジョワ十字軍の結果としては、フランス王ルイ八世（在位一二二三～二六年）が十字軍に加わり勝利することで、南フランス独自の統治領域が解体し、セネシャル管区としてフランス王の管理下に置かれるようになった点が重要である。「平和と信仰」をかかげた異端との戦いは、最終的には正統側の権力者たちの構図を刷新する機会へと転じた。これを機にフランス王は南部へと勢力を広めたというわけである。

　いざ十字軍が終結した頃、異端審問が始まる。十字軍の主な対象はまずはカタリ派をかくまう領主たちで、帰依者の多くはまだ残っており、また、完徳者が北イタリアに逃げてかくまわれる事態もあったからである。一二三〇年代の教皇グレゴリウス九世のときに異端審問が始まった（一二三三年六月の教勅 *Vox in Rama*）。従来異端とする判断はそれぞれの地域の司教が行い、火刑等の手を下すのは世俗の裁判においてであった。だが、司教をはじめ聖職者が在地の権力者と癒着しているカタリ派のような場合、異端を思うように検挙しないため、教皇に直属する異端審問官を送る方策に出たのである。教皇が全権を委任したドミニコ会士、一部の地域ではフランシスコ会士が審問官を担った。人的紐帯に存するもので、一六世紀のような組織的な異端審問制度には程遠いものであるが、ともかくそういう制度が始まったことが異端対策の新たな展開である。

トゥールーズやカルカッソンヌにドミニコ会が居を構え、法廷が成立し、異端審問の規則が蓄積された。審問制度の特徴として、手続きのあいだ秘密が守られた点が意義深い。すなわち、どの証拠によって誰が訴追したかは明かされず、仲間を告発すれば罪が軽くなることがあったのである。また、手続きの最後に審問官が総説（sermo generalis）で信徒の前に判決結果を公示して、真理と誤りを明らかに述べるならわしとなっていた。声により宣言することで、あらためてその者を異端とする共同体が立ち現れるのは、中世らしい性質を引き継いでいる。一二四〇年代から異端審問官のためのマニュアル本が作られ、審問記録も残されるようになった。

カタリ派が脅威に感じられた一三世紀前半までは、ある程度容赦ないことも行われ、異端審問官として恨まれて殺されてしまい、最速で聖人になる人もいた。ヴェローナの聖ペテロ（一二〇五～一二五二年）である。また、むしろカタリ派から回心して異端審問官となって活躍したロベール・ル・ブーグル（一一七三～一二三九年）のような人もいた。ただし、カタリ派の一時期を除き、中世の異端審問では異端への信仰を撤回し回心する場合、つねに救いへの道が用意されていた点を忘れてはならない。罰についても死刑は稀で、贖罪のための巡礼がしばしばとられた措置であった。元異端とわかるように黄色の十字のしるしをつけさせるなどの命令は続くが、異端審問は基本的には正統に引き戻し、赦すためのものであり、残忍すぎる暴力が民たちの間で起こらないようにするための防御装置ですらあったことを、付け加えておきたい。

5　異端討伐の心性

悪魔の陰謀と偽り

後期中世の異端対策の変化として、世俗の王らが大逆罪および異端の訴追にいっそう率先して関わるようになる点が挙げられる。王と教皇の権力争いや、国家の財政難への対策など政治的な問題に、異端への裁判がますます巻き込まれてゆく。一四世紀のフランス王フィリップ四世のテンプル騎士団への裁判などはその好例であろう。異端だから訴追するというよりは、訴追しようとする相手を異端とすべく、その特徴の一部のみを抜粋するのである。

そのような政治的な色彩の濃い異端審問では、もはや異端への恐れや危機感は少ないのかもしれないが、ラベリングとしては悪魔的なものが用いられ続けた。異端への暴力と審問制度が生じたのち、中世で異端が語られ続けた背景には、異端たるものへの心的な恐怖や危機感があったと思われる。審問官は存外悪魔を引き合いに出さず、西洋中世は（日本でも一般に根強く流布している中世＝暗黒時代説とは異なり）基本的には魔術を迷信と断じようと四苦八苦した時代で、魔女が現実味を帯びるのはその後の時代であるが、異端に関わる様々なイメージは存在した。近世の魔女妄想が果したカタルシスを異端が果したとさえいわれる。以下で考えてみたい。

ここまでにみてきたように、神の領域の侵犯の禁忌に勝る異端討伐への正当性および、キリストの騎士としての使命感が中世の間に育ったわけであるが、戦うこと、排除することへの使命感は、その敵が強大であればあるほど掻き立てられるものである。そこでまず、悪魔の陰謀説（表面は聖なるふうを装っている異端）への恐れが、奇跡譚などを通じて浸透し高まっていたという背景がある。

これは初期のキリスト教徒が受けた中傷にも由来するものである。はじめキリスト教はローマ帝国下で、下層民が信じるいかがわしい異教として迫害され根拠のない誹謗中傷を受けたが、貼られたレッテルは気づけば異端に投影されている。たとえば真夜中にいかがわしい集会を行い、幼子を殺しその血を飲み干して儀式を行う、あるいは近親相姦を含めた乱交が行われるといったものである。秘密の集会や逸脱した快楽への迷信的な恐れは古くから異教や異端に結びつけられており、同じイメージが語られ続けたのである。乱交は古代のディオニュソスの秘儀などにもみられ、つまり自分たちにとって得体の知れない信仰団体は、隠れて集まり性的に逸脱した行為に耽っているに違いないとするイメージが、古代から、ラベリングされる対象を変えて続いてきたのである。

異端を悪魔に毒された者たちとする見解は、アルビジョワ十字軍を肯定的に述べていたハイステルバッハのカエサリウスの『奇跡についての対話』の第五区分「悪霊について」に詳しい。一一世紀のアデマール・ド・シャバンヌの『年代記』や一二世紀のギベール・ド・ノジャン、アラン・ド・リールなど年代記作者や神学者、あるいはエティエンヌ・ド・ブルボンなどのエクセンプラ（実話を基にした小話で、より身近な話題でキリスト教の美徳・悪徳を伝えるもの）の中でも同様の見解は語られており、つまりは日常的な説教で繰り返された。

さらに、見かけは敬虔であっても実は悪魔にとり憑かれており、本心を隠している者たちがいくらかいる、ということへの恐れは、盛期中世以降にいっそうエスカレートする。その頃、アリストテレスの著作がイスラーム世界を経由して本格的に入ってくる中で、神学者たちはあらためて奇跡と驚異の境目を見定めようとした。目の前のあらゆる現象は神の被造物である、とする見解は中世のあいだじゅう変わらないものの、神の賜物たる理性を用いて、より解像度を上げて世界を捉えようとする（捉えられると信ずるようになる）のである。

贖罪制度においても、罪を心から悔いているか否か、意図して犯したのかどうかなど内的なものに関心が高まるのが同時期である。同じ号泣の身ぶりや叫びでも、悪魔憑きと神の御業の双方を見出しうるようになる。諸霊の識別――はたしてそれが聖霊なのか悪霊なのかを見極めねばならないとする見方――も後期中世のほうが強くなる。こうした流れの中で、偽りの異端が潜んでいることへの恐怖心も煽られたのである。あるいは恐怖心を抑えるために、疑わしきを取り逃さないようにとの心性が強まっていったのである。

性的逸脱のレッテル

いま述べたような、思考の枠組みの変化に基づく異端への恐れの増大は、性的逸脱のレッテルを通じても見出すことができる。より詳しくいえば、自然法が一二世紀頃にあらためて西方世界に定着し、考察のための規範として用いられたことも背景にある。

男色は、出産を救いへの道とするキリスト教においては肯定されなさそうであるが、一一世紀頃までは賛成派と反対派の両方が共存していた。一〇五一年頃に、敬虔なベネディクト会士であったペトルス・ダミアニは、『ゴモラの書』の中で男同士、とくに聖職者同士の性的関係の存在を述べている。司祭が霊的指導を与える相手とそのような関係を結んでおり、かつ、罰を免れるために、同様の愛にふけっている聖職者を選んで告解を行っているというのである。ペトルス・ダミアニは、同性愛の罪を犯した聖職者をすべてローマ教会から追放する指示を出してほしい、と教皇レオ九世に訴えたが、その要求が実現されることはなかった。

同時期のリーヴォーのシトー会の修道士エルレッドなどは、同性愛に永遠性をみていた。エルレッドは古代のキケロの『友情論』をキリスト教的な霊的友情に読み替えた人であり、異性愛が出産で終結するという当時の共通見解をふまえ、永遠に高まりうる同性同士の愛に、神につながるものを感じたのである。

だが、一三世紀には、トマス・アクィナスなどによって、同性愛は獣姦や人肉食とともに度を越した快楽の表れと捉えられ、「自然に反する仕方」であるがゆえに、神への反逆で大逆罪、そして異端と同等であると考えられるようになった。過度の快楽や肉欲はキリスト教において当初から罪とつながるものではあったが、後期中世には、自然ではない過度の快楽と、あるべき信心の放棄とが連続して捉えられるようになった点が新しい。一三世紀の説教師パドヴァのアントニウス（一一九五～一二三一年）も、姦淫で信仰を失うと述べ、性的逸脱が異端につながると考えている。

つまり、古代からある異教・異端と秘密の集会や乱交を結びつけるイメージが、盛期中世以降の自然法に基づいたより「理性的」な思考プロセスを経て、性的逸脱と過度の快楽がたしかに神への大逆罪ですなわち異端である、と断定されてゆくのである。

キリスト者の頭の使命として

盛期中世以降、異端討伐はますます聖職者・修道士の所与の役割として語られてゆく。なお中世ではユダヤ人も異端とみなされ、時期や地域によって激しく迫害される場合があった（詳しくはコラム5参照）が、一三世紀のドミニコ会士トマ・ド・カンタンプレのエクセンプラ集『蜜蜂の普遍的善』に、異端たるユダヤ人への対応をめぐる話がある。

フランス王のルイ九世が、ある優れたドミニコ会士の助言で、ユダヤ人のタルムードを焼かせる法令を出した際の話である（一巻、三、六）。王の顧問であった大司教がユダヤ人から金銭を渡されたため欲に目が眩み、まだ若かったルイ九世を説得し、タルムードを焼くことを中止させてしまうのである。だが一年後、この大司教は、タルムードが集められた場所で、内臓に恐るべき苦痛を感じて、嘆きながら死んでしまう。書き手のトマはこのとき、ユダヤ人たちは異端で破門された者であり、キリスト教の法を守る者であるはずの大司教がなしたことの重大さについて、よく理解するようにと釘をさしている。

また、『蜜蜂の普遍的善』は蜜蜂の集団の仕組みを模範としているものなので、女王蜂には針がない（用いない）ように、集団を率いる者として女王蜂に比される聖職者も、力は穏便に用いなければならないと述べている。そこで、カンブレーの司教は聖なる人であったが、異端に厳しすぎたかどで、天国に行く前に罪を浄めねばならなかったとする話がある（一巻、四、四）。托鉢修道会士がみた夢の中で、その司教は調子を尋ねられ、人間のときに誰もが支払う負債を支払っていて、それなりに重い罰を受けており、あまりにも厳しくしすぎたことによる罰だといっている。だが、異端から教会を浄めるため自分が熱心に試みたその道程によって自分の罰は減らされるだろうとも述べ、まもなく栄光のもと（天国）に入れるだろうという。

従来からあるキリスト教の兄弟的忠告の精神から、厳しすぎる訴追をなだめつつ、だが、熱心に異端対策をすることが救いへの道すじとなっていることが示されている。異端からこの世を浄めることは、もはや神の行為の侵犯などではなく、神が欲する行為なのである。ローマ教皇を頭とするキリスト教世界ないし教会は、中世で神秘的身体で表現されたが、異端はその汚染や疫病とみなされるようになってゆくのである。

異端討伐に関わる心性をみてくると、西洋世界が単に迫害社会に変化していったというよりも、前々からある様々な恐れないし畏れを隠したイメージの鎖が、時宜を得てキリスト教世界の輪郭とともに姿を現したように思われる。

なお、中世末、戦争の長期化や疫病の蔓延、教皇権の国家理性との対峙など、キリスト教世界が危機を迎え瓦解する時期になると、異端は法的概念として干からびたレッテルとなり果てるか、自然＝神の全体をのっとりながらも一八〇度転換させた空疎な理想（自己神格化的な終末論）を展開させるようにみえる。中世社会の多元的・多孔的なあり方があちこちで締め出される過程で、そうした極端な異端が現れてくるのではあるまいか——その空疎さは、正統が懸命にあがく姿を映しだした像なのである。

異端を知ることと正統を知ることを、切り離すことはできない。

（後藤里菜）

参考文献

池上俊一『ヨーロッパ中世の宗教運動』名古屋大学出版会、二〇〇七年。
＊霊性史の観点から一〇世紀末から中世末までの異端を含めた民衆的宗教運動の移り変わりを追った著作。隠修士やカタリ派から千年王国運動まで、民衆霊性の大きなうねりを一冊で実感させてくれる意欲作。

小田内隆『異端者たちの中世ヨーロッパ』ＮＨＫ出版、二〇一〇年。
＊「不服従の異端」や「テクスト共同体」（Ｂ・ストック）、Ｒ・Ｉ・ムアの研究など異端研究に必要な基礎知識と、カタリ派、ワルド派、ベガンの最新の研究動向がわかる。現代の異端研究の優れた概説書にして研究書。

ヘルベルト・グルントマン著、今野國雄訳『中世異端史』創文社、一九七四年。

図師宣忠「彷徨える異端者たちの足跡を辿る――中世南フランスにおける異端審問と「カタリ派」迫害」服部良久編著『コミュニケーションから読む中近世ヨーロッパ史――紛争と秩序のタペストリー』ミネルヴァ書房、二〇一五年、第一六章、三七三～三九五頁。
＊異端審問記録のもつ数多くの「フィルター」に留意しながら、審問官とカタリ派の攻防の実態を暴こうとした論考。カタリ派の末路を含めて丁寧に迫っており必読。

野口洋二『中世ヨーロッパの教会と民衆の世界――ブルカルドゥスの贖罪規定をつうじて』早稲田大学出版部、二〇〇九年。

ジェフリー・バラクロウ著、藤崎衛訳『中世教皇史』八坂書房、二〇一二年。

藤崎衛「教皇庁とカタリ派――南フランス異端問題への対応と対異端十字軍の思想」『クリオ』一三巻、一九九九年、一五～二五頁。

堀米庸三『正統と異端――ヨーロッパ精神の底流』中公文庫、二〇一三年。

渡邊昌美『異端審問』講談社学術文庫、二〇二一年。
＊カタリ派に始まる異端審問の成立から制度的確立までの道程が、史料に綿密に基づき、赤裸々に暴露されている著作。

エマニュエル・ル・ロワ・ラデュリ著、井上幸治・渡邊昌美・波木居純一訳『モンタイユー（上）（下）』刀水書房、一九九〇年、二〇二一年。
ミシェル・ロクベール著、武藤剛史訳『異端カタリ派の歴史――十一世紀から十四世紀にいたる信仰、十字軍、審問』講談社、二〇一六年。
Thomas de Cantimpré, *Les exemples du "Livre des abeilles": une vision médiévale*, Turnhout: Brepols, 1997.
André Vauchez, *Les Hérétiques au Moyen Age: Suppôts de Satan ou chrétiens dissidents ?*, Paris: CNRS Editions, 2014.
＊一九八〇～二〇〇〇年の異端研究をまとめた実り多い著作。一〇世紀末～一五世紀の異端を時代順にみたのちに、それぞれの時代の重要人物に焦点を当てて論じ、最後に異端概念の歴史的変化について研究史を確認した上で、異端研究の意義を問う。

コラム5　中世のユダヤ人迫害

西アジア発の二つの一神教

ローマ帝国の属州シリアの都市イェルサレムに二つの宗教――ユダヤ教とキリスト教――が生まれた。キリスト教の生みの親イエス・キリストがユダヤ教徒としてこの世に生を受けたように、二つの宗教は切っても切れない関係にあった。ユダヤ教徒が使う聖書はキリスト教徒の『旧約聖書』であり、キリスト教は新たにそれに『新約聖書』を加えた。ユダヤ教はメシアを待望する宗教である。彼らのメシアはまだ現れていない。彼らはいまも待ち続けている。一方、キリスト教徒はキリストこそが待ち焦がれたメシアだと考える。キリストは来るべき日の降臨を約束して、いったん昇天した。両宗教はローマ帝国領内で布教活動を展開したが、より成果を挙げたのはキリスト教であった。ローマ人はまだ見ぬメシアを待ち続けるよりも、一度現れたメシアの帰りを待つことを選好したのである。キリスト教徒が多数派、ユダヤ教徒が圧倒的少数派の社会ができた。この宗勢図は西ローマ帝国滅亡後の後継諸国家でも変わることがなかった。それでも、ユダヤ人たちはキリスト教社会で生存を認められた。教父アウグスティヌス（三五四～四三〇年）が、降臨したキリストが最後の審判を催し、この世を救うのを目撃する生き証人としてユダヤ人を指名したからである。一方、キリスト教徒にとってユダヤ人は彼らのメシアの殺害者とも映った。このため両者の共生は端から一種いびつな関係にならざるをえなかった。

ユダヤ人迫害の原因論

初期中世にもすでに、第一回十字軍期のユダヤ人迫害（一〇九六年）やノリッジの儀礼殺人疑惑（一一四四年）のように、ユダヤ人に対する迫害はあった。しかし、おしなべてユダヤ人の地位は良好であった。ヨーロッパ・ユダヤ人史の研究者は、一三世紀にユダヤ人の地位が劇変し、その後は劣悪化の一途をたどったということで意見の一致をみる。確かに一二九〇年にはイギリスでユダヤ人が追放されているし、一二九八年にはドイツでリントフライシュ（牛肉）王のポグロムと呼ばれる広域におよぶユダヤ人迫害が出来した。この時期ユダヤ人の境遇はなぜ悪化したのであろうか、その原因については二通りの説明がある。一つは、いまから一五〇年ぐらい前に経済史家ヴィルヘルム・ロッシャー（一八一七～九四年）によって提起された。商業が賤業とみられた社会にユダヤ人は特権的商人として定住した。やがて社会の文明化が進展し商業に対する賤視がやわらぐと、土着の商人が台頭し、最後にユダヤ人商人は彼らによって商業を追われる。ユダヤ人商人は金融業者に転身するしかなかった。利子を取って金を貸すユダヤ人高利貸は、清貧を美徳とするキリスト教社会で差別や迫害の対象とならざるをえなかった。

ユダヤ人の金融業独占がユダヤ人の立場を悪化させたという説明は、いまでは額面どおりには通用しない。ロッシャーが例外と切り捨てたキリスト教徒の高利貸が、思いのほか存在感を放っていたからである。次のような説明がいまは有力視されている。カトリック教会は信者だけでなくユダヤ人が金利業務に携わることも認めてはいなかった。高利貸業は本来有資格者だけが営むことのできる業務で、資格を賦与したのは王侯や都市といった世俗権力であった。資格を賦与されるものは、キリスト教徒の中にもユダヤ人の中にもいた。むろん無資格で営業する非公認の高利貸もいた。教会は彼らの威嚇に余念がなかった。生前に高利貸を営んだ者には死後に地獄の劫罰が科され、教会墓地への埋葬が拒否された。赦しを得るには取った利子を返還する必要があった。これらの罰則はキリスト教徒の高利貸には効き目があったようで、利子返還の件数は結構な数にのぼった。教会はたびたびユダヤ人の高利貸にも利子の返還を勧告している。

一三世紀ユダヤ人の地位が悪化することのいま一つの説明は、宗教史家から出ている。アメリカの中世ユダヤ史研究者ジェレミー・コーエンは、彼の主著『フランシスコ会士とユダヤ人』を次の一文で始めている。「申命記」の三二章二一節、モーセが「民ならぬもの」によって将来ユダヤ人に神罰が下ることを予言した一節に注釈を施しながら、一三世紀後半のあるユダヤ人作家はそれを次のように解釈した。「彼が言わんとしたことは、フランシスコ会士やドミニコ会士によって、ということである。なぜなら、彼らはいたるところでユダヤ人を圧迫しており、彼らはもっとも軽蔑すべき人間であるがゆえに、「民ならぬもの」と呼ばれているからである」。コーエンが一三世紀のユダヤ人による聖書注釈を使って象徴的に示そうとするのは、キリスト教史上における一三世紀最大の事件、托鉢修道会の誕生がユダヤ人の地位を劇変させたということである。ここではコーエンの宗教史的な説明をとくに紹介することにしよう。

托鉢修道会とユダヤ人

托鉢修道会の活動の主たる眼目には、異端の摘発や審問、改宗や討伐があった。神学的にみると、ユダヤ人は異教徒であって異端ではない。しかし、宗教的少数者に対して不寛容の度を増すキリスト教社会は、ユダヤ人にも攻撃の手を伸ばした。ドミニコ会士でパリ大学神学部教授のトマス・アクィナス（一二二四／五〜七四年）は、このようなユダヤ人に対する態度を以下の指針で正当化しようとした。キリスト教の信者はユダヤ人のような不信心者にたびたび戦闘を仕掛けた。「それは彼らに信じるよう強制するためではなく」、「彼らが信仰の邪魔をするのを食い止めるためである」。

ユダヤ教は聖書の最初の五篇をトーラー（モーセ五

書）と呼び、それをとくに重視した。これを十全に理解するために、タルムードと呼ばれる解説書群が作成された。托鉢修道会士たちは、そこにキリストやマリアに対する譏言があふれていると考えた。さらに彼らは、このタルムードこそが異端を育む温床になっているともみた。異端の撲滅を目指す彼らにとって、それをもとから断つためにタルムードの一掃が課題となる。こうして、『旧約聖書』のユダヤ人は認めるが、タルムードのユダヤ人は認めないが彼らのモットーとなった。異教徒であるユダヤ人に対する攻撃も正当性を得るに至った。

一二三六年、改宗ユダヤ人のニコラ・ドナン・ラ・ロシェルという人物が、教皇グレゴリウス九世に謁見しタルムードの害悪を訴えた。一二三九年六月九日、ついに教皇はドナンの訴えに応じ、フランス、イングランド、カスティーリャ、アラゴンの大司教や王に教書を送り、ユダヤ人の全書物を翌年の四旬節の最初の土曜日（一二四〇年三月三日）に没収し、ドミニコ会士やフランシスコ会士に預け、保管させるように命じた。これに唯一呼応したフランス王ルイ九世は、フランス全土でタルムードを押収させた。一二四〇年には、パリでニコラ・ドナンとパリのラビ、イェヒエル・ベン・ヨセフの間に一大公開論争が繰り広げられた。また、イェヒエルほか三名のフランスの著名なラビが審問のために呼び出され、イェヒエルほか一名が実際に尋問された。司教法廷はタルムードに有罪を宣告した。ユダヤ人側は判決の執行を食い止めるために司教の一人を買収し、国王への執り成しを頼もうとしたが、むだであった。一二四二年、荷馬車二〇台か二四台分の写本――おそらく一万巻から一万二〇〇〇巻――が、パリのグレーヴ広場で一日半かけて焼却された。一連の行動に托鉢修道会士が関与していた。

キリスト教徒によるユダヤ教徒利用例

キリスト教世界にはユダヤ人の改宗実績を使って目的を達成しようとする例もある。しかしユダヤ人の改宗はえてしてうまくいかず、幻滅した指導者が過酷な反ユダヤ主義者に早変わりする場合も多々みられた。マックス・ズィーモンゾーンの研究によれば、シスマ（教会大分裂）の時代にアヴィニョンで対立教皇に立ったベネディクトゥス一三世（一三二八～一四二三、在位一三九四～一四一七年）も、その一人である。彼はアヴィニョンを追われ、アラゴン王国に身を寄せた。そこでベネディクトゥスは、スペイン・ユダヤ人を大量に改宗させることによって、教皇位に対する自身の要求を正当化しようとした。アヴィニョン教皇庁を支持するスペインのドミニコ会士で、ユダヤ人社会にもその名を知られた説教師ビセンテ・フェレール（一三五〇～一四一九年）も、そのために尽力した。しかし望みが潰えたとき、一四一五年五月一一日、ベネディクトゥスは一三条からなる暴力的な教書を発布した。そこにはタルムードの没収、シナゴーグの建設・改修の禁止、キリスト教徒との業務上の交流、個人的な交流の禁止、特別な地区への居住制限、特殊な徽章の着用、各種高利の禁止などが含まれていた。

宗教改革者のマルティン・ルター（一四八三〜一五四六年）も、ユダヤ人の改宗に望みを託した一人である。彼も自分の新しい信仰の正当性を示すために、ユダヤ人の改宗を利用しようとした。しかしこの改宗事業が惨憺たる結果に終わると、一転して過酷な反ユダヤ主義者に転身した。一五四三年作の『ユダヤ人と彼らの虚偽について』という檄文で、ルターはユダヤ人の悪徳――貪欲、高慢、淫蕩など――からドイツを守るために、ドイツ諸侯にユダヤ人の根絶、ユダヤ教の痕跡の一掃――シナゴーグや彼らの家屋の破壊、タルムードの焼却――を訴えた。もとよりルターがユダヤ人に好意的であったようにはみえず、彼のユダヤ人社会への接近は多分に戦略的な意図から発したものだったのであろう。

宗教改革ではカトリックとプロテスタントの対立ばかりでなく、プロテスタント諸教派間の不和も著しかった。とりわけルター派とカルヴァン派の懸隔は大きなものがあった。ルター派からカルヴァン派に対する攻撃には、カルヴァン派をユダヤ人にたとえるものが多々みられた。そこではキリストの神性の否定という点が問題になっている。ルター派の聖職者の目には、カルヴァン派がイエス・キリストを神として認めていないように映った。異教徒のユダヤ人は、近世になると宗派的な異論を攻撃する際の素材としても利用されたのである。

（佐々木博光）

参考文献

佐々木博光「中世のユダヤ人――ともに生きるとは」大黒俊二・林佳世子編『岩波講座 世界歴史九巻 ヨーロッパと西アジアの変容一一〜一五世紀』岩波書店、二〇二二年、二六三〜二八〇頁。
佐々木博光「中世のユダヤ人迫害、その動機づけの歴史」『西洋中世研究』第一四号、二〇二二年、四三〜六二頁。
佐々木博光「〈論文評〉ユダヤ人高利貸像再考（Gilomen, Hans-Jörg, Wucher und Wirtschaft im Mittelalter, 1990）」『史林』八八巻、二〇〇五年、四六一〜四六八頁。
レオン・ポリアコフ著、菅野賢治訳『反ユダヤ主義の歴史第I巻 キリストから宮廷ユダヤ人まで』筑摩書房、二〇〇五年。
Jeremy Cohen, *The Friars and the Jews. The Evolution of Medieval Anti-Judaism*, Ithaca and London, 1982.
Rowan Dorin, *No Return. Jews, Christian Usurers, and the Spread of Mass Expulsion in Medieval Europe*, Princeton & Oxford, 2023.
Max Simonsohn, *Die kirchliche Judengesetzgebung im Zeitalter der Reformkonzilien von Konstanz und Basel*, Breslau, 1912.

第5章　聖人と奇跡

1　聖人と奇跡の現在

奇跡をめぐる時代的・社会的環境

キリスト教側の観点からすれば、奇跡はイエス・キリストから現在に至るまで、二〇〇〇年以上も継続して生じている。奇跡を起こす力のもとが唯一の神に帰されているとするならば、それは当然のことといえるのかもしれない。しかし、奇跡を与える側、奇跡を享受する側の社会的環境は、この二〇〇〇年の間に大きく変わったはずである。社会における奇跡の役割に、歴史的な変遷はなかったのか。

この問いに答える前提として、まずは現在における聖人と奇跡の関係を確認しておきたい。

マザー・テレサの奇跡

一九七九年にノーベル平和賞を受賞したことで知られるマザー・テレサ（一九一〇～九七年）は、当時オスマン帝国領内であったスコピエでアルバニア系の両親のもとに生まれ、修道女としてインドに赴きコルカタで教育に尽力した。その後、神の愛の宣教者会を設立して、スラム街などの貧しい人々を救済し、その活動は世界中に及んだ。マザー・テレサと接した人や報道などで彼女の活動を知った人は、彼女を聖人のように感じたこともあっただろう。

しかしキリスト教会がある人物を聖人として認めるためには、後述のコラム6にもあるように、定められた手続きが必要になる。マザー・テレサがローマ教皇庁によって聖人とされたのは二〇一六年のことなので、死の一九年後に正式認定されたことになる。現在、聖人として認定されるまでの手続きとして、列福と列聖の二つの段階がある。列福のためには、対象者が修道会に所属しているかどうかで差はあるものの、まずは調査の要望が申請され、申請が受理されれば地元の司教により調査が行われる。調査開始に伴い、対象者は神のしもべとなる。地元の調査が終了すると教皇庁による調査に移行する。教皇庁の調査の終了をもって、対象者が尊者となる。尊者が列福されるには、その執りなしにより奇跡が生じている必要がある。ただし殉教者は例外として、この段階では奇跡が必要とされない。奇跡についての査問調査が終了すると、枢機卿会議などの審議を経てローマ教皇が奇跡を公認する。その後列福式により、対象者が福者となる。福者が列聖されるときの手続きは、対象者についての調査の要望が出されることから、教皇庁の調査までは列福とほぼ同じである。しかし福者が聖人になるためには例外なく、その執りなしによって奇跡が起きていなければならない。その後枢機卿会議を経て教皇が列聖を宣言し、列聖式によって対象者が聖人に認定される。

したがって人が聖人になるためには通常は最低二回、殉教者であっても最低一回の奇跡を起こしている必要がある。現在の教会は、奇跡は科学的な観察によって確認される事象ではないと考えている。しかし自然科学と合理主義的思考が発達している現代において、人が奇跡を起こしたと周囲に認められるには、高いハードルがあることも事実であろう。マザー・テレサの場合、一九九八年に胃に大きな腫瘍を患っていたインド人女性が、神の愛の宣教者会の礼拝堂でテレサの写真から光が飛んでくるように感じ、八時間後の翌朝に腫瘍が消えていたと証言した。一一人の医師による検査で、腫瘍の早期消失には医学的説明がつけられないとされた。この結果、奇跡が認められ、ローマ教皇ヨハネ・パウロ二世はマザー・テレサを二〇〇三年に列福した。その後二〇〇八年、脳腫瘍で危篤状態に陥ったブラジル人男性が病院に緊急搬送された。執刀医が手術前に助手を呼ぶために退室し戻ってくると、男性は気を取り戻して痛みも消えていた。危篤になってから一四時間後のことであった。その後彼の脳が二回スキャン検査され、その結果を複数の医師が確認したが、早期回復の説明ができなかった。男性の妻は、夫が病気になってからしばしば、マザー・テレサの聖遺物を彼の額に置き、治癒を彼女に祈っていた。そこで、これがマザー・テレサの二度目の奇跡とされ、教皇フランシスコはテレサを二〇一六年に列聖した。

このように、科学の発達した現代においても、奇跡なくして聖人は存在しない。こうした聖人と奇跡の関係について、起源にさかのぼってみていきたい。

2　イエス・キリストの奇跡

聖人イメージの源泉

聖人イメージの源泉は、イエス・キリストの言行である。たしかにキリスト教の教義では、イエスは父なる神の子であり、地上に人間として遣わされた存在であるため、聖人ではない。しかし誤解を恐れずにいえば、イエスは聖人の究極的存在であった。聖人は、キリストの生涯の生き写しであり、第二のキリストという表現もされている。したがって聖人が起こすとされる奇跡のプロトタイプとして、イエスの奇跡をみることは有益なことであろう。

『新約聖書』には、イエスに関する奇跡が多く記されている。その奇跡はまず、イエス自身が行ったものと、イエスに対して行われたものとに大別されている。さらに前者については、贈物、救難、治癒、祓魔に分類できる。

贈物と救難

贈物の奇跡としては、まずカナでの婚礼のケースがある。そこにはイエス、イエスの母、弟子たちも参加していた。母がイエスにワインがなくなったことを告げると、イエスは召使に水がめに水を満たすようにいった。召使がそこから汲んで宴席までもっていくと、水は良質のワインに変わっていた。これが、イエスが示した最初の神のしるし、すなわち奇跡であった。またゲネサント湖から不漁で戻ってきた漁師に対して、イエスは漕ぎ戻して網を降ろすように命じた。そのとおりにすると網が破れるくらいの豊漁となった。これに驚いた漁師のうち、ペトロ、大ヤコブ、ヨハネはイエスの弟子となった。そしてイエスと弟子たちが人里離れたところで休もうとしたところ、大勢の群衆がついてきた。食糧はパン五つと魚二匹しかなかったが、イエスが天に祈ってからそれらを分配すると、五〇〇〇人が満腹になった。しばらく後、イエスに付き従っていた群衆が、三日の間、何も食べるものがなかった。そこでイエスは感謝の祈りを唱えて七つのパンと少しの小魚を配らせると、四〇〇〇人が満腹になった。

イエスは救難にまつわる奇跡も起こした。イエスが弟子と舟で湖を渡っているとき、激しい突風が起きて舟には浸水の危険が迫った。弟子たちがイエスに助けを求めると、イエスは風を叱りつけ、湖面は凪となった。弟子たちは風や湖を従えるイエスの力に驚嘆した。また別のとき、先に舟で湖を進んでいた弟子は、逆風のため漕ぎ悩んでいた。そこにイエスが追いついてきて舟に乗り込むと、風は静まった。

治癒

イエス自身が行ったとされる奇跡の中で、治癒が最も顕著である。

熱病を癒した例としては、ペトロのしゅうとめが寝込んでいたところ、イエスが彼女の手を取って起こすと熱が引いたとされている。同じく熱にさいなまれていた役人の息子が瀕死の状態であった。イエスはその場から離れた場所にいたが、彼が生きると宣言したまさにそのときに、息子の病気がよくなった。イェルサレムのベトザタの池の周りには、病人、視覚障害者、足の不自由な人、身体に麻痺のある人などが大勢横たわっており、中でも三八年間も病気で苦しんでいる人がいた。イエスがその人に起き上がるよう命じたところ、すぐによくなって歩き始めた。

イエスが会堂に入ったとき、片手が麻痺した人がいた。イエスがその人に手を伸ばすように命じると、手が元どおりになった。またイエスがカファルナムにきたとき、四人の男が中風の人を運んできた。イエスが患者に罪の赦しを与えたところ、彼は病床から起きて歩けるようになった。またある百人隊長のしもべが中風を患っていたところ、イエスがしもべの回復を宣言すると、そのとおりになった。次にイエスが湖のほとりで群衆に囲まれていたとき、一二年間不正出血の止まらない女性が紛れ込んで後ろからイエスの服に触れた。そうすれば癒されると願ってのことで、実際に出血が完全に止まった。そしてイエスがある会堂で教えていたとき、腰が曲がった女性をみて呼び寄せた。次に病気が治ったと宣言して手を置くと、すぐに腰がまっすぐになった。またイエスが食事のためにファリサイ派議員の家に入ったとき、水腫を患っている人がいた。イエスはその人の手を取って、病気を癒した。そしてイエスが逮捕される前、イエスの取り巻きが大祭司の手下に切りかかり、耳を切り落とした。イエスはそれ以上の凶行を制止し、手下の耳に触れて癒した。

感覚を獲得ないし取り戻す例もいくつかある。イエスはガリラヤ湖畔で、聴覚・発話障害者の上に手を置くよう求められた。イエスが彼の耳に指を差し入れまた舌に触れ、開けという意味のことばをかけると、その者の耳が開いて舌のもつれも解けた。そしてイエスは、ベトサイダで一人、エリコでバルティマイという者、ナザレで二人、イェルサレムで一人、視覚障害者の視力を回復させた。目に唾をつける、土に唾を混ぜてこねて目に塗る、といった方法がとられた。人数のうえで最も多い例が、現在ハンセン病と呼ばれている病気の癒しである。ガリラヤのある町で、病人がイエスのところまでやってきて、清めを願い出た。イエスが手を差し伸べてその人物に触れたところ、患部は消え去った。そしてイエスがサマリアとガリラヤの間のある村に入ると、一〇人のハンセン病患者が遠くから出迎えた。患者たちがイエスに憐れみを求めたところ、祭司たちに見せに行くようにイエスから促された。その道中で病気が癒えたため、うちの一人がイエスに感謝を述べるために戻ってきた。

究極の治癒奇跡は死者の蘇生であろう。会堂長ヤイロには一二歳の娘がおり、病名は明かされないが死にかけていた。ヤイロはイエスに対して、娘に手を置いて助けてほしいと懇願した。しかしイエスが到着する前に娘は息絶えた。イエスは、娘は眠っているだけだといい、彼女の手を取って起き上がるよう促したところ、娘はすぐに起き上がった。またナインの若者の場合は、すでに亡くなって出棺するところであった。しかし一人息子の母親の嘆きに接したイエスは、棺に手を触れて若者に起きるようにと命じた。起き上がった若者を、イエスは母親に返した。そしてベタニアのラザロは、墓に葬られてから四日が経っていた。イエスはその姉妹であるマリアとマルタに、ラザロが復活すると述べた。しかし姉妹は、ラザロの近くにイエスがいてくれれば死ななかったとして嘆いた。その嘆きに憤ったイエスは、墓石を取り除けさせて神に祈り、ラザロに出てくるように命じた。するとラザロは手と足が布で、顔は覆いで包まれた状態で、出てきたのである。

祓　魔

カファルナムの会堂でイエスが教えを説いていたとき、汚れた霊に取り憑かれた男がいた。イエスは出ていくように命じると、霊は男に痙攣を起こさせてから、大声をあげながら出ていった。ゲラサ人のある男も汚れた霊に取り憑かれており、足かせや鎖が役立たず、叫んだり自らを打ちすえたりしていた。レギオンと名乗る悪霊は、自分たちは大勢であるといった。レギオンの希望もあり、イエスは悪霊を男から追い出して豚の大群に乗り移らせた。豚は湖に雪崩れ込んで次々に溺れた。

祓魔と治癒が組み合わさった奇跡もある。カナンの女の娘は、悪霊に取り憑かれて病気になっていた。女はイエスがやってきたのをみて、娘から悪霊を追い出してくれるように願った。イエスは女の信仰が立派であることを認めると、その願いを聞き届け、娘は病気から回復していた。あるときイエスは、てんかんの発作に苦しめられている息子をもつ人からの相談を受けた。弟子たちはそれを治せなかったが、イエスは悪霊を叱って息子から追い出し、息子を救った。またイエスのもとに、悪霊のために発話障害を起こしている人が連れてこられた。イエスは悪霊を追い払い、その人は話すことができるようになったが、祓魔はだれの力によるものかについて論争が起こった。

イエスに対して行われた奇跡

イエスに対して行われた奇跡としては、まず処女であるマリアからの出生が挙げられる。また洗礼者ヨハネによって受洗されると、天がイエスに向かって開き、聖霊が鳩のようにイエスのもとに降りてきた。次にイエスは悪魔に誘惑されるために荒野に行き、そこで悪魔を追い払うと天使がやってきた。そして前述のように湖を渡る際に弟子を先に舟で行かせていたが、遅れて出発したイエスは湖上歩行で追いついた。

イエスが自分の死を予告してから六日後、弟子たちと高い山に登ったイエスはその姿を変え、顔は太陽のように服は光のように輝いた。そして磔刑死の瞬間に、地震が起き、岩が裂け、墓が開くなどの天変地異が起きた。その三日目に再び地震が起きてイエスが復活出現し、四〇日目に昇天した。

3　古　代

殉教者の奇跡

イエスの奇跡は、彼を模範とする聖人たちにどのように受け継がれたのか。ここでは最初に崇敬された聖人である、殉教者の奇跡を検証する。聖書中の人物を除いて、最初の殉教者がだれなのかは判然としない。記録に残っている最古の殉教は、スミュルナ（現トルコのイズミル）の司教ポリュカルポスのそれで、異説はあるが一五五／六年のこととされる。その後多くの事例が記録され、アンティオキアの長老ルキアノスが三一二年にニコメディア（現トルコのイズミット）で殉教したのが最後である。その翌年の三一三年、いわゆるミラノ勅令で信教の自由が宣言されたことから、殉教は終わった。

殉教者の事績は、殉教伝ないし受難伝という文書に記録されている。その最古のものとして伝来しているのが『聖ポリュカルポスの殉教』である。スミュルナ司教ポリュカルポスはローマ帝国の総督に捕えられ、キリスト教徒であるとの宣言を曲げなかったため、円形闘技場で火刑に処された。彼の体は炎に取り囲まれたが燃えることがなかったばかりか、芳香を発した。そこで死刑執行人は彼を剣で突き刺すよう命じられた。それにより大量に流れた血が炎を消した。『聖ペルペトゥアとフェリキタスの受難』に登場するサトゥルスなる人物は、二〇三年にカルタゴにて熊による処刑を受けることになった。しかし彼を固定するために猪に縛りつけようとした闘獣士が、猪に突き上げられて死んだ。再度の処刑の試みの際にはサトゥルスは板に縛りつけられて固定されたが、今度は熊が檻から出なかった。『聖モンタヌスと聖ルキウスの殉教』では、二五九年に殉教者が収監されたが、暗いはずの牢獄が霊の輝きで満たされた。

記録のうえでは奇跡の出現はきわめて限定されている。むろん奇跡が多く生じていたが、記録がなされていない可能性はある。しかし当時のキリスト教社会の人々にとって、圧倒的に重要な信仰形態は殉教であったがゆえに、このような状況になったと考えた方がよいだろう。起きた奇跡についても、イエスが行ったような他者に対する奇跡はみられない。神が殉教者に与えた奇跡に限定されるようである。しかも殉教への途上で、信仰を正しく保っていたために生じた奇跡である。このことからも迫害の時代には、殉教というクライマックスの影に、奇跡の相対的重要性は高くなかったといえるだろう。

スルピキウス・セウェルス『聖マルティヌスの生涯』

ミラノ勅令から数年後、現在のハンガリーでマルティヌスなる人物が生まれた。彼は信心深い軍人であり、除隊してからは修道士の生活を経て、三七〇年代に現フランスのトゥールの司教となった。彼の弟子スルピキウス・セウェルスによって書かれたのが、『聖マルティヌスの生涯』（三九六〜三九七年）である。この作品はのちの聖人の伝記の模範となったもので、エピソードは奇跡に満ちている。

マルティヌスが起こした救難の奇跡としては、火事の延焼を防いだことが挙げられる。また治癒の奇跡としては麻痺、皮膚病、熱病、眼病、打撲からの回復があり、死からの蘇生も複数回記録されている。祓魔師の経験もあるマルティヌスは、何度となく悪魔・悪霊を追い払い、最後には悪魔の方がマルティヌスを避けるようになった。そして彼は異教・迷信に対しても奇跡で応じている。亡霊が誤って崇拝されていることを奇跡によって突きとめ、祭壇を除去して人々を迷信から救った。また迷信的と疑った葬列を、十字を切ることで止めさせ、疑いが晴れると手を挙げて一団を前進させた。そして異教に捧げられた神殿・聖所・祭壇・偶像・樹木をマルティヌスが破壊しているとき、神や天使が彼を守って妨害を防いだ。マルティヌス自身に対する奇跡としては、軍人時代の彼が丸腰で戦場に送り出されるところ、イエスが敵を降伏させることにより死からまぬがれた。また孤島で有毒植物を食して死ぬところを、祈りによって回復した。

トゥールのマルティヌスは、証聖者の一人である。証聖者とは、殉教を経験しないまでも信仰を表明した人のことで、ミラノ勅令以降の聖人タイプの中心になっていた。キリスト教社会で殉教が後景に退くにしたがい、奇跡を行う力が証聖者に求められた。中でも治癒・祓魔奇跡はイエスも行ったもので、これができることが聖人の証明だったのであろう。マルティヌスが行った奇跡の中で、イエスや殉教者の時代にはなかったものがある。それは、異教や迷信を力ずくでなぎ倒していく奇跡である。祓魔奇跡の延長にあるものとも解釈できるが、キリスト教が守勢から攻勢に回ったことを、如実に示している。他方でキリスト教が公認されたとしても、当時の信仰がきわめて限定的・表層的であったことの裏返しでもある。

アウグスティヌス『神の国』

一世紀末から八世紀までに現れ、正統的信仰についての神学的著作をなし、自らも模範的な生活を送った人々を教父という。その代表的教父がヒッポ（現アルジェリアのアンナバ）司教をつとめたアウグスティヌスである。彼は『神の国』（四一三〜四二六年）にて、多くの奇跡を収録している。その中から、聖人が起こしたとされる奇跡を抜粋してみたい。

贈物の奇跡としては、貧しい老人が聖人を記念する聖堂で祈ったことで、打ち上げられた大きな魚を得た。その魚を売ろうとしたところ、腹からは金の指輪が出てきたというものがある。治癒の奇跡としては、視覚障害、外科手術後の苦痛、麻痺と重度のヘルニア、腫瘍、結石、痛風、そのほかの病気から回復、あるいは死からの蘇生が報告されている。祓魔の奇跡としては、川で悪霊に襲われた若者が瀕死の状態にあったところ、聖遺物が安置されている屋敷に運ばれて、悪霊から解放された。

アウグスティヌスは、奇跡を起こすのは聖人ではなく神であり、神が聖人を通して奇跡を示すと明確に定義している。この定義はいくつかの帰結をもたらしている。まず彼は聖人の奇跡と異教の神々の奇跡を対置させているが、聖人は神ではないという点で、両者を峻別する。またアウグスティヌスは聖人が示す奇跡のほかに、神が行う奇跡も多く伝えているが、両者を区別しようとする意図は希薄である。その理由はおそらく、奇跡は神のみから発するものであり、直接作用するか聖人を介するかは問題ではないのだろう。このようなアウグスティヌスの奇跡についての考え方から、逆に当時の社会における奇跡のあり方がみえてくる。すなわち奇跡は無秩序に生じており、人々はそれをだれが起こしたのか、なぜ起きたかについての共通理解をもっていなかったのではないか。

個別事例からわかることとしては、アウグスティヌスの属していた社会で聖人として崇敬されていたのは、生きているときに奇跡を発揮した人だけではなかったことである。聖人が死後に奇跡を起こすケースが増加し、そのほとんどが殉教者であった。当時、すでに殉教終焉から一世紀以上が経過し、証聖者も数多く出現していた。しかし人々は、証聖者より殉教者の方が奇跡を起こす力が強いと信じていたのかもしれない。そして人々が殉教者に願いをかけるとき、聖遺物という具体的な物質を前にして行うことも増えていた。ゲルウァシウスとプロタシウスの聖遺物が起こす奇跡が二例、筆頭殉教者ステファノの聖遺物が起こす奇跡が多数、アウグスティヌスによって記録されている。聖遺物崇敬は東方で三五〇年代から検出されるようになるが、西方でも五世紀には珍しくなくなっていたことが窺える。

4　中世前期

グレゴリウス一世『対話』

ローマ教皇グレゴリウス一世は多数の著作を残しているが、中でも『対話』（五九三〜五九四年）はイタリアの五〇の聖人が起こした奇跡を取り上げている。その中でグレゴリウスが最も詳しく記述しているのが、ヌルシアのベネディクトゥスである。彼は五二九年頃にモンテカッシーノ（イタリア中部）に修道院を設立したことで知られている。

ベネディクトゥスによる奇跡の中で、贈物に分類できるものとしては、山頂にある修道院のために、水を湧き出させた一件がある。また飢饉の際に、二〇〇升の小麦粉を修道院門前に出現させた。そして他所の副助祭から油を分けるよう依頼されたことがあった。そこで祈ったところ、空の樽に油が満ちて蓋を持ち上げるまでになった。ベネディクトゥスは損害回復の奇跡も行っているが、これは贈物の奇跡の変種であろうか。鎌の柄から外れて湖底に刃を落としてしまった男のために、刃を取り戻してやった。救難奇跡としては、湖に落ちて波にさらわれた少年を救出するために弟子を差し向け、弟子を水上歩行させて少年を救った。治癒奇跡としてはハンセン病患者の回復や死者蘇生も演じている。また彼は祓魔奇跡を多く実現した。この際悪魔・悪霊だけではなく、アリウス派異端も祓魔の対象となった。そしてマルティヌスと同様、ベネディクトゥスも異教に捧げられた神殿などを破壊して礼拝堂を建てた。これに対して悪魔がベネディクトゥスに戦いを仕掛けたが、退けられた。一方で彼は、懲罰の奇跡も行っている。少年がワインの瓶を隠していることを霊により知り、ワインを蛇に変えた。また生前に敬虔さの足りなかった二人の修道女、一人の少年修道士を、教会の墓から追い出した。そしてベネディクトゥスは看破の奇跡も行った。東ゴート王トティラが小姓に自分の服を着せてベネディクトゥスを試したが、彼は小姓が王でないことを見破った。またベネディクトゥスが夢の中に現れ、遠隔地にある建設中の修道院の各建物の位置を指示したという一件もあった。これは霊の力による、一種のテレポーテーションである。ベネディクトゥスに対して行われた奇跡としては、たとえばランゴバルド人により修道院が襲われて財産は取られたが、ベネディクトゥスたちの命は救われたというものがあった。

『新約聖書』以来の奇跡イメージは継承されていたが、『旧約聖書』の預言者もモデルになっている。たとえば水を湧き出させた奇跡はモーセの、道具を湖底から救った奇跡はエリシャの奇跡が基になっている。『新約聖書』においてもイエスだけではなく、使徒が模範を提供した。たとえば、ランゴバルド人による修道院襲撃の際の奇跡は、パウロの奇跡をトレースしている。

ただし完全に同一ではないことから、奇跡は当時の社会により密着した形で出現したと考える方がよいだろう。水、小麦粉、油にまつわる奇跡にしても、ベネディクトゥスが住んでいた環境に規定されたものであろう。また誘惑された修道士を祓魔によって正しい道に戻す奇跡は、修道院共同体に特有のものである。そしてキリスト教の敵として奇跡によって退けられる存在として、アリウス派やゲルマン人、ランゴバルド人が言及されるようになった。

個別の事例の中で新規な要素としては損害回復のほか、懲罰、看破、幻視がある。信仰に反する人々は、それまでは祓魔によって正しい道に戻っていた。しかし本人自身に問題がある場合に、懲罰が与えられるようになった。懲らしめる奇跡は、今後の潮流の一つとなっていく。また別人であることを看破する奇跡も、後に継承される。一五世紀にジャンヌ・ダルク（一九二〇年列聖）がシャルル七世に扮した側近を見破ったエピソードは、あまりにも有名である。幻視は新しい現象ではない。これまでも聖人がみた夢の中で、神や天使が出てくる例はあった。しかしここでは、他者の夢の中にベネディクトゥスが現れた。おそらく人々の実感として、神・天使と聖人とを峻別できない状況になっていたのかもしれない。

トゥールのグレゴリウス

フランク王国メロヴィング時代（四八一〜七五一年）のトゥール司教であるグレゴリウスは、『フランク史』の著者として知られる。アウグスティヌスに匹敵する奇跡譚のコレクターでもあり、『聖マルティヌスの御力』（五七六年以前〜）、『殉教者の栄光の書』（五八五〜五八八年）、『証聖者の栄光の書』（五八七〜五八八年）などがその成果である。これらには数多くの聖人の奇跡が取り上げられているが、スルピキウス・セウェルスの『聖マルティヌスの生涯』との比較の意味から、トゥールのマルティヌスに関するエピソードに限定してみておきたい。

マルティヌスが行った奇跡のうち、贈物の奇跡としては、マルティヌスの墓前で油瓶の油が増えたというものがある。またマルティヌスが与えてくれた大魚を売って、ワインを買う者もいた。そして井戸から遠い村では、泉が顕現した。損害回復の奇跡としては、強風で道に倒れていた木を元どおりに立たせた。救難の奇跡としては、溺死、転落、難破、暴風雨、火災を防いだ。治癒奇跡としては、悪寒、熱病、頭痛、眼病、喉のつかえ、胃腸炎、赤痢、疫病、不正出血、不妊、痛風、麻痺、拘縮、激痛、聴覚・言語障害、視覚障害、精神障害、感覚の喪失、心臓発作、水腫などに見舞われたおびただしい数の患者を救った。さらに死者を蘇生させもした。治癒奇跡の対象は人間に限定されず、家畜を疫病から救った。祓魔の対象は悪霊、偶像崇拝、アリウス派であった。また懲罰としては、マルティヌスに属する財産を奪おうとした者、マルティヌスの名にかけて偽証をした者などに、死が与えられている。こうした厳しい態度とは逆に、囚人解放・奴隷解放の奇跡も行った。幻視としては、マルティヌスが女子修道院長の夢に現れて、病人の回復を示唆した、等々がある。

マルティヌスに対して行われた奇跡としては、生前の彼に、墓にいる聖人と会話する力が与えられた。そして彼の死去時には、訃報が神により遠隔の地にもたらされた。また移葬時に天使の助けにより、マルティヌスの棺が簡単に持ち上がって迅速に目的地に安置された。

スルピキウスの『聖マルティヌスの生涯』と比べて顕著な相違は、グレゴリウスはマルティヌス死後の奇跡に大いに傾注したことである。それはマルティヌスの死後二〇〇年近く経過していたという理由だけではなかろう。グレゴリウスは、自分の目前で起きている奇跡を、余すことなく記録しようとした。当時の社会にとっては、現に生じている奇跡こそが、信じられたのであろう。またグレゴリウスによる報告の大半が、現世利益をかなえてくれる奇跡であることにも注目しなければならない。これは当時の人々が、卑近な願いをかなえてくれる聖人を求めていたことの裏返しである。

人々が奇跡を願う方法としては、マルティヌスを心に描いて祈る場合と、マルティヌスの聖遺物に祈る場合に分かれる。聖遺物が奇跡の力を発揮することは、すでにアウグスティヌスの時代に知られていたが、グレゴリウスの時代には接触型聖遺物が奇跡を行うようになっていた。接触型聖遺物とは、遺体あるいはその一部である第一級聖遺物に対して第二級聖遺物とも呼ばれる。生前の聖人が触れたものや、第一級聖遺物に触れさせたものが接触型聖遺物である。マルティヌスが祀られている聖堂の蠟燭や、マルティヌスの墓に付着した塵は、何度も奇跡を起こした。このようにみてみると、中世に入って聖遺物崇敬が一段階進化したといえるだろう。

スルピキウスもグレゴリウスも、マルティヌスが奇跡を起こす力を証明しようとした点では共通している。しかしグレゴリウスの場合、奇跡譚を通じて、信徒に教訓を与えることも目的としていたようである。治癒や祓魔は正しい信仰をもっているか、あるいは取り戻した場合に受けられる奇跡である。正しい信仰をもたない人間は、懲罰の奇跡の対象となる。ヌルシアのベネディクトゥスも懲罰を行ったが、実のところ多くは不信心者を立ち直らせるためのものであった。しかしグレゴリウスが描くマルティヌスは、懲罰が死をもたらすことも辞さなかった。

なおスルピキウスの『聖マルティヌスの生涯』と比べると、マルティヌスが奇跡を起こす場所も増えている。著者グレゴリウスのお膝元であるトゥールで数多く生じているのは当然としても、ケルン、トリーア、ミラノ、ラヴェンナ、ガリシア、ボルドー、バイユー、アミアン、カンブレなど広範囲で生じている。またガリア諸地域からトゥールに巡礼してきた人々が奇跡にあずかった。マルティヌス崇敬の拡大が窺える。

フランク王国カロリング時代

カロリング時代（七五一〜八八七年［イタリア］、〜九一一年［ドイツ］、〜九八七年［フランス］）にも、多くの奇跡譚が収集された。中でも殉教者マルケリヌスとペトルス、オルレアン司教エウルティウス、同司教アニアヌス、ミシー修道院（オルレアン近郊）長マクシミヌス、同修道院長アウィトゥス、ヌルシアのベネディクトゥス、リエージュ司教フベルトゥスが起こした奇跡を観察することにする。いずれも執筆時点で故人となっていた聖人である。

聖人が起こした奇跡の中で贈物の奇跡としては、空の壺に食糧を満たして、民衆を飢饉から救った。救難の奇跡としては火災、難破、嵐、干ばつから人々を救った。特筆すべきものとしては、異民族から都市を防衛し、その後に異民族を溺死から救った。また人々を苦しめていた龍を退治した。損害回復としては、盗難にあった馬を持ち主の元に返した。治癒奇跡として聖人たちは、人々を視覚障害、麻痺、衰弱などの病気から回復させ、落石による大量出血、転落による失神から救った。祓魔としては、聖人の弟子が悪魔に教唆されそうになったところ、詩編を唱えて追い払った。懲罰の奇跡としては、囚人解放を断った司令官、悪行をなした男、修道院長の暗殺を計画した者、修道院を攻撃しようとした軍、修道院の権利侵害者、ヴァイキングが対象となり、懲らしめられた。他方で囚人解放の奇跡も行われた。幻視としては、隠されていた聖遺物の場所、聖遺物の移葬先、聖遺物の安置の方法を聖人が指示した。

聖人に対して起こされた奇跡としては、司教として選出される際に、神が遣わした鳩による指名、聖書占いによる確認が行われた。また聖堂建設の費用として聖人が金の壺を発見し、献堂式の際にはイエスの手で祝福を受けた。聖遺物については、容器から血が染み出す、芳香を発するといった奇跡が示された。

カロリング時代には、奇跡譚のコレクションにとって重要な変化が起きた。これまで聖人の奇跡は、殉教伝、受難伝、神学書、歴史書、伝記などに収録されてきた。しかし九世紀になるに至り、もっぱら奇跡のみを集めた奇跡伝というジャンルが確立した。当時の社会が、奇跡への興味を強めた結果であろう。たとえば『聖フベルトゥスの奇跡』（八二五年以降、九世紀）、アインハルト『聖マルケリヌスとペトルスの移葬と奇跡』（八三〇年）、フルーリのアドレヴァルドゥス『聖ベネディクトゥスの奇跡』（八六〇または七〇年代）を挙げることができる。前記で紹介した奇跡の一部は、このような奇跡伝に収録されているものである。

カロリング時代の奇跡の特徴はなにか。この時代、数多く聖人の伝記が書き換えられた。その際に従来の奇跡譚が継承されるため、時代特有の奇跡の状況を割り出すのが難しい。たとえば都市防衛、囚人解放、司教選出の奇跡はメロヴィング時代からの継承である。一方で移葬にまつわる奇跡、共同体の敵対者に対する奇跡も以前からあったが、これらはカロリング時代に重要度が増したものだといえるだろう。移葬はカロリング時代に盛んに実施され、これを特別に記録した移葬記というジャンルが生まれたほどである。移葬中や移葬先での奇跡は、移葬の正当性を証明した。またカロリング時代に教会・修道院が富裕化する中で、その財産を簒奪しようとする者も増えてくる。それは王や領主、またカロリング時代後期にはとりわけヴァイキングである。彼らの企みをくじくために奇跡が顕現した。聖遺物を所有する共同体にとって、かつて聖人が奇跡を起こした、そして当時も聖遺物が奇跡を起こしていることがきわめて重要であったことは間違いない。人々が聖遺物の真正性に納得し、それを保持する共同体を尊重するには、奇跡が必要だったのである。

5　紀元一〇〇〇年以降

ハイステルバッハのカエサリウス

カエサリウスは、シトー会修道院であるハイステルバッハ（ボン近郊）の修道士であり、聖人の伝記、説教集などの著作を残している。中でも『奇跡についての対話』（一二一九〜一二二三年）は修道士が修錬士と対話するという形式で、聖人が起こす奇跡についても多数の記述を含む。一二部・七四六話からなる大著であるため、聖母マリアに関する奇跡譚を抜粋して検討したい。

マリアには一部五九話が当てられている。マリアが起こした奇跡の中で贈物の奇跡としては、聖堂に宝石のついた燭台を与え、聖堂内で水をワインに、唾液を蜂蜜に代え、騎士には馬上槍試合での勝利を授けた。また司教にふさわしい人物に杖や書を与えることで、司教指名を行った。救難の奇跡としては、嵐の危険から解放し、海賊による略奪から救った。損害回復の奇跡としては、逃げた馬や狼にさらわれた娘を戻したことが挙げられる。解任や解職された聖職者の復職や、いったん奪われた修道院の特権が戻されたのも、損害回復の一つであろう。そして治癒奇跡としては、熱病、痔瘻、疥癬、麻痺、腫瘍などの病気を治し、切られた舌を元どおりにするなどの怪我を治した。もっとも重篤者がそのまま死去することも多い。その場合はマリアの霊的救済により、天国に送られた。祓魔はマリアが直接行うこともあったが、取り憑かれている者の信仰を正しくすることで、間接的に実行する場合がある。懲罰の奇跡の対象としては、修道院や村を略奪した者、堕落した司教・聖職者・修道士・修道女などがある。他方で囚人解放も行った。マリアに対して起こされた奇跡としては、聖母像が汗を流した。

聖母崇敬がいつ始まったのかという問いに答えることは難しいが、四世紀末には確認できる。しかし、聖人のような執りなしをかなえてくれる存在として崇敬が勃興したのは、西ヨーロッパにおいては一二世紀のことである。しかもカエサリウスが属するシトー会修道院が彼女を守護聖人と崇めたことが、この動きの中心となった。『奇跡についての対話』で聖母の奇跡にかなりの紙幅がとられているのは、こうした新しい潮流の反映にほかならない。

奇跡という観点からマリアをみると、ほかの聖人との相違がいくつかみられる。まず奇跡を願う方法としてはマリアを心に描いて祈る場合があり、これは聖人と変わらない。しかしマリアの聖遺物を有する聖堂はほとんどないため、人々は聖遺物ではなく聖母像に祈った。また奇跡が顕現する場合、マリアが幻視で登場して行う場合が多い。これはほかの聖人の場合も当てはまるが、マリアの場合はとくに頻度が多いように思われる。そしてマリアによる奇跡のほとんどが回心と関係がある。つまり人々は回心した場合に救われ、しない場合に罰される。これはカエサリウスの時代に、現世利益よりも信仰の内面的側面が重視され始めたことの、証左であろう。

ヤコブス・デ・ウォラギネ

ヤコブス・デ・ウォラギネはジェノヴァ大司教で、聖人伝集『黄金伝説』（一二六三〜六七年）を編纂した。聖人伝集とは数多くの聖人の伝記を集めたもので、『黄金伝説』はその集大成といえる。前述のイエス、マリア、ステファノ、ゲルウァシウスとプロタシウス、マルティヌス、ヌルシアのベネディクトゥスの伝記も採録されている。中世・近世の人々に最も読まれた聖人伝集であり、ルネサンスの芸術家にもインスピレーションを与えた。キリスト教の書物の中でも、聖書についでよく読まれた書とされている。わが国でも芥川龍之介が、『黄金伝説』に着想を得た小説を出している。

ヤコブスは『黄金伝説』の編纂にあたり、聖書そのほかの書物を幅広く参照しているが、一〇〇〇年以前の聖人については、新たな奇跡譚の追加はほとんどない。そこでここでは、それ以降に出た二人の聖人が起こしたとされる奇跡を取り上げたい。

トマス・ベケットはカンタベリー大司教で、イングランド国王ヘンリー二世と対立し、フランスでの七年間の亡命を経て帰国し、一一七〇年にカンタベリー大聖堂で殉教した。トマスが生前・死後に起こした奇跡としては、まず救難の奇跡がある。ハイタカに追われた鳥からの祈りに応えて、その鳥を救った。治癒奇跡としては、視覚障害、聴覚障害、麻痺、そのほかの病気からの回復、死者の蘇生を行っている。懲罰の奇跡としては、邪心ある女性の視力を奪い、嘘をついた男がもってきた水差しから水を消した。そして自身を殺害した騎士たちには、指をかじる病気、身体の腐敗、中風、精神障害といった罰が与えられた。トマスに対して亡命前に行われた奇跡としては、宮廷からの退出時に貴族による謀殺が企てられていたが、十字架によって防がれた。帰国後の奇跡としては、ほころびた服が、聖母マリアによって繕われた。そして殉教後の葬儀の際には、天使が殉教者を讃える讃歌を歌うことで、トマスが殉教者であることが告知された。

トマス・ベケットの奇跡について特筆すべきことは、殉教と奇跡が結合している点である。前述のように古代の殉教者は奇跡を必要としなかった。しかし中世ではたとえ殉教者であっても、奇跡を起こせなければ聖人とは認定されなかった。また奇跡を起こす聖遺物として機能していたのは、トマスが殉教の際に流した血を薄めた水であった。この水は現世利益を約束するベケット・ウォーターとして、巡礼者の土産となった。

フランチェスコはイタリア中部アッシジの富裕な聖人の家に生まれたが、回心して清貧の生活を送るようになってフランチェスコ会を創始し、一二二六年に死去した。フランチェスコは生前も死後も奇跡を行った。贈物の奇跡としては、泉を掘り当て、水をワインに変え、火中に投じた頭巾を焦げさせなかった。救難の奇跡としては、飢饉、内乱、溺死を防いだ。治癒の奇跡も多かったが、中でもある人の致命傷にフランチェスコの聖痕を押し当てて回復させたことは注目に値する。聖痕とは、イエスが磔刑の際につけられた傷で、同じものが熾天使によってフランチェスコにもつけられたとされている。また蘇生の奇跡を行ったが、これは年少者が対象であった。祓魔の奇跡もあったが、これに準ずる奇跡として、罪業を行う者を正しい道に誘った。懲罰としては、奇跡や聖痕を疑った者に傷を与え、財布の金を蛇に変えた。また囚人解放も行っている。幻視としては、フランチェスコの口から黄金の十字架が出て、その十字架の先端が天に達し、腕の部分が全世界を抱えたというものがあった。フランチェスコに対して行われた奇跡としては、病気による回心、病気からの回復、悪魔の退散、フランス語を話す能力授与、小動物に説教する能力授与、聖堂再建の指示、フランチェスコの体を示す十字の形になった剣、前述の聖痕がある。

フランチェスコにまつわる奇跡譚の中には、社会が聖人に望む現世利益が含まれていた。しかし奇跡の焦点は、フランチェスコその人であった。奇跡の記録者の最大の目的は、フランチェスコの聖性を証明することにあったように思われる。記録者が属する共同体にとって、フランチェスコはイエスの完全な模倣であった。イエスとフランチェスコの一致の究極的証明が、聖痕の奇跡だったのである。

奇跡と社会

聖人の奇跡がイエス・キリストを源泉として現代まで続いていることは、まずは驚嘆すべきことがらとして認めなければならないだろう。イエス自身が行った奇跡は贈物、救難、治癒、祓魔に分類され、またイエスに対して行われた奇跡があった。こうした奇跡のカテゴリーは、長期にわたって維持された。とりわけ治癒奇跡は、ほとんどの聖人によって行われている。

しかし奇跡を発揮する聖人も、その話を記録する作者も、自分の属していた環境から遊離して生きていたわけでない。聖人が行った奇跡と聖人に対して行われた奇跡の比重は、可変的であった。主に社会が聖人に現世利益を求める場合は前者の比率が高まり、社会が聖人の聖性の証明を求める場合は、後者の比率が高まったようである。また環境に応じてカテゴリーの内実は変化し、新しいカテゴリーが追加された。内実の変化としてはたとえば、人々に教訓を与えたり、聖遺物の真正性を証明するために、奇跡が起きた。新しく生まれたカテゴリーとしては、古代末期の異教や迷信を力ずくでなぎ倒していく奇跡が、中世の損害回復、懲罰、看破、幻視の奇跡がある。また生前の聖人の奇跡にあずかれる人は限られているので、時代とともに死後の奇跡の顕現が増えてくる傾向にある。死後の奇跡の多くは、古代末期以降は聖遺物によってかなえられた。聖人を心に描いて奇跡が起きる場合もあったが、人々にとっては聖遺物という物質的存在が、奇跡を願うにあたって安心感を与えたのだろう。

本章は起源から一三世紀までの奇跡を、サンプル抽出して観察したものである。そのときどきの時代的社会的環境が、奇跡のあり方のかなりの部分を規定していたようである。

（多田　哲）

参考文献

アウグスティヌス著、服部英次郎・藤本雄三訳『神の国』全五巻、岩波書店、一九八二〜九一年。
秋山聰『聖遺物崇敬の心性史——西洋中世の聖性と造形』講談社、二〇〇九年。
ヤコブス・デ・ウォラギネ著、前田敬作ほか訳『黄金伝説』全四巻、平凡社、二〇〇六年。
上智大学中世思想研究所編訳『中世思想原典集成』［第Ⅰ期］全二一巻、総索引、平凡社、一九九二〜二〇〇二年。
＊本文でも取り上げた、スルピキウス・セウェルス『聖マルティヌスの生涯』、グレゴリウス一世『対話』のほか、ヒルドゥイヌス『聖ディオニュシウスの生涯』、ヴァラフリド・ストラボ『ヴェッティヌスの幻視』など、聖人の奇跡に関する書の邦訳

が多く収録されている。

清水宏・三好迪・高柳俊一「奇跡」上智学院新カトリック大事典編纂委員会編『新カトリック大事典』第二巻、研究社、一九九八年、一三八～一四六頁。

多田哲『ヨーロッパ中世の民衆教化と聖人崇敬――カロリング時代のオルレアンとリエージュ』創文社、二〇一四年。

土岐正策・土岐健治訳『キリスト教教父著作集』第二二巻「殉教者行伝」教文館、一九九〇年。

轟木広太郎「聖なる「報復」――『聖ブノワの奇蹟』と封建社会」服部春彦・谷川稔編『フランス史からの問い』山川出版社、二〇〇〇年、二五～四八頁。

ハイスターバッハのカエサリウス著、丑田弘忍訳『奇跡についての対話』・『奇跡についての八巻』Kindleダイレクト・パブリッシング、二〇二三年。

＊修道院内で作成された著作でありながら、当時の世相が窺える。たとえば十字軍、アルビ派、高利貸し、黒魔術が言及されているところが興味深い。本書は自費出版であるが、Amazon.co.jpで容易に入手できる。

渡邊昌美『中世の奇蹟と幻想』岩波書店、一九八九年。

＊奇跡の具体的なエピソードが、豊富に紹介されている。奇跡に関する歴史的な流れは追いにくいが、民衆の生の声が独特の筆致を通して聞こえてくる。四〇年近く前の書であるが、中世の奇跡を学ぼうとする者にとっては、現在でも必読である。

Martin Heinzelmann, Klaus Herbers, and Dieter R. Bauer (eds.), *Mirakel im Mittelalter: Konzeptionen, Erscheinungformen, Deutungen*, Beiträge zu Hagiographie, 3, Stuttgart: Steiner, 2002.

Raymond van Dam, *Saints and Their Miracles in Late Antique Gaul*, Princeton Paperbacks, Princeton: Princeton University Press, 1993.

＊トゥールのマルティヌスなどの古代末期の聖人と奇跡についての研究である。本文で扱ったトゥールのグレゴリウス『マルティヌスの御力』などの英訳を含む。なおこの「御力」とはラテン語「ウィルトゥス」の訳で、聖遺物が発する奇跡の力のことである。

Robert Wiśniewski, *The Beginnings of the Cult of Relics*, Oxford: Oxford University Press, 2019.

＊聖遺物崇敬に関する最新の研究書である。奇跡に関する証言、都市の守護者としての機能、聖遺物の近くへの埋葬という習慣、聖遺物の発見・接触・展示、また聖遺物に関する神学的議論、そして地域的な習慣を扱う。

コラム6　列　聖

現在、列聖とは教皇の権限下で教皇庁内の列聖省で行われる手続きで、聖人崇敬の対象とみなされた故人に聖人の地位が認められることである。聖人は初期キリスト教時代から存在したが当時、列聖手続きはなかった。時代を経て形成されたローマ・カトリック教会の列聖手続きの変遷を古代末期から中世にかけてみていく。

古　代

古代ローマ帝国のキリスト教迫害期、殉教者は特別な手続きや公的認可などもなく聖人とされ、その一部はとくに篤く崇敬された。信者にとって聖人は、神への代弁者であり苦難あふれる現世の介助者であった。キリスト教が国教化されると殉教者は減るが、非殉教者でも生前に模範的信者として功徳を積み、死後も信者に慕われ、その者に由来する奇跡が確認されれば、その特別な聖性ゆえに証聖者として聖人崇敬を受けた。また、特定の聖人になんらかの特別な性格を付与することに関心が生じたとき、その地を管轄する司教がこの聖人の遺骨を墓から取り上げ司教座聖堂の聖壇へと移葬し、その聖人崇敬は教会的権威により公式に認められた。この司教による移葬に列聖手続きの萌芽をみることができる。さらに、それまで崇敬の対象でなかった者が、あるとき突然聖人とされるようにもなった。初期の例は三八六年のミラノ司教アンブロシウス（在位三七四～三九七年）の行動にみられる。彼は、三〇〇年頃死去した二名の無名の殉教者の遺骨がミラノ市内の教会に葬られていると夢で知り、実際に遺骨を発見し、それを自身が献堂した聖堂（サンタンブロージョ教会）へ移葬、これを機に両殉教者は聖人崇敬の対象になった。この一部始終はその後パウリヌス『アンブロシウス記』、アウグスティヌス『告白』に記され、従来の崇敬の非対象者も、奇跡（この場合ではアンブロシウスの夢）と司教による承認（遺骨の奉挙と移葬）によって列聖される前例として後世に伝えられた。だが、四〇一年の第五カルタゴ公会議の決議により、夢などの幻視にのみ基づく殉教者の聖人崇敬は管轄司教の適切な管理および監督下に置かれ、崇敬目的の記念堂なども場合によっては司教指導下で破壊されることになった。聖人崇敬に対する統制・管理の必要性の理由は何か。先のアンブロシウスによる列聖の動機は、アリウス派に対抗しカトリック信者の支持を得ることとされているが、その一五年後のカルタゴの決議は、弾圧された末に死去した異端のドナトゥス派信者が「殉教者・聖人」として崇敬されていた状況を一掃するためであったとされる。このように列聖の実施や制限の背景には、宗教的動機や政策が絡むことがあった。聖人崇敬への司教の介入や、それに関する公会議決議に、教会当局の聖人崇敬への関与の兆候がみえ始める。そして中世になると、列聖手続きは段階的に時代に応じた変遷を繰り返しながら教会内の諸手続きの一つとして形式化されていく。

中世初期——規則化される列聖

ローマ教会および国内の聖職者との協力体制を国内統治の重要基盤とし、多くの教会会議を行ったカール大帝は、国内の教会を指導すべき世俗支配者として列聖の基準や手順を明確にした。七八九年の『一般訓令』で先のカルタゴの決議を再確認し、七九四年のフランクフルト教会会議では聖人候補者の生前の功徳を重視すべきと規定した。こうして、聖人候補者の功徳の確認のために、列聖申請者は、候補者の生きざまを列聖者である司教や教会会議参加者の前で読み上げねばならなくなった。八一三年のマインツ教会会議では教会会議の許可なしに聖人の遺骨を移葬することが禁じられた。一連の決定の動機の一つはカルタゴ会議同様、異端者や異教者による「聖人」濫用の防止であった。

ところでこれ以降、教皇指導下で開催される教会会議が増えることを考えれば、列聖に教会会議が必要となった以上、教皇の列聖への干渉も時間の問題で、そして一〇世紀にそれは現実となった。列聖を行った最初の教皇はヨハネス一五世（在位九八五〜九九六年）で、九九三年二月三日付の教皇文書からわかる——この年一月三一日、ローマ教会会議でアウグスブルク司教リウトルト（在位九八八〜九九六年）は、かつての司教ウダルリック（在位九二三〜九七三年）の伝記と奇跡に関する冊子を会議参加者の前で読み上げ列聖を請願した。請願内容の調査を経て、教皇はウダルリックの列聖を宣告し、列聖決議に背く者に対する刑罰条項を設けた——こうして一〇世紀末、列聖には教皇も介入するようになった。さらに列聖は正式に請願され、請願内容について審査され、最終的に列聖宣告が下される、という規則化された事務的手続きの様相を呈するようになった。また刑罰条項により、列聖宣告に拘束力が付与された。

中世中期——教皇による列聖

教会会議を行わずに列聖をした最初の教皇はおそらくパスカリス二世（在位一〇九九〜一一一八年）で、一一〇九年のアナーニのペトルスの列聖がそれにあたる。だが聖人ペトルス崇敬は地域限定であった。広範囲に及ぶ聖人崇敬へとつながる列聖を教皇が教会会議をせず行ったのは、ザクセン朝最後の皇帝ハインリヒ二世の列聖が初めてである。一一四六年、教皇エウゲニウス三世（在位一一四五〜五三年）は皇帝の列聖請願者バンベルク教会に対し、列聖とはローマ教会が「支柱」を担う公会議で本来行われるべきであるが、会議が目下開かれないため、教皇が教皇庁の高位聖職者との協議を経て皇帝の列聖を決定した、と告げた。同様の内容はアレクサンデル三世（在位一一五九〜八一年）の一一六一年発布のエドワード証聖王列聖文書にもみられる。こうして徐々に教会会議ではなく枢機卿会議で列聖について協議されるようになった。一二世紀、司教による列聖もあったが、教皇による列聖の方が正当であるという見解は、プラハのコスマ（一〇四五～一一二五年）の叙述やトマス・ベケット（一一一八～七〇年、一一七三年アレクサンデル三世により列聖）についての叙述にみられるよう、ローマ以外の地域でも普及した。

教皇による列聖権の独占の契機はアレクサンデル三世に由来するとされている。教皇の列聖に関する権限を先代教皇よりも強調していた彼が、一一七一年（もしくは七二年）にスウェーデン王に教勅アウディーヴィムスを送った。その中で彼は、あるスウェーデン人が奇跡を起こしたらしいがその者を聖人として崇敬することは教皇の認可なしにあってはならない、なぜなら「教皇だけが列聖の権限をもつ」からである、と記した。キリスト教後進国であるスウェーデンの王個人に宛てられた時事的なこの文書は、一二三四年に教皇グレゴリウス九世（在位一二二七～四一年）の『教皇令集』X.3.45に取り込まれ普遍的な教会法的意味をもつことになる。しかし、その後も列聖を行った司教は各地で確認され、列聖が教皇権に完全に独占されるのは、一五八八年に礼部聖省が教皇庁に設置されてからといえる。

また、アレクサンデル三世は、列聖手続きにそれまで以上の規則を定めた。たとえば聖人候補者の証人は教皇使節に宣誓すること、手続き中の特定の発言は記録すること、などである。このような規則化の一つの要因は、教皇庁を訪れる列聖請願者の増加にあった。列聖に限らず、教皇の特権や認可などを欲する請願者は、とくに叙任権闘争以降、教皇権の強化に伴い増加していたのである。そしてこれら多数の請願に適切に対応するために規則化が進んだ。ケレスティヌス三世（在位一一九一～九八年）下では列聖審査の全手続きについての記録作成が必須となり、請願者は代理人を派遣せず自らが教皇庁に赴き、請願書と聖人候補者の品行と奇跡の証拠を提出することが義務づけられた。列聖文書とは別に移葬指令書なる文書も加わり、列聖なしに移葬されてはならない、という手続きの順序も明確になった。

教皇をはじめとする列聖者たちは、列聖宣告の明確な動機や目的を列聖文書に具体的に記さなかった。初めてそれを明記した教皇は、インノケンティウス三世（在位一一九八～一二一六年）とされている。彼は、聖人を通じて起こる神の奇跡により異端排斥が進展することを望む、と列聖の動機を明記した。そんな彼も一二〇三年以降、列聖をした形跡がない。明確な理由は不明だが、異端排斥に加担できるほどの聖人候補者がいなかったからなのか、すでに詳細に規定されていた列聖手続きが列聖申請者を怯ませ申請自体が少なかったからなのか、あるいは在位初期に行った列聖から期待どおりの政治的・宗教的報いを獲得できず列聖に消極的になったからなのか、などが考えられる。

グレゴリウス九世は、列聖に修道院政策を深く結びつけた。彼は聖ドミニコと聖フランシスコという二大托鉢修道会の設立者を列聖した。そして、各列聖の列聖文書をそれまでの教皇が行ったよりも多数作成させ広範囲に送付した。また、列聖日や当該聖人の記念日に、関係修道院あるいは教会を巡礼する者に贖宥を認める文言を含めた。こうして教皇権が、列聖の事実を広く伝え、新聖人崇敬を奨励するようになった。このような教皇権による宣伝行為は、これら修道会のその後の発展にも一部寄与し、それは教皇が修道会を自身の政策に組み込み、利用するのにも都合がよかった。そしてこれ以降の教皇たちはそれぞれの政策に応じ、各支持者・団体関係者の列聖に際して、贖宥的性格を有する列聖文書を複数作成し広範囲に送付することを継承した。列聖および列聖文書は、プロパガンダ的道具の一つになったといえる。

　聖人は信者にとって神に対する代弁者であり、この世の介助者である、という基本理念は維持されたであろう。列聖に教会の職権が関与し聖人の威光は確固なものとなった。そして同時に、列聖者である教皇の権威の増大および政策の効率化にもつながった。だが、列聖はあくまで教皇庁で行われる様々な手続きの一つであり、列聖文書は大量に発行される教皇文書や教勅の一つでしかなかった。列聖自体の政治的意味は教皇を含めた中世の権力者にとっては現実的にはそれほど大きくはなく、実際の政策を左右するほど利用されることは少なかったと思われる。

（小林亜沙美）

参考文献

渡邊浩「列聖手続きの歴史的展開——起源から教皇による列聖まで」『藤女子大学文学部紀要』第二号、二〇〇一年、三三～五八頁。

Otfried Krafft, *Papsturkunde und Heiligsprechung: Die päpstlichen Kanonisationen vom Mittelalter bis zur Reformation. Ein Handbuch*, Köln, 2005.

Bernhard Schimmelpfennig, "Heilige Päpste — päpstliche Kanonisationspolitik", Jürgen Petersohn (ed.), *Politik und Heiligenverehrung im Hochmittelalter*, Sigmaringen, 1994, 73–100.

第6章　巡　礼——中近世スペインのサンティアゴ巡礼

1　普遍的宗教現象としての巡礼

ラテン語でペレグリナティオ（peregrinatio）、アラビア語でハッジ（ḥajj）、ヘブライ語でアリヤー（'aliyah）と称された巡礼は、キリスト教、イスラーム、ユダヤ教のみならず、仏教やヒンドゥー教でもみられる普遍的な宗教現象であり、地域や時代に応じて多様な形態をとる。四国巡礼や西国巡礼、秩父巡礼の例を挙げるまでもなく、巡礼は日本の宗教文化の一部としても定着している。一六世紀の宗教改革により成立し、聖書主義の立場をとるプロテスタントが、聖地巡礼や聖人・聖遺物崇敬に批判的であるのは当然としても、カトリックをはじめとする他のキリスト教諸派、イスラーム、ユダヤ教の多くが、巡礼に肯定的であることは強調されてよい。

もとより巡礼は、単なる空間移動ではない。それは巡礼者が、病気治癒などの現世利益と霊的救済（来世での救済）を求め、あるいは奇跡を期待して、神、聖人、聖遺物ゆかりの聖地へ移動することを前提としている。出発地と目的地の合理的移動を基本とする旅と異なり、巡礼行にあっては、移動の苦難と内面的純化（癒し）が重視される所以でもある。空間移動である限り巡礼行も、世俗的移動（旅）の要素を包摂せざるをえなかったが、そこでは神、聖人、聖地、奇跡といった宗教的要素がより大きな比重を占めた。原罪を背負った巡礼者であっても、聖地での奇跡により神との直接的「交感」が生ずるかもしれない。そうした内面的期待が、多くの巡礼者を聖地へと駆り立てたのである。

中近世ヨーロッパ世界では、巡礼と密接な関係をもつ聖地が各地に遍在した。これらの中でも圧倒的な重みをもつ聖地が、イェルサレム、ローマ、サンティアゴ・デ・コンポステーラ（スペイン北西部）の三大聖地である。聖墳墓教会を擁するイェルサレムは、イエスの受難と復活の地であり、サン・ピエトロ教会、サン・パオロ教会を抱え教皇庁の座したローマが、聖ペテロと聖パウロの殉教地であることはいうまでもない。これらの三大聖地巡礼にあって、最も民衆的性格が強いとされたのが、聖ヤコブゆかりの聖地を目指すサンティアゴ巡礼である。以下ではサンティアゴ巡礼を例に、中近世ヨーロッパの巡礼の実態を、慈善やアメリカ植民地への「移し」を含めて検討したい。

2　神話とクロノロジー

神話の創出

一二～一三世紀の『聖ヤコブの書』や『黄金伝説』その他によれば、聖ヤコブ――使徒、聖ヨハネの兄――は主の昇天後スペイン伝道に従事したものの、はかばかしい成果を上げることができず、一部の弟子を伴ってパレスティナへ帰還した。帰還後、聖ヤコブは病気治癒や死者の復活など様々な奇跡を行い、多くのユダヤ人（ユダヤ教徒）を改宗させた。そのためユダヤ人大祭司との対立が表面化し、紀元後四四年へロデ王により斬首されて、十二使徒最初の殉教者となった。

殉教後、聖ヤコブの弟子たちは、彼の遺骸を小舟に乗せ、埋葬地を神の御手に委ねた。聖ヤコブの遺骸を乗せた小舟は、奇跡を伴った七日間の航海の後、聖ヤコブが生前布教したスペイン北西部ガリシア地方の小都市イリア・フラビア（現在のエル・パドロン）に漂着した。やがて聖ヤコブの遺骸は、空中を飛翔し、イリア・フラビア東方の古くからの聖地サンティアゴ・デ・コンポステーラ（以下、サンティアゴと略記）に落下して、埋葬地（墓所）が啓示されたのであった。

カール大帝（シャルルマーニュ）最晩年の八一四年――八一三年とも――、ガリシア地方の隠修士の前に天使が現れ、長い間忘れ去られていた聖ヤコブの墓所のある地を指し示した。報告を受けた司教テオドミロは、三日間の断食の後、大理石で覆われた聖ヤコブの墓を「発見」し、アストゥーリアス王アルフォンソ二世に上奏した。同王は直ちにサンティアゴへ赴き、それを聖ヤコブの墓と認めたうえで、小教会を建立した。サンティアゴ教会の起源である。聖ヤコブの「墓」発見の朗報は、教皇レオ三世とカール大帝にも伝えられ、両者はこれを認知し、ヨーロッパ全域にこの奇跡を告げ知らせたのであった。サンティアゴ・デ・コンポステーラ（Santiago de Compostela）の語源も、聖ヤコブ伝承と密接に関わっており、サンティアゴの語源は聖ヤコブ（Santo Yacob）に、コンポステーラのそれは「墓所」を意味するラテン語（compostum tellus）に由来するといわれる。

先史時代の巨石文化の遺構跡に建つサンティアゴは、ガリシア地方の先住民ケルト人以来の聖地であり、四世紀には、女性への聖職開放などを説き、異端者として処断されたガリシア出身の聖職者プリスキリアーヌスの墓所が併設された。その上に九世紀初頭、聖ヤコブの墓所が重層化される。当時のアストゥーリアス王国は、イスラーム軍の侵攻を受けて、深刻な危機に直面していた。イスラーム支配下のトレード教会による「キリスト養子説」――イエスを「神によって採択された子」とするもので、三位一体説に抵触――も、八〇〇年前後に台頭した終末論を背景に、北部スペインに浸透し、ローマ教会がそれへの対応を迫られた時代でもあった。こうした危機的状況の下で、聖ヤコブの墓が意図的に「発見」され、神話が創出されたのである。

図6-1　聖ヤコブの奇跡（巡礼者を救済する聖ヤコブ）

出典：Caucci von Saucken, P.（ed.）, *Saint Jacques de Compostelle. Mille ans de pèlerinage en Europe,* Paris, Desclée de Brouwer, 1993,p.93.

クロノロジー

①　中世前期のサンティアゴ巡礼

九世紀初頭の「発見」当初、ガリシア地方に限定されていたサンティアゴ巡礼は、一〇世紀半ばにはピレネー以北に拡大し始め、一一世紀末～一三世紀に頂点に達した。この時期のサンティアゴ巡礼者数は、年間二〇万～五〇万人に上ったといわれる。一一世紀末～一三世紀のサンティアゴ巡礼の急速な拡大は、スペインを含めたヨーロッパ封建制社会の政治・経済・社会的条件の整備、十字軍を推進した教皇庁の動向、民衆信仰のあり方とも不可分であった。十字軍のラテン語表記（peregrinatio）に象徴されるように、十字軍は武装巡礼としての性格を強く帯びていた。ムスリムを殲滅《せんめつ》する「キリストの戦士（miles Christi）」聖ヤコブ崇敬に支えられた、サンティアゴ巡礼も同様であり、それは「西方十字軍」としてのレコンキスタ（再征服）運動への西ヨーロッパ民衆の間接的参加を意味した。

一一～一三世紀のカスティーリャ・レオン王国では、西ヨーロッパとの関係がいっそう緊密化し、王権、巡礼路都市、領主権力が地域や都市の再開発、レコンキスタ運動推進のため、巡礼者や外国人を積極的に誘致した。道路や橋、宿泊施設といった移動のための物的条件が整備され、王権と教会、都市当局は巡礼者保護のための法的措置を講じたのである。加えてローマ典礼の導入や教会改革が断行され、教皇庁との関係も強化された。こうした改革を進める中で、一一二〇年、教皇カリクストゥス二世の認可により、サンティアゴ教会への大司教座移転が実現し、これを機に巡礼者数は大きく伸長した。

② 中世後期のサンティアゴ巡礼

一四～一五世紀の西ヨーロッパ世界では、気候変動、ペスト、戦乱、教会大分裂を背景に封建制社会の危機が深刻化し、その再編が模索される一方、国際商業や都市のさらなる発展に促されて、ヒト、モノ、情報の移動もより活発になった。ペストや戦乱が「神の怒り」に帰せられた当時にあって、危機の拡大は人々の心性にも大きな影響を与え、マリア崇敬に代表される新たな民衆信仰と神秘主義を台頭させた。伝統的な民衆信仰である聖ヤコブ崇敬、したがってサンティアゴ巡礼が停滞する一因である。マリア崇敬に代表される新たな聖地――「黒いマリア」で有名なグアダルーペはその好例――の出現もそれを助長した。

中世後期のサンティアゴ巡礼は、東欧や北欧からも多くの巡礼者を集め、誘致圏の拡大には成功するものの、「信仰の旅」「苦難の長旅」としての性格を希薄化させ、巡礼者数は伸び悩んだ。中世末期～近世のサンティアゴ巡礼は、それが本来内在させていた余暇（観光）としての側面を強めていき、巡礼の世俗化が表面化しつつあった。「信仰の旅」

から「遊行」へと重心が移動し始めるのであり、それに伴って不法行為を犯し、贖罪のための巡礼を強いられたネーデルラントなどからの「強制巡礼者」も増加する。富裕者から金銭の支払いを受けて巡礼する代参、バガボンド（浮浪者）やアウトローなどの偽巡礼者と偽貧民の増加、兄弟団に結集した都市民衆による活発な慈善活動も、中世末期～近世の大きな特色である。

図6-2　サンティアゴ教会西門とサンティアゴ王立施療院（左側の建物。現パラドール〔主に歴史的建造物を改装した国営ホテル〕）

出典：Caucci von Saucken, P.（ed.）, *Saint Jacques de Compostelle. Mille ans de pèlerinage en Europe,* Paris, Desclée de Brouwer, 1993, pp.58-59.

③　近世以降のサンティアゴ巡礼

宗教改革期の一六世紀には、プロテスタント諸国が聖人・聖遺物崇敬や巡礼を禁止し、カトリック内部でも巡礼の世俗化に対する批判が生じ、また聖ヤコブから聖母マリアへの民衆信仰の移動が決定的となり、巡礼者数は大幅に減少した。わけても大きな影響を与えたのは、マリア崇敬の台頭――近世や近代のカトリック運動は、マリア崇敬と不可分――であった。異端審問所が、プロテスタント諸国からの巡礼者に不信の目を向けたこと、トレント公会議以降の教会による民衆信仰の統制強化、ドイツやフランスでの宗教戦争による移動の困難も、巡礼者数の減少に寄与した。

無敵艦隊敗北直後の一五八九年に、イングランド海軍の略奪を恐れたサンティアゴ教会が、聖ヤコブの遺骸を隠匿し、隠匿場所を失念――遺骸の「再発見」は一八七九年――したことも巡礼者数減少に拍車をかけた。一四九二年にはコロンブスのアメリカ到達により、ヨーロッパ大陸の西端に位置する聖地サンティアゴのもつ「地の果て（finis terrae）」のメタファーが消失し、聖性の根拠の一つを失った。民衆信仰としての聖ヤコブ崇敬とサンティアゴ巡礼は、聖遺物とメタファー消失を背景に一六世紀に大きな転換期に直面した。

サンティアゴ巡礼者数は、一七世紀に若干回復するものの、減少傾向に歯止めはかからず、一九世紀に底点に達した。「科学革命」と啓蒙主義の時代である一七〜一八世紀の西ヨーロッパでは、ミクロコスモス（現世や身体）とマクロコスモス（来世）との断絶が生じつつあった。両者の断絶は、救霊や病気治癒などに際しての聖人の執りなし機能を毀損し、近代科学の著しい進展をみた一九世紀の自由主義改革期に、多くの人々を巡礼から遠ざけた。自由主義改革に伴う教会・修道院財産の解放は、巡礼者のための多数の施療院の閉鎖を余儀なくさせたからでもある。サンティアゴ巡礼が再び人々の関心を集めるのは、フランコ体制が崩壊してスペインの民主化が進み、成長と発展、最大利潤を追求したヨーロッパ近代の価値観が動揺する一九八〇年代以降である。サンティアゴ巡礼の基調である徒歩巡礼と「グリーン・ツーリズム」の親和性が、サンティアゴ巡礼再生の一因となったことは注目してよい。

3　サンティアゴ巡礼の実際

聖地サンティアゴは、中世ヨーロッパの三大聖地の中で最も歴史の浅い聖地であったが、それ故にこそ様々な奇跡譚を「創出」し、贖宥の付与される聖年（jubileus）を「演出」して、巡礼者を集める努力を積み重ねた。キリスト教の聖年の起源は、古代ユダヤ社会で五〇年ごとに実施されていた「ヨベルの年」に求められる。キリスト教はユダヤ教の急進改革派「ユダヤ教ナザレ派」に淵源しており、聖年の継受は当然といってよい。しかし中世ヨーロッパ社会において聖年は、古代ユダヤ社会にみられたような社会・経済格差の是正機能を希薄化させ、聖地巡礼との結びつきを強めた。

伝承によればサンティアゴ教会は、ローマ教会より一二〇年ほど早い一一七九年——一説には一一二六年とも——に、教皇アレクサンデル三世から、聖年布告特権を認証され、聖ヤコブの殉教日の七月二五日が日曜日にあたる年を聖年とした。サンティアゴ教会の聖年は、六年—五年—六年—一一年周期で設定されており、これらの中に聖数をみてとるこ

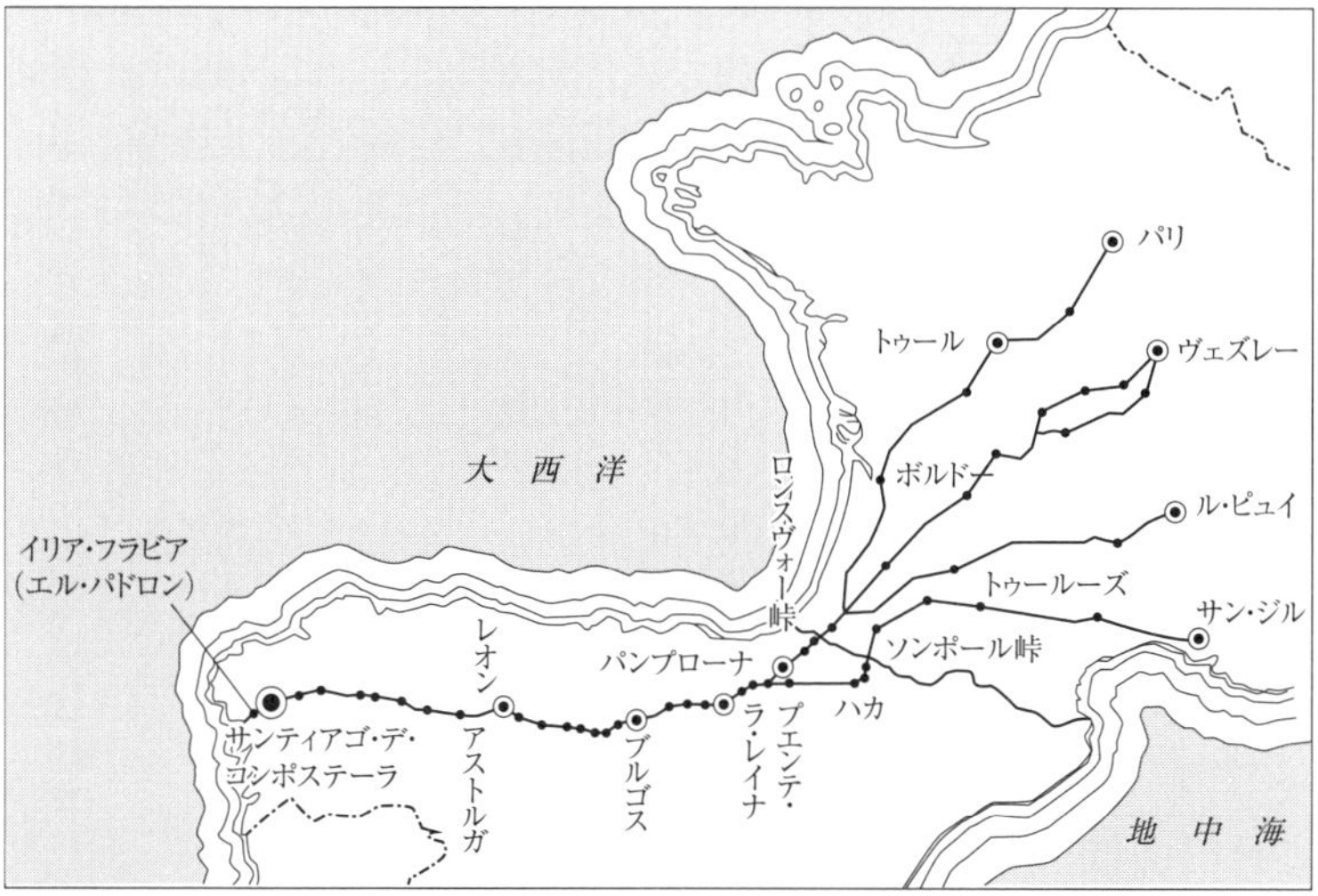

図6-3　サンティアゴ巡礼路

とも不可能ではない。最初の六と五で一一、次の五と六も一一、これに最後の一一を加えると三三になる。イエスは三三歳で昇天したとされ、聖年数の合計はこれと合致する。

サンティアゴ巡礼路にあっては、サンティアゴ教会のみならず、巡礼路諸都市の教会や修道院にも、トゥールの聖マルタンやレオンの聖イシドーロをはじめとして、多くの聖人の聖遺物が安置されており、サンティアゴ巡礼路は、さながら聖遺物の横溢した「聖なる空間」と化した。サンティアゴ巡礼者はこれらの聖遺物に触れ、人格変容（内面的変化）を遂げながら、聖地サンティアゴを目指した。したがって巡礼路は単なる道ではなく、固有の巡礼圏をもつ地方霊場の連鎖から成る「聖なる空間」であり、巡礼の旅は「聖遺物の旅」「聖化の旅」となった。自らの意志で様々な霊場を巡拝しつつ、聖地を目指す巡礼者にとって、巡礼行は日常的生活圏を離脱し、「聖なる空間」「異界」へ参入すること、別言すれば物的世界の保護を離れた、「異邦人」ないし「神の貧民」となることを意味した。

巡礼者数と社会層の多様さ、民衆的性格の表出という点で、サンティアゴ巡礼はローマ巡礼やイェルサレム巡礼を凌駕した宗教現象であり、国王や貴族、聖職者、商人はもとより、手工業者や農民、貧民、病人など多くの民衆を引きつけた。サンティアゴ巡礼の主体が、徒歩巡礼を実践する民衆層にあったことは、改めて強調されなければならない。

サンティアゴ巡礼路とサンティアゴ教会

中世末期イングランド、ネーデルラント、北欧からの巡礼者は、夏場にハンザ船を利用して巡礼する場合が少なかった。通常はガリシア北部の海港都市ラ・コルーニャに上陸し、その後は徒歩などで聖地サンティアゴを目指した。しかし巡礼者の多くが利用したのは、中世中期に開発されたピレネー山脈越えのサンティアゴ巡礼路であった。一一〜一二世紀初頭に中部スペインの主要都市で、軍事上の要衝でもあったトレードとサラゴーサが攻略されると、ドゥエロ川以北とエブロ川中上流域の安全が確保され、一二世紀半ばの『サンティアゴ巡礼案内』にみられるような巡礼路が定着した。外国人巡礼者に占めるフランス人の比重が大きかったことから、巡礼路は「フランス人の道」とも呼ばれた。『サンティアゴ巡礼案内』によれば、主要巡礼路は四本とされ、いずれもフランスの都市であるトゥール（ないしパリ）、ヴェズレー、ル・ピュイ、サン・ジルを起点としていた。

四本の巡礼路はフランスからイタリア、ドイツ、ネーデルラント、東欧、北欧諸国に接続しており、ヨーロッパ全域を覆う陸上交通網の一角を占めていた。これら四本の巡礼路は、言語やエスニシティ、習俗を異にする多元的世界が、カトリック教会の下で統合されるように、ピレネー南麓の中小都市プエンテ・ラ・レイナで一本となった。巡礼路はピレネー山麓のオーブラック高原、シャルルマーニュ伝説で有名なロンスヴォー峠やソンポール峠など多くの難所を含んでいた。これらの峠道では、霧や雪で遭難する巡礼者が後を絶たなかったし、逆に炎天下での北部スペインのメセタ（中央台地）踏破は、巡礼者にとって過酷な試練を意味した。ピレネー山中から片道八〇〇キロメートル、パリから片道一六〇〇キロメートルに及ぶサンティアゴ巡礼路は、巡礼者にとって「苦難の長旅」そのものであった。

「フランス人の道」をたどりサンティアゴ郊外に達した巡礼者は、「喜びの丘」からサンティアゴ教会を望見し、聖地サンティアゴに足を踏み入れた。聖地サンティアゴは、人々が奇跡を目撃し、「地上の楽園」を実感できる聖書的言説に基づく都市でなければならなかった。そのため一二世紀前半の初代大司教ディエゴ・ヘルミーレスと後継大司教の下で、大規模な都市改造が実施され、ローマをモデルに「ユートピア都市」の構築が目指された。聖地サンティアゴの市門数は、神が天地創造に要した日数と同じ七であったし、教会・修道院数も、聖ヤコブを含む十二使徒を表象して一二である。サンティアゴ教会の身廊と祭壇数は九。これは聖ヤコブがスペインで改宗させた弟子の数と同じであり、巡礼者の回心と再生を象徴している。

聖地サンティアゴの中心で聖ヤコブの遺骸を祀ったサンティアゴ教会は、十字形の平面プランをもち、後陣をイェルサレムの位置する東方に向けた、典型的な「巡礼教会」であった。サンティアゴ教会の主要門は、「栄光の門」と呼ばれた西門、北門（黒玉細工門）、南門（銀細工門）の三つから成り、「栄光の門」のタンパンには、イエスの受難や永遠の救済など聖書からモチーフをとったレリーフが彫られていた。識字率の低い中近世にあって、これらのレリーフは民衆教化に重要な役割を果たした。

巡礼者は北門から入り、聖ヤコブの遺骸を安置した後陣の主祭壇の前で祈った後、南門を通って教会の外に出た。北門――主祭壇――南門という巡拝コースは、聖ヤコブへの祈りを介した黒（黒玉）から白（銀）への人格変容、すなわち巡礼者の贖罪（内面の純化）を象徴している。巡礼者に「天上の音楽」を説いたポリフォニー（多声音楽）学校に加え、北門の前には巡礼者のための旧施療院と巡礼者の心身の渇きを癒す泉水が配置されていた。これらの「演出装置」が、聖地サンティアゴの聖性をいっそう強化したのである。

巡礼の動機

巡礼の動機は時代により、また巡礼者により様々であったが、一三世紀までは教会・修道院史料が多数を占めたこともあり、現世利益を内包した宗教的動機が優越した。俗人の手になる俗語史料が増加する中世末期～近世には、宗教的動機を基本としつつも、観光や慈善といった現世利益が前面に押し出され、自発的意志によらない「強制巡礼者」や代参――雇用者の多くは、子授けや病気治癒を願う支配層の既婚女性――も増加した。

宗教的動機としては、永遠の救済や贖罪が主要なものであり、現世利益の中心となったのは、病気治癒や貧困からの脱却、危難回避、政治・軍事的勝利などであった。聖ヤコブが神に最も近い聖人とされたことから、聖ヤコブの遺骸が、贖罪と霊的救済のうえで効験があるとみなされたのは、当然といえよう。聖ヤコブは人々の内面的苦悩、深刻な苦難だけでなく、日常的悩みにも寄り添う身近な聖人と目されたのである。この点で興味深いのは、『奇跡の書』や中近世の巡礼歌であり、これらは聖ヤコブの執りなしによる贖罪と救霊を巡礼の第一義的目的としたうえで、危難回避や病気治癒などの奇跡に頻繁に言及している。

巡礼の動機として軽視できないのは、サンティアゴ巡礼路が病気治癒のための「医療空間」としても機能した点である。サンティアゴ巡礼路には、教会・修道院や都市当局、兄弟団などの運営する巡礼者のための施療院があり、そこで病気や怪我をした巡礼者への無料の医療行為が行われた。医療行為とはいっても、治療以上に神への祈りが重視され、現代の臨床医学と大きな落差があることは否めないが、それでも各地に自生する様々なハーブを併用した医療行為が実践されていた。

サンティアゴ巡礼路都市には中世初期以来、モサラベ（イスラーム支配下のキリスト教徒）聖職者が来住し、先進的なイスラーム医学を紹介、実践していたし、ヨーロッパ全域から多くの巡礼者が集まり、ヨーロッパの民間療法の叡智も集積された。その典型が巡礼路都市カストロヘリス——ブルゴス西方の小都市——近郊の小高い丘の上に屹立するサン・アントン修道院である。巡礼者向けの施療院を付設した同修道院は、病気治癒に効験があるとされたパンを巡礼者に給付したのみならず、食餌療法を用いて麦角中毒——麦角菌の付着した麦類を摂取したことにより発症する中毒症状——の治療に大きな役割を担った。このようにサンティアゴ巡礼路では、アンダルス（イスラーム・スペイン）や西ヨーロッパ各地の医学情報が集積・応用されていたのであり、『サンティアゴ巡礼案内』や巡礼歌に歌われた病気治癒の奇跡譚は、まったく根拠を欠いた言説ではなかったのである。

巡礼者の性別・年齢層、職業・身分構成

一六世紀のレオンのサン・フロイラン施療院では、巡礼者向けベッド台数は男性四に対し女性二、後述するサンティ

アゴ王立施療院にあっては、男性ベッド一二三に対し女性のそれは五八であった。規模は異なるものの二つの施療院の男女別ベッド台数は、ほぼ二対一で一致する。この男女比率が現実を反映しているとすれば、男性巡礼者が巡礼者全体の三分の二、女性巡礼者が三分の一という計算になる。旅の危険や家事・育児が女性の参加を制約したにしろ、三割程度の女性巡礼者が存在したであろうことは、注目してよい。

年齢層については不明な点が多く、巡礼者の名前、職業、年齢などが記載されるようになった一八〜一九世紀の施療院記録からの推定に頼らざるをえない。一九世紀のサンティアゴ王立施療院を例にとれば、巡礼者の多くは四〇〜六〇代、平均年齢は四五歳であった。この数値が中近世にも妥当するとすれば、巡礼者の多くは、死を意識し始める中高年ということになる。

中近世の巡礼者の職業・身分構成に関しては、定量分析史料が欠けているため不明な点が多いが、商人と手工業者、ガリシア地方の農民などの民衆、奇跡を期待する病人、慈善を求める貧民が巡礼者の多数を占めたものと思われる。中近世のサンティアゴ巡礼路に多数設置された施療院も、多くの民衆の参加を傍証する。一般に国王や貴族、高位聖職者など封建制社会の支配層に属する巡礼者や、有力市民に代表される富裕な巡礼者は、質素な施療院ではなく、国王・貴族の邸舘や城塞、修道院、有料の宿屋を利用した。質素だが無料の施療院を利用したのは、徒歩巡礼者たる民衆に他ならず、それが多数開設されていたことは、商人、手工業者、農民、貧民などの民衆が、巡礼者の多数を占めていたことを示唆するものである。

参入儀礼と巡礼者の服装

中近世ヨーロッパにあって巡礼は、告解の秘跡に準じる禁欲的実践であり、既成社会の通過儀礼ともみなされた。したがって巡礼者は、所定の参入儀礼を経て、「聖なる空間」の旅人となる必要があり、巡礼行の間、巡礼者の家族と財産は教会の保護下に置かれた。

発心した巡礼者は、旅費を工面し服装を整え、多くの場合「不帰の客」となることを想定して、物的世界からの離脱を象徴する遺言状を作成した。出発に先立ち巡礼者は、貧民救済などの慈善活動を行い、親族や知人、ギルド仲間とともに、教区教会で告解をしてミサに与った。巡礼者が神の恩寵を得るには、内面的安寧が必要であり、敵との和解や簒奪した財産の返還が不可欠とされたためである。そのうえで教区司祭などから巡礼杖と頭陀袋《ずだぶくろ》（物を入れる布製の袋）の祝福を受け、巡礼証明書を手交された。

悪魔の誘惑やアウトロー、狼からの自衛手段であった巡礼杖の先端には、瓢箪が吊るされ、水やワインが入れられた。巡礼杖と瓢箪は、豊穣と内面的純化の象徴であり、巡礼杖は三位一体と男性の性的シンボルでもあった。巡礼者の多くは、聖ヤコブの象徴であった父祖伝来の金属製帆立貝も身に着けていたが、帆立貝は女性の性的シンボルに他ならなかった。巡礼杖と金属製帆立貝の併用は、両性を具有した原初の人類アンドロギュノスへの回帰を象徴している。こうして「神の貧民」としての内的外的表象を整え、参入儀礼を終えた巡礼者は、親族や知人、ギルド仲間、司祭、聖ヤコブ兄弟団の会員などに、町はずれまで見送られて「苦難の長旅」に出立した。

旅の危険と巡礼講

巡礼行には、多くの危険が付きまとった。自然の難所、病気や怪我に加え、言語や習俗の異なる異郷の地で、様々な不法行為に晒されたからである。「神の貧民」としての巡礼者は、王権や教会、都市当局の保護下に置かれ、法的には流通税の免税特権や不逮捕特権などを保障された。だが現実は大きく異なり、これらが十分に顧みられなかったばかりか、言語や習俗、度量衡の相違を背景に、巡礼者は多種多様な不法行為の犠牲となった。都市役人による流通税の不法徴収、宿屋や居酒屋での窃盗と度量衡違反、宿屋と結託したアウトローによる金品強奪、粗悪な蠟燭や手袋を売りつける蠟燭職と皮革職、下剤の混じった薬を販売する偽医者、両替商や商人による両替手数料・度量衡違反などがそれである。

こうした旅の危険と孤独を回避するため、巡礼者は通常、出発地点あるいは旅の途上で、数人から数十人規模の巡礼講——相互扶助と自衛のための一時的な社会的結合——を組織した。巡礼行にあたっては、講仲間から選出された先達の指揮下に全成員が結束し、施療院などを利用しながら、「苦難の長旅」を完遂した。

帰郷した巡礼者は、世俗世界への再参入儀礼として、教区教会で感謝の祈りを捧げ、親族、知人、ギルド仲間などとともにミサに参列した。この儀礼により巡礼者は、既成社会の一員として復帰する。巡礼者は回心（人格変容）を遂げた者とみなされ、人々の敬意を集めた。こうしたサンティアゴ巡礼者が組織したのが、国際的兄弟団として知られる聖ヤコブ兄弟団であった。聖ヤコブ兄弟団は聖ヤコブを守護聖人として、聖地サンティアゴやブルゴスなどの巡礼路都市とフランス、ドイツ、イタリア、フランドル地方の主要都市で結成された。わけても重要なのはパリ、ハンブルク、アウクスブルク、ヘント（ガン）などの聖ヤコブ兄弟団であり、たとえば一四世紀のパリの聖ヤコブ兄弟団は、約八〇〇人の会員を擁した。

この聖ヤコブ兄弟団の会員は、サンティアゴ巡礼行を達成した男女巡礼者を基本とし、その他多くの有力住民を包摂していた。会員の多くは男性の都市住民であったが、農民や女性も少数ながら含んでおり、階層、居住地、性別の多様さの点で開放的な社会的結合ということができる。「聖ヤコブを囲む霊的家族」としての聖ヤコブ兄弟団は、会員間の相互扶助と兄弟愛を理想とする社会的結合で、貧窮した会員や罹患した会員への物的霊的支援に携わったのみならず、施療院を経営して非会員である外部のサンティアゴ巡礼者に、宿泊・食事・医療サービスを提供した。

すべての聖ヤコブ兄弟団は、聖ヤコブの祭日（殉教日）にあたる七月二五日に総会を開催した。総会では兄弟団長や書記などの役職者の選出、会計報告、新会員の紹介が行われ、総会終了後に会員の団結の表明として宴会が催された。総会に先立って、会員による宗教行列が挙行されるのが一般的であった。会員は帆立貝を付けた巡礼服や巡礼杖を身に着け、聖ヤコブを描いた旗幟を押し立てて、市内を練り歩いた。それは「苦難の長旅」により回心し再生した自己を、地域社会の住民に誇示して、自己あるいは家族の社会的地位を強化する格好の機会でもあった。

4 聖地のユートピアと慈善

グラナダ陥落後の一四九九年、カトリック両王（カスティーリャ女王イサベル一世とアラゴン王フェルナンド二世）は聖ヤコブの加護によるレコンキスタ運動完了に感謝し、教皇庁の認可を得て、新たにサンティアゴ王立施療院の建設に着手した。近世スペインを代表する王権直属の施療院であった同施療院運営のため、カトリック両王は施療院規約を制定し、サンティアゴ王立施療院監督官とその裁判権下に置かれた施療院職員、サンティアゴ市民を会員とする聖ヤコブ兄弟団も組織した。

施療院財政

サンティアゴ王立施療院の主要財源となったのは、王権から寄進された聖ヤコブ祈念課税と公債売却益であった。同施療院は一六世紀半ばまで、旧グラナダ王国で徴収した現物地代の三分の一を、免税特権を利用して聖地サンティアゴまで搬送していた。しかし穀物の搬送費用が高くついたため、一六世紀後半以降は穀物を現地で売却し、その売却益を為替送金させた。公債はサンティアゴ大司教管区で徴収された流通税収入を基礎に、王権により発行され、サンティアゴ王立施療院に寄進されたものである。同施療院は年一〇万マラベディに上るこの公債を売却し、聖ヤコブ祈念課税に次ぐ第二の収入源としていた。一七世紀初頭において聖ヤコブ祈念課税と公債売却益で、施療院収入の約七五パーセントに達した。

支出についていえば、施療院の聖俗職員の俸給——現物と貨幣の混合給——に全支出の三八パーセント、共同生活を義務づけられた職員の食費に約二〇パーセント、また巡礼者や傷病者の食費に一七パーセントを費やした。食費を加えた施療院聖俗職員の人件費だけで支出全体の約六〇パーセントを占める一方、慈善活動の中核ともいうべき巡礼者や傷病者の食費、薬剤費への支出は、施療院支出の二二パーセントほどに抑えられていた。これらの支出配分は、サンティアゴ王立施療院が、スペイン国王の救霊を第一義的目的とし、慈善はそのための手段であったことと密接に関係している。

施療院組織

王権の直轄下に置かれた施療院組織の頂点に位置したのは、高位聖職者や国王役人の中から任命された施療院監督官であった。施療院監督官は、施療院財政を担当した財産管理官や文書の作成・管理にあたった書記、司祭、医師、薬剤師などから構成される施療院評議会を司宰し、その助言を踏まえて職員への裁判権を行使した。司祭は八名でスペイン人司祭四名、外国人司祭四名から構成された。これらの司祭は毎日、付設礼拝堂で神とスペイン王のためにミサを執り行い、巡礼者や傷病者の霊的救済にも携わった。内科医（二名）と外科医（一名）は薬剤師（一名）とともに毎日、施療院を巡察し、怪我をした巡礼者や病人などの治療にあたった。この他に同施療院には、男性患者の世話をする男性看護士七名と女性患者のための女性看護婦五名が配置されており、医師や薬剤師の指示を受けて、傷病者への配膳や投薬、ベッドメイキングなどに従事した。

ガリシア地方で唯一の孤児院を併設した同施療院は、多数の孤児を扶養しており、孤児の世話をする二名の乳母も雇用されていた。しかし二〇〇名近くに上った孤児に比べて、乳母の数はあまりにも少なく、都市郊外の貧しい「属域」農民に少額の俸給を支払い、多数の孤児の養育を委ねざるをえなかった。

慈善活動

一六世紀中頃のサンティアゴ王立施療院は、男性傷病者のための大部屋三、女性傷病者のための大部屋二、巡礼者のための宿泊部屋二、礼拝堂、食堂、孤児院などを備えていた。約一八〇名の男女傷病者、二〇〇名ほどの孤児の養育に加え、同施療院は一〇〇名以上の巡礼者を最大三日間宿泊させることができたのであり、大規模化と効率化を目指した近世的施療院の典型であった。

サービス内容としては、宿泊サービスの他に食事、暖房、照明、医療、宗教サービスが主たるものであった。前述のように巡礼者には三日以内の無料の宿泊、食事サービスが提供されたし、傷病者も一七世紀には平均二〇日間の宿泊、食事、医療サービスを保障された。食事は一般の施療院より恵まれており、動物性蛋白質を重視した高蛋白・高カロリーの食事を基本とした。一五九〇年の同施療院規約によれば、病人への食事は風味の利いたパン、若鶏の肉、卵と定められていた。冬場、傷病者に温かい食事を提供するために病室に火鉢が置かれたし、病室の照明と換気、衛生状態にも最大限の配慮が払われた。

一六世紀後半以降、民衆の病気治療が重視され始める中で、「神の貧民」である巡礼者や傷病者を含む「貧民」に対しても、中近世社会の支配層と同様の医療サービスが提供されたことの意味は大きい。多くの限界を含みながらも、それは「医療の社会化」へ向けての第一歩を画するものであった。

その一方で、伝統的な救貧観や救貧制度も持続した。病気と貧困を原罪に帰し、したがって聖人を介した神への祈りにより、それらから解放されるとする救貧観、あるいは富と権力は慈善活動により正当化されるとの観念は、強固に維持された。施療院で司祭の執り行う霊的救済が、医者による医療行為以上に効果的と考えられたためでもある。

礼拝堂を中心に十字形の平面プランをもつサンティアゴ王立施療院では、病床はすべて礼拝堂（主祭壇）の方向に向けられ、司祭数（八名）が医師のそれ（三名）を上回っていたばかりではない。施療院職員の多くは施療院で共同生活を営み、神とスペイン王への祈りを義務づけられたのであり、修道院との親近性が顕著である。近世スペインの「絶対王政」は、宗教的含意をもつ慈善活動に裏打ちされてこそ正当化され、民衆に受容されたのであって、王立施療院での王権による慈善活動は、「絶対王政」との関連の中でも捉えられなければならない。

5　アメリカ植民地への「移し」

一五三〇年代にコンキスタドールのフランシスコ・ピサロは、インカ帝国の征服過程で、南米に聖ヤコブ崇敬と火縄銃をもたらした。火縄銃を携えた「十字軍兵士」たるコンキスタドールは、聖ヤコブの加護を求めながら、インカ帝国の征服を進め、一五四一年にはピサロの腹心ペドロ・デ・バルディビアにより、聖ヤコブの名を冠した都市サンティアゴ・デ・チリすら建設された。火縄銃と聖ヤコブ崇敬は、インカ帝国を支配するケチュア族への服属と貢納を強いられた、アンデス高地のインディオ、アイマラ族の宗教的心性にも大きな衝撃を与えた。アイマラ族にとって、火縄銃はケチュア族やスペイン人の支配から脱し、かつてのアイマラ王国を再建して、エスニック集団としての「自由」を回復する物理的手段と映じたのである。アイマラ族は強烈な音と閃光を発する火縄銃を、「雷の子」聖ヤコブと一体化した武器、「物神化された聖ヤコブ」として受容したのであり、そうした中で聖ヤコブ崇敬も、アイマラ族の間に浸透したのであった。

インカ帝国の崩壊した一六世紀前半以降、ペルー副王領でも、ドミニコ会やフランシスコ会、イエズス会などによりインディオへの布教活動が活発に展開される。アイマラ族をはじめとするインディオは、表面的な改宗の一方で、一六世紀末～一七世紀に入っても異教の神々や伝統的な習俗を保持し続けた。一七世紀のアンデス地方では、インディオの誕生や死、祝祭がカトリック暦により刻まれる一方、病気治癒や豊穣祈願にあたっては、伝統的な異教の神々への供儀や神殿への聖地巡礼が実践されていた。伝統的宗教儀礼は、多くのインディオの内面を確実に捉えており、カトリック教会による偶像崇拝根絶巡察をもってしても、その根絶は容易ではなかった。

こうしたインディオの異教の神々を代表するのが、病気治癒、豊穣、光と雨、戦勝などを司るアイマラ族の主神イリャーパ神である。やがてイリャーパ神は聖ヤコブと習合し、タタ・サンティアゴとなる。タタとはアイマラ語で特別に崇敬された守護聖人を指しており、聖ヤコブがアイマラ族の間に広く受容されたことを傍証する。一六二五年にイエズス会がチチカカ湖畔に聖ヤコブを祀った教会を建設し、アイマラ族教化の主要手段としたのも、聖ヤコブ崇敬の浸透なしには、現実的意味をもたなかったであろう。チチカカ湖周辺のアンデス高地には、聖ヤコブを祀った、あるいは聖ヤコブの名を冠した約七〇の教会と集落があり、「サンティアゴ巡礼路」も確認される。アンデス高地の巡礼路教会には、ボリビア、ペルー、チリ、エクアドルなどから多数のインディオ巡礼者が訪れており、シンクレティズムに支えられた聖ヤコブ崇敬とサンティアゴ巡礼の拡大、別言すればサンティアゴ巡礼の「移し」を窺わせる。サンティアゴ巡礼は、一六世紀以降、ヨーロッパ大陸を越えて、スペイン領アメリカ先住民の間にも定着したのであり、民衆信仰と一体化した聖ヤコブ崇敬の根強い生命力を感じさせる。

（関　哲行）

参考文献

浅野ひとみ「サンティアゴ『巡礼案内記』研究（上、中、下その一）」『純心人文研究』（上：第八号、二〇〇二年、中：第一〇号、二〇〇四年、下その一：第一一号、二〇〇五年）。

＊『巡礼案内記』は、一二世紀半ばのヴェズレーの司祭エムリー・ピコー作とされる。本稿は、これを訳出したものである。『巡礼案内記』には巡礼路諸都市の様々な聖遺物、宿泊施設、旅の危険などの実用的な情報が収載されている。

J・de・ウォラギネ著、前田敬作・今村孝訳『黄金伝説　二』平凡社ライブラリー、二〇〇六年。

＊本書は一三世紀のジェノヴァ司教ウォラギネの手になるもので、聖ペテロや聖パウロ、聖ヤコブなど多くの聖人の奇跡と殉教に言及している。聖ヤコブの移葬伝承にまつわる奇跡としては、狡猾な異教徒の女王ルパの改宗がよく知られる。

M・エリアーデ著、風間敏夫訳『聖と俗』法政大学出版局、一九九三年。

N・オーラー著、藤代幸一訳『中世の旅』法政大学出版局、一九八九年。

杉谷綾子『神の御業の物語』現代書館、二〇〇二年。

＊本書は『聖ヤコブの書』に関する優れた実証的研究であるとともに、「十字軍（聖戦）思想」と聖ヤコブ崇敬やサンティアゴ巡礼との関係、聖ヤコブの奇跡譚の政治・社会的機能、民衆信仰と聖母信仰の接合などに論究する。

関哲行「中世のサンティアゴ巡礼と民衆信仰」『巡礼と民衆信仰』青木書店、一九九九年。

関哲行「巡礼と観光」『中世ヨーロッパを生きる』東京大学出版会、二〇〇四年。

関哲行「中近世ヨーロッパの救貧――サンティアゴ巡礼路都市を例として」『中世環地中海世界の救貧』慶應義塾大学出版会、二〇〇四年。

＊巡礼者の多くは、巡礼路諸都市の施療院を利用しながら巡礼行を完遂した。本稿は、巡礼路都市アストルガの兄弟団による小規模な慈善活動と、サンティアゴ王立施療院を舞台とした王権による大規模な慈善活動の双方を論じたものである。

関哲行『スペイン巡礼史「地の果ての聖地」を辿る』講談社現代新書、二〇〇六年。

関哲行「中近世のサンティアゴ巡礼――幾つかの研究事例」『二〇〇九年度四国遍路世界の巡礼国際シンポジウムプロシーディングス』愛媛大学「四国遍路と世界の巡礼」研究会、二〇一〇年。

関哲行『前近代スペインのサンティアゴ巡礼――比較巡礼史序説』流通経済大学出版会、二〇一九年。
＊本書は中近世スペインのサンティアゴ巡礼を、ムスリムやユダヤ人の巡礼記を含む、巡礼史全体の中に位置づけつつ、巡礼の動機や実態、巡礼と慈善や観光、都市開発との関係、四国巡礼との比較について言及したものである。
関哲行「中近世スペインのサンティアゴ巡礼と慈善」『ヨーロッパ文化史研究』第二四号、二〇二三年。

田辺加恵・大原志麻・井上幸孝『聖ヤコブ崇敬とサンティアゴ巡礼』春風社、二〇二二年。

A・デュプロン著、田辺保監訳『サンティヤゴ巡礼の世界』原書房、一九九二年。

P・バレ／J・N・ギュルガン著、五十嵐ミドリ訳『巡礼の道、星の道』平凡社、一九八六年。

渡辺昌美『中世の奇跡と幻想』岩波書店、一九八九年。

Juan G. Atienza, *Los peregrinos del Camino de Santiago*, Madrid, Ediciones Temas de Hoy, 1993.
P. Caucci von Saucken (ed.), *Saint Jacques de Compostelle. Mille ans de pèlerinage en Europe*, Paris, Desclée de Brouwer, 1993.

コラム7　東方のキリスト教世界

イスラーム世界とキリスト教

東地中海沿岸はキリスト教揺籃の地である。七世紀のアラブ・イスラーム軍の征服により西アジアの大半はイスラーム政権の支配下に入ったが、各地の教会活動はその後長らく続いた。イェルサレムのみならず、修道制の父アントニオスが活動したエジプトは中世ヨーロッパのキリスト教徒にとって憧れの地であった。

本コラムを執筆するにあたり、いただいたタイトルは「イスラーム世界とキリスト教徒」であった。「イスラーム世界」とはR・W・サザーンの『ヨーロッパとイスラーム世界』を踏まえたものと思われる。二〇二四年現在、二方向から「イスラーム世界」という表現の是非が問われている。一つは、「イスラーム世界」とは一九世紀に創造されたイデオロギーとしての空間であり、今日の西洋対イスラームという図式を生み出したという羽田正やジェミル・アイディンの問題提起である。もう一つは、人口構成の観点から前近代の西アジアを「イスラーム世界」と表現することの不適切さを指摘するクリスチャン・サフナーらの見解である。東地中海沿岸は一二～一四世紀頃まで、その人口の半数以上はキリスト教徒であった。

以上を踏まえ、本コラムは「東方のキリスト教世界」と題し、東地中海沿岸のキリスト教徒の歴史とヨーロッパのキリスト教世界との接触や影響について述べたい。

東方キリスト教諸教会の歩み

古代末期、キリスト教は東地中海沿岸の各地域に急速に広まり、各地に根づいていった。たとえばエジプトは三世紀から五世紀頃にかけ多神教からキリスト教社会へと移行していき、修道制の父アントニオスやパコミオスといった教父たちを生み出した。その修道制のあり方は『師父たちの金言』が編纂されたパレスチナの砂漠からビザンツ帝国を経由しヨーロッパへと伝わっていった。

高校の世界史教科書における東方キリスト教諸教会に関する記述には誤謬があるため、ここにて指摘しておきたい。まず、日本で「ネストリオ（ウ）ス派」として知られる教会はエフェソス公会議で異端とされたわけではない。二世紀以降、キリスト教はペルシア領内へ広まっていった。サーサーン朝とローマ帝国の対立が深まる中、ペルシア領内の教会はアンティオキア学派として歴史的つながりがあり、かつローマ帝国内で異端とされたネストリオス派の教義を採択した。近年、彼らは「東シリア教会」と呼ばれる。また、シリア・アルメニア・コプト・エチオピアの教会は「四五一年のカルケドン公会議の決定を不服として分離した」わけではなく、各地の反カルケドン派が公会議以降に形成していった教会である。たとえばエジプトのコプト教会は七世紀半ばにアラブ・イスラーム軍がエジプトを征服した後、反カルケドン派のアレクサンドリア総主教を中心として成立した。

古代の五大主教座のうち、ローマを除く四つの主教座はイスラーム政権の支配下に入った（コンスタンティノープルは一五世紀）。彼らはミッレトという、同じ宗教を信奉する人間集団として組織され、自治権を与えられた。それゆえ、為政者がイスラーム教徒であっても教会信徒は自分たちの教義や法に従って生活できたのである。

東方キリスト教諸教会はアラブ・イスラーム文明の発展に寄与し、ときには勢力を拡大し、イスラーム政権とともに歴史を歩んだ。先述した東シリア教会はアッバース朝初期の総大司教ティモテオス一世（在位七八〇〜八二三年）のもと総大司教座をセレウキア・クテシフォンからアッバース朝の首都バグダードに移し、サマルカンドや中国各地に大司教座を置き、最盛期を迎えた。さらに東シリア教会信徒はカリフ宮廷にて古代ギリシアの哲学や自然科学の翻訳活動に従事した。すなわち、ギリシア諸科学のアラビア語への翻訳の多くは、ギリシア語聖書をシリア語に翻訳したことに端を発し数世紀にわたる古代ギリシア語文献の翻訳活動の実績をもつ、東シリア教会の人々により行われていたのである。これらの文献はラテン語へ翻訳され、中世ヨーロッパの哲学や科学の発展に影響を及ぼした。

ヨーロッパとの接触

一一世紀に始まり、ヨーロッパの修道士たちを森林荒野へと突き動かした修道院改革は「砂漠の師父」たちへの関心の高まりによるものであった。もちろん、エジプトに対する憧れは具体的なイメージを伴ったものではなかった。しかし、エジプトこそが修道制の開祖地であったという認識があったことは指摘に値する。一〇九五年以前のイェルサレムへの巡礼者の一〇パーセント程度はヨーロッパから来ていたという研究も存在し、イスラーム期以降ヨーロッパと西アジアとのつながりは完全に途絶えていたわけではない。

一〇九八年にアンティオキアにて十字軍騎士が教皇に宛てた手紙に「我々はトルコ人と異教徒を破ったが、異端の人々、すなわちギリシア人（ビザンツ正教徒）、アルメニア人、ヤコブ派（シリア正教会信徒）をどのように扱ってよいのかわからない」と記されているように、彼らは当初東方キリスト教徒の存在に戸惑った。だが、各地に移住した領主やラテン教会の聖職者たちは、次第に現地に住むキリスト教徒と良好な関係を築いていった。また十字軍騎士たちはビザンツ帝国や東地中海沿岸で人気のあった聖ジョージ（ゲオルギオス）といった軍人聖人への崇敬に接し、それをヨーロッパに広めた。

一二世紀以降イスラーム政権が東地中海沿岸の支配権を再び獲得していくと、ローマは現地のキリスト教徒勢力が持つ可能性に注目するようになる。一三世紀後半にエジプトを旅したドミニコ会の修道士は、人口の多くがキリスト教徒であることを強調している。聖地回復の夢が潰えた後もローマと東方キリスト教徒との関係は続き、彼らはヨーロッパにおける東方学の成立に寄与した。

中世ヨーロッパにおいて、コーランの解釈と対イスラーム観に多大な影響を与えた、一三世紀のトレドでアラビア語からラテン語に翻訳された（とされる）『表出の書（*Liber denudationis*）』という作品がある。長らくこれはスペインのモサラベにより著されたと考えられていたが、キリスト教アラビア語の専門家であるデイビッド・ベルタイナの研究により、これは実はファーティマ朝期エジプトにてイスラームからキリスト教に改宗し、コプト教会の聖職者となったブールス・イブン・ラジャーア（一〇二〇年頃没）による対イスラーム反駁書『真実を明らかにする書（*Kitab al-Wadih bil-Haqq*）』の翻訳であることが明らかになった。

この書はコーランの引用が正確で、ハディースやイスラーム法に精通した著作であることは、その著者がウラマーとしての教育を受けた人物だと考えれば当然である。ドミニコ会のラモン・リュル（一三一六年没）はイスラーム教徒の捕虜にこの書を読ませてキリスト教に改宗させ、さらには北アフリカの同胞に宣教させようとしたとされるが、元来改宗者によって著された書であることを考えると、目的にかなった選択であったのかもしれない。

このように、東方キリスト教徒はヨーロッパにおける対イスラーム認識にも関与しているのである。

二一世紀に入り、中東情勢の悪化や迫害により東方キリスト教徒のディアスポラが加速しており、ドイツ、スウェーデン、オランダなどヨーロッパ各地にも多数移住している。すなわちヨーロッパに在住する中東出身の人々は必ずしもイスラーム教徒ではないが、彼らと同様の差別に晒されることがしばしばあると聞く。「イスラーム世界との関係」について論じる際には、西アジアにおいてはイスラーム教徒とキリスト教徒、ユダヤ教徒が一四〇〇年ほどともに暮らしていたこと、現地のキリスト教徒はイスラーム政権下にてもある時期までは繁栄しており、また他のキリスト教世界と断絶していたわけではないという点にも目を向けていただければと思う次第である。

（辻　明日香）

参考文献

アズィズ・S・アティーヤ著、村山盛忠訳『東方キリスト教の歴史』教文館、二〇一四年。
三代川寛子編『東方キリスト教諸教会——研究案内と基礎データ』明石書店、二〇一七年。
David Bertaina, *Bulus ibn Raja: How a Fatimid Egyptian Convert shaped Christian Views of Islam*, Leiden: Brill, 2022.

第7章　聖　書——聖なるモノ、俗なるコトバ

1　戴冠式から書店の聖書へ

二〇二三年五月六日、ロンドンのウェストミンスター大聖堂に一冊の書物が厳かに運ばれてきた。この書物は六世紀に宣教師としてイングランドを訪れ、初代カンタベリー大司教となった聖アウグスティヌス（五三四〜六〇四年）の『福音書』である。普段はケンブリッジ大学コーパス・クリスティ・カレッジのパーカー図書館に所蔵されているこの聖書は、この日、チャールズ三世の戴冠式で世界中の人々の目に触れることになった。

本章の目的は、中世末期から近世にかけてのヨーロッパ社会において、この《聖アウグスティヌスの福音書》がその一部をなす、聖書という書物がどのような歴史をたどったかを明らかにすることにある。ここでいう「聖書」とは、もちろんキリスト教会が聖典とみなす一群の書物を指すのだが、私たちが書店で触れられる「聖書」とは大きく異なる。そもそも、「創世記」に始まり「ヨハネの黙示録」で終わる六六巻（外典を含める場合もあるが）からなり、日本語という俗語に訳され、さらにはコンパクトなサイズで商品として印刷された「聖書」は、この時代に起きたいくつかの革新的な動きなくしては存在しえないものなのである。また、この時代に聖書は、多様なかたちで使用されてきたといってよいだろう。聖書はときとして歌われ、礼拝で読み上げられ、自然や政治の理を明示する書物としても崇敬されてきた。もちろん、神と教会のあり方を明らかにする啓示として解釈されてきたことはいうまでもない。

そこで、以下では、テクストとしての聖書がどのように読まれてきたかという解釈の歴史だけではなく、モノとして

の聖書がどのように生成され、使用されてきたかという点にも重きを置きつつ中世末期から近世にかけてのヨーロッパ社会における聖書の歴史をみていきたい。

2　中世末期——民衆と聖書

中世末期の多くの人々にとり、聖書という書物は一冊の本ではなかった。現存する中世の写本の多くは聖書全体ではなく、その一部だけであり、とりわけ礼拝で使用される福音書は当時の民衆に一番よく知られていた聖書といってもよいだろう。マタイ、マルコ、ルカ、ヨハネからなる四つの「福音書」は典礼で使用されるため美しい装飾がなされており、礼拝においては聴衆のあいだを行進して前方に運ばれる。そこで司祭によって読み上げられるのは、聴衆にとって理解不能なラテン語で語られたイエスの物語である。一部の改革的な司教らは俗語で福音書を意訳することを推奨したが、大部分においてはラテン語のままであったからである。だからといって、聴衆が聖書の話をまったく知らなかったわけではない。説教はしばしば参列者が理解できる言語でなされていたし、ステンドグラスや祭壇画、さらには宗教劇などを通してイエス・キリストの誕生や奇跡や受難の話に触れる機会は多かったからだ。また、この時代の裕福な市民たちの識字率（もちろん俗語ではあったが）は比較的高く、典礼の進行に合わせて読むことのできる小冊子を携帯している場合もあった。他にも王族や貴族のために製作された『ビーブル・モラリゼ』（Bible Moralisée）やより安価な『貧者の聖書』（Biblia pauperum）は、聖書の象徴的な意味を図像を通して読者に伝えるというものであり、とくに後者は新興市民層のあいだで広く流通した。

一三世紀になると、聖書全体を一冊にまとめた小型版が多く出回るようになっていく。写字生が非常に細やかな書体で記すことができるようになったことに加えて、聖職者や学者や僧のあいだで需要が高まったからである。とくに、フランシスコ会やドミニコ会の修道士たちは、修道院にとどまるのではなく、都市での活動を主としていたこともあり、説教に必要な聖書を携帯する必要が生まれた。こうした小型の聖書は、修道士たちが自ら写経するというよりむしろ市場での購入が可能であった。高まる需要とともに写本業が盛んになったからである。中世写本の専門家によると、コインや建造物を除けば、一三世紀に限っていうと聖書は他のどの遺物よりも多く残っているという（Barton 2019, 363）。

こうした写本の需要を一掃する発明品が一五世紀に登場した。金細工職人だったヨハン・グーテンベルクの発明した活版印刷機である。最初にグーテンベルクはこの機械で学校で使用されていた文法教科書、教会での需要が高かった贖宥状や典礼用書物を印刷することで商業的な成功を収める。それをもとに聖書の印刷に取りかかった。贖宥状や教科書などと違い、聖書の印刷には時間も労力も資本も桁違いにかかり、一二八二ページからなる一八〇〇の聖書を生産するのに約二年がかかる。聖書の印刷は無事終わり、一四五四年と五五年に刊行されることになるが、共同経営者だったヨハン・フスト（一四〇〇～六六年）との資本のトラブルが原因でグーテンベルクは工房を失うことになった。

図７-１　『貧者の聖書』（1450年頃）

しかし聖書の印刷はその後も順調に生産を重ね、一五世紀の終わりまでに九四版ものラテン語聖書が刊行されており、そのうち一三版は注釈つきのものだったといわれている。また、印刷されたのはラテン語聖書だけではなかった。俗語訳も印刷され、とくにドイツにおいては広く流通するようになる。一四六六年に高地ドイツ語訳の聖書が初めて印刷されたのち、ルターが登場するまでに二二もの異なるドイツ語聖書の版が刊行される。一四八五年には、教会の許可のない翻訳の刊行禁止をマインツの大司教が通達するが、その効果も乏しく一六世紀の初めまでにはおよそ二万冊ものドイツ語聖書が出回っていたといわれている。また、ドイツ語ほどではないが、この頃までにはフランス語やオランダ語、チェコ語などの俗語聖書も多数刊行されるようになっていた。

これに対して、イングランドでは聖書を英語に訳すことが一五世紀初頭の勅令によってかたく禁じられていた。オックスフォード大学の神学者ジョン・ウィクリフ（一三二四～八四年）の改革運動を牽制していたからである。ウィクリフは権力や金銭や肉欲にまみれ肥大化する中世教会、とくにその指導者である教皇を徹底的に批判した。ウィクリフの批判によると、聖職者はもはやキリストの言葉を語っておらず、真の教会である民衆は聖書を通して神に近づくべきだという。それを可能にするためにウィクリフは聖書を英語に翻訳し、その読解を通して聖職者を批判し、民衆を神の言葉によって励ましたのである。ウィクリフの改革運動は、次第に政治的な反乱につながり、それを受けてヘンリー四世（一三六六～一四一三年）やカンタベリー大司教によって聖書翻訳が禁止されることになるのだ。

いずれにしても、こうした俗語訳聖書は、あくまでもウルガタのラテン語訳を底本とし、聖書の原語であるヘブライ語やギリシア語から訳されたものではなかった。人文主義の発展がこうした状況を大きく変えることになる。

3　人文主義——聖書原典という源泉へ

中世末期のヨーロッパ人にとって、聖書とはラテン語聖書であった。それも四世紀後半にヒエロニムス（三四七頃～四二〇年）という聖職者によってヘブライ語とギリシア語から翻訳された、「ウルガタ」という聖書がこの時代の教会において権威をもっていたのである。ちなみに冒頭で言及した聖アウグスティヌスの『福音書』は、現存する最古の「ウルガタ」だといわれている。聖職者や神学者たちはこの聖書を学び、この聖書を使って礼拝を行っていたのだが、もちろん聖書がもともとヘブライ語とギリシア語で記されていたことを知らなかったわけではない。一四世紀初頭に開催されたヴィエンヌ公会議においても、聖書の原語を研究するための教授職がパリやオックスフォードやボローニャなどの大学に設置されることが決定されたことからも、当時の教会に聖書をその原典で学ぶという意欲があったのはみてとれる。とはいえ、教会の聖書はウルガタ以外に考えられなかった。

人文主義の台頭がこの保守的な姿勢を変えることになる。聖書のみならず、あらゆる古典をその原典で読み、さらには複数の写本を比較することで正確な本文を明らかにすることを目的とした人文主義という学術的な運動は、中世教会において確立していたウルガタの権威を少しずつ掘り崩していく。とくに一五世紀にナポリの宮廷、さらにはローマで活躍した人文主義者ロレンツォ・ヴァッラ（一四〇七～五七年）の仕事はその原動力となっていたといってもよいだろう。

ヴァッラの目的は、まったく新しいラテン語聖書を作り出すことではなかった。むしろ彼はウルガタの新約聖書を複数のギリシア語写本と比較することで、既存のラテン語聖書の間違いを訂正することを目指した。ウルガタは原典を文字どおり訳す傾向があったので、テクストの意味が失われることがしばしばあったからである。そこでヴァッラは、ナポリ時代に『文献比較』(*Collatio*)を執筆し、それをさらに発展させた『注釈』(*Annotationes*)をローマ時代に完成させ、長い年月をかけて見失われてしまった聖書のテクストの意味をより明瞭にしようと努めた。

ローマでのヴァッラの仕事は教皇ニコラス五世の支援を受けていた。この教皇は、『旧約聖書』でも同様の批判を行う、フィレンツェ出身のジャンノッツォ・マネッティ（一三九六～一四五九年）も支援しており、人文主義の知見をもってウルガタを刷新することに強い関心をもっていたといえるだろう。とはいえ、こうしたプロジェクトは、一四五五年の教皇の死とそれを追ったかのような二人の学者の死により中座せざるをえなくなった。また、彼らの仕事はまだ写本文化の中にあったこともあり、当時はごくわずかな影響力しかもちえなかった。しかし、活版印刷の登場、さらには「人文主義の君主」とも呼ばれたエラスムスの登場によって、再び注目されることになる。

一五〇四年、デジデリウス・エラスムス（一四六六～一五三六年）は、ベルギーのルーヴェン郊外にあるパルク修道院でヴァッラの『注釈』の写本を偶然発見する。翌年、エラスムスはこの写本をパリの印刷業者ジョス・バード（一四六二～一五三五年）との協働で出版した。エラスムスはこの著作が大きな注目を集め、人文主義の公的な認知に貢献することを望んでいたが、凪のような反応に大きな失望を覚える。しかしこの著作は多くの人文主義者たちの仕事に大きな影響を与えることになり、エラスムスのギリシア語版『新約聖書』や彼自身の『注釈』を生み出すきっかけとなったといってもよいだろう。

一五一六年に出版されたエラスムスのギリシア語版『新約聖書』は、彼自身が校訂したギリシア語のテクストとそれをもとにしたラテン語訳、さらには多くの注釈からなる画期的な印刷物であった。エラスムスがバーゼルのフローベン（一四六〇～一五二七年）という業者との交渉の中で、この著作に着手し始めたのが一五一四年八月。翌年一〇月に印刷が始まり、五カ月で日の目をみることになる。とても早いスピードでの出版には理由があった。スペインの枢機卿ヒメネス・デ・シスネロス（一四三六～一五一七年）が、複数言語からなる聖書のテクストを準備しており、ギリシア語『新約聖書』のテクストは一五一四年に印刷済みだという情報をフローベンもエラスムスも摑んでいたからである。ただヒメネスのテクストは全六巻からなる著作であり、さらには教会の公式な出版物として教皇の裁可が必要だったこともあり刊行に手間取っていた。エラスムスたちはその隙をつこうというものだから、素早くテクストを準備しなければならない。何とかヨーロッパ史上初のギリシア語聖書を出版することに成功するのだが、時間的な重圧もあり、エラスムスが使用できた写本は一二世紀の比較的最近のものであり多くの欠陥があったという。中でもお粗末だったのは、『新約聖書』の最後の書物「ヨハネの黙示録」の写本であり、なんと最後のページが欠落していた。そのため、エラスムスは黙示録の最後の六節をウルガタのラテン語から自らギリシア語に訳し直すという離れ業をやってのけることになった。

名誉欲ややっつけ仕事からなる初のギリシア語聖書の刊行ではあったが、この聖書やエラスムスら人文主義者たちの聖書注釈に触れることで、あるドイツ人がこの時代の知的閉塞に突破口をもたらすことになる。宗教改革者ルターである。

4　ルターの革命的な発見——「神の義」という裁き、あるいは福音

一五一二年一〇月一九日にヴィッテンベルク大学から神学博士号を授与されたマルティン・ルター（一四八三～一五四六年）は、翌年から大学で聖書の講義を始める。「詩篇」や「ローマ書」や「ガラテヤ書」や「ヘブライ書」を講義する中で、彼は一つの重要な問題に直面することになった。ルターは聖書の中に「神の義」（iustitia Dei）というフレーズ

を見出し、これに恐れおののくことになるのだ。この神の義は、『旧約聖書』においては、人間の不義を顕にし、その不義に裁きを与える恐ろしいものである。もし聖書のいうように神が人間とは異なり、徹底的に正しい存在者であるとすれば、不義なる人間にとって、この神を知り、関係を結ぶことは不可能になる。むしろ、そのような人間に残されているのは、死や地獄の劫火による神の裁きのみである。だとするならば、この裁きから人間はどのように救われることができるのだろうか。

一五四五年に老人となったルターは、この問題に対する若き日の絶望をその年に刊行した著作全集の序文の中に記した。彼は修道士として道徳的にはまったく非の打ち所がないように生きていたが、それでもこの神の義を前にしたときに、いいようのない不安と絶望を感じたという。そればかりか、このような苛烈な正義を罪多き人間に求める神を憎んでいたとも記している。しかし、聖書を講義する中で、――具体的には「詩篇」や「ローマ書」のテクスト――キリストの十字架の中にこの神の義が現れていることに気づいたのだ。とくに「ローマ書」第一章にある「福音には、神の義が啓示されており」、「義人は信仰によって生きる」という箇所を通して、神の裁きではなく、憐れみ、すなわち福音に気づくことができたという。

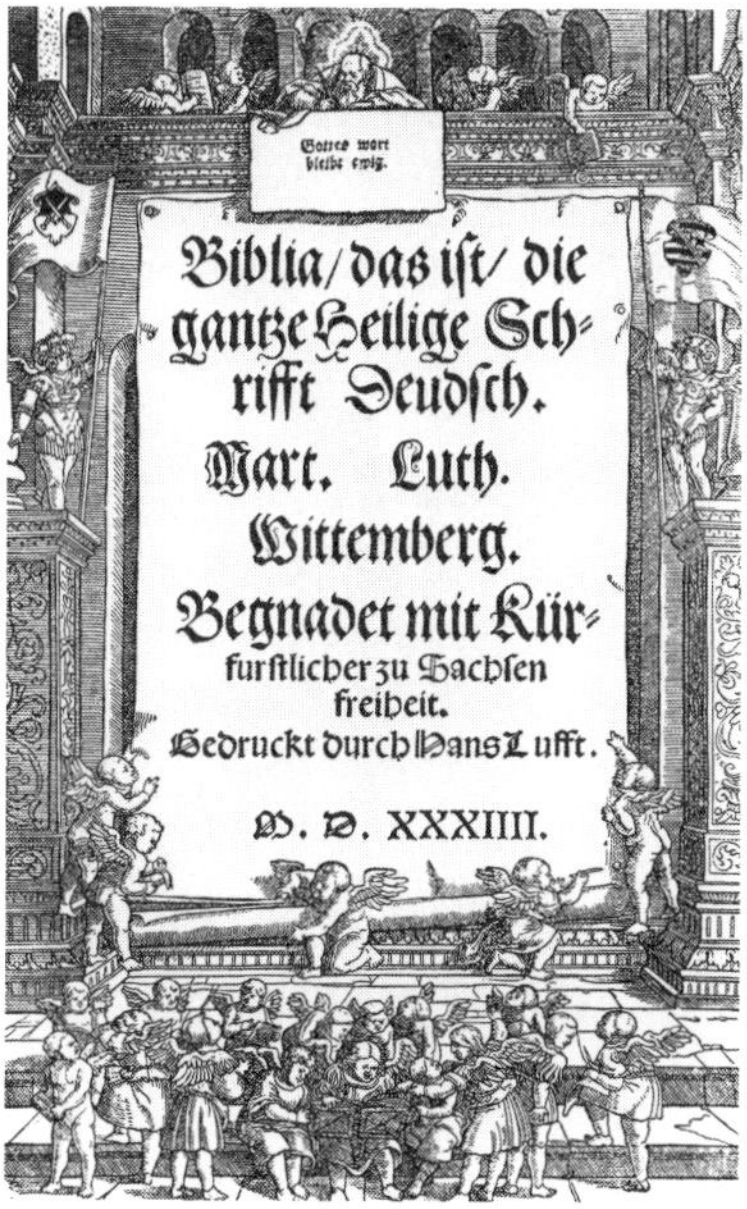

図７－２　ルターのドイツ語聖書（1534年）

それ以前のルターは、中世末期のキリスト教思想にどっぷりと浸かっており、神の前で義となるには、人間ができる限りの善行をなす必要があると考えていた。もちろん人間の努力によって神の義を勝ち取ることができるとは、中世の教会もルターも考えていたわけではない。むしろ、神は「契約」（pactum）を人間と結んでおり、その契約を通して神は取るに足らない人間の努力でさえも義と認めることができると考えていたのである。しかし、ルターが聖書を講義する中で思い悩んだのは、どれほどわずかであっても人間の努力に神の義が依拠しているのであれば、それが十分かどうか人間は知ることができない、という点だった。したがって、「ローマ書」の箇所がルターにとって突破口となったのは、神の義が人間の努力に一切依拠せず、神の側から与えられるものだと教えてくれたからだ。これがルターにとっての福音だった。

このルターの発見は、エラスムスなどの人文主義者たち以上にルターを教会批判に向かわせることになった。もちろんエラスムスのギリシア語聖書は、重要な箇所でウルガタとは異なる翻訳を提案することで、すでに中世の教会システムを批判していたともいえるだろう。たとえば、マタイ福音書の三章二節でウルガタでは「償いをせよ」(poenitentiam agite)と訳されているギリシア語の「メタノイテ」がエラスムス訳では「心を入れ替えよ」(あるいは「悔い改めよ」)(resipiscite)となっており、ルターも『九十五箇条の論題』(一五一七年)の冒頭で同様の箇所をエラスムスに倣って引用している。しかし人文主義者たちが批判したのは、主に教会の知的・道徳的な堕落であり、これは教育と規律によって刷新可能だと考えていた。そのため、彼らの著作は教会の指導者たちを読者として想定しており、ラテン語で記されていた。これに対して、ルターは彼が聖書を読むことで知りえた真理を万人に伝えることを願っており、俗語による小冊子などを通して民衆に語りかけることを厭わなかった。民衆もまたルターの革命的な発見に震撼し、ルターの聖書読解から始まった小さな動きは、一つの大きな社会運動となっていく。

民衆を巻き込み展開していく宗教運動は、ときに思いもよらない暴動や反乱を引き起こし、ルターら指導者たちをも困惑させることになる。そのため、社会不安を煽ることなく、正しい真理を適切に伝えるためにも、典礼を刷新し、民衆が自ら聖書を読めるように俗語訳の聖書を刊行する必要を改革者たちは強く感じるようになっていった。

5　典礼改革と翻訳——聖書と民衆の接点

一五二一年一二月二五日、ヴィッテンベルク市参事会の反対を押し切り、ルターの同僚アンドレアス・カールシュタット（一四八六〜一五四一年）は、司祭服を脱ぎ捨て俗人としてミサを行った。教会によって民衆には禁じられていたブドウ酒を用いた聖餐式を彼は執り行ったのだ。また、ドイツ語による聖書朗読や説教などによって、カールシュタットら改革者たちは民衆に直接語りかけていく。こうした一連の動きに励まされた民衆は、改革を自らの手で成し遂げようと次第に暴徒化していく。中でも教会を飾る聖画像を神への冒瀆とみなし破壊し始めた民衆の姿に、一部の改革者たちでさえ及び腰になるほどだった。結果として、この騒動は市参事会とザクセン選帝侯の逆鱗に触れることになり、事態の収拾を図るために、前年の帝国議会で法的権利を剝奪されたのちヴァルトブルク城に身を潜めていたルターを公の舞台に引き戻すことになる。

ひとまず状況の沈静化に成功したルターは、典礼の刷新を一旦保留するという決断をとる。急激な変化によって民衆の行動を変えるよりも、民衆がわかる言葉による聖書朗読や説教を通して、彼らの心を変えることが先決だと考えたからである。民衆のあいだにゆるやかな変化が浸透してきたことをみて、一五二三年にルターはラテン語ミサ典礼の刷新を行う。この提案によると、礼拝の中心には聖書の言葉があるべきであり、朝拝と夕拝では新旧訳聖書のいずれから聖書箇所が朗読され、俗語による説明がなされるべきだという。また、パンとブドウ酒を聖別し、神に捧げるという儀礼は廃止される一方で、「イザヤ書」六章三節の言葉「聖なる、聖なる、聖なる万軍の主」や「マタイ福音書」六章の「主の祈り」はそのまま残された。

一五二六年には、ついに機が熟したと考えたのか、ルターはドイツ語による典礼「ドイツ・ミサ」（*Deutche Messe*）を導入する。この典礼も一五二三年のラテン語ミサ同様に、その中心には聖書朗読と説教が置かれ、聖書は恣意的な箇所が読まれるのではなく、継続的にラテン語とドイツ語で朗読（lectio continua）されることが提案されている。

より急進的な典礼改革はスイスにおいて顕著であった。チューリヒの宗教改革を牽引したウルリヒ・ツヴィングリ（一四八四〜一五三一年）は、人文主義に多大な影響を受けた大聖堂の説教師であり、日々の礼拝の中心に説教を置く。「預言」（Prophezei）と呼ばれるこの礼拝形式は、祈りに始まり、短い聖書朗読があり、その聖書箇所についての解説としての説教が行われる。長期間かけて聖書の一つの著作が扱われることになり、これを通して民衆は聖書についての造詣を深めることができた。日曜礼拝も同様に説教が中心であり、聖餐式は年に四回だけ祝われる。あらゆる音楽や装飾が礼拝から排除され、チューリヒの礼拝はひたすら聖書の説明と祈りを通して神の言葉と向き合う時間となった。

フランス王フランソワ一世（一四九四〜一五四七年）の宗教弾圧を受け、パリからジュネーヴに亡命したジャン・カルヴァン（一五〇九〜六四年）もまた人文主義の影響を受けており、彼自身は宗教改革者より古典学者を目指していたといわれている。簡易な祈禱と長時間にわたる説教を中心とした礼拝はチューリヒと同じであったが、音楽に対してはより寛容な姿勢をとった。ルネサンス期の卓越したフランス詩人クレマン・マロ（一四九六／九七〜一五四四年）が韻文として翻訳した「詩篇」に、ストラスブールの音楽家マティアス・グライター（一四九五〜一五五〇年）などが作曲した旋律をつけて礼拝中に歌うことを推奨した。こうした詩篇歌は、カルヴァンの影響を受けたオランダやスコットランドの改革派教会で主流となり、改革者たちは聖書の言葉を、説教を通して民衆の頭にだけでなく、歌を通して心にも訴えかけていくことに成功する。

こうした典礼改革に欠かせなかったのが聖書の俗語訳である。すでにみたように、宗教改革以前からも少なくない数の俗語聖書が存在していたが、ヘブライ語とギリシア語という原語から翻訳されたものではなかったし、ルターの革新的な発見を踏まえたものでもなかった。そのため新しい翻訳が必要とされていたのだ。それに応えるようにルターはヴァルトブルク城に身を潜ませているあいだに、エラスムスのギリシア語『新約聖書』の第二版（一五一九年）を底本に『新約聖書』を一一週間ほどで翻訳した。騒動を収めるためにヴィッテンベルクに一五二二年三月に戻ったのち、同僚らの助けを借りて改訂を重ね、九月末には出版にこぎつけることに成功した。

四四四ページからなるこの聖書は、ルターの非常に力強い訳文のみならず、ルーカス・クラナッハ（一四七二〜一五五三年）による二一枚の木版画によってもその意義が強められていた。この木版画は『新約聖書』の最後の書物「黙示録」を彩っており、アルブレヒト・デューラー（一四七一〜一五二八年）の『黙示録』（一四九八年）からインスピレーションを受けたものであった。ルター訳の『新約聖書』は、三〇〇〇から五〇〇〇部ほど刷られ、一二月上旬までには完売し、すぐにいくつかの修正を加えた第二版が刊行されることになった。

翌一五二三年からルターは精力的に『旧約聖書』の出版に取りかかる。「創世記」から「申命記」までのモーセ五書を皮切りに、「ヨシュア記」から「エステル記」までの歴史書は一五二四年、「ヨブ記」から「雅歌」が同年後半に、その後ペースが落ち、預言書すべてが出揃うのが一五三二年。こうして、外典を含めたすべての旧新約聖書が揃って刊行されたのは、一五三四年になってのことであった。

このようにして新しく翻訳されたドイツ語聖書は、刷新された礼拝の中で重宝され、民衆の霊性を育んでいく。また、この聖書は公の場だけではなく、私的な場所においても、人々を正しい信仰に導く工夫がなされていた。一五二二年版のルター聖書の序文によると、本来であれば聖書に序文は必要ないのだが、誤った解釈に陥らないように序文を記したという。聖書によって課せられる道徳を守ろうと努力することは、キリストの十字架のうちにみられる神の恵みの福音をみえにくくしてしまう。ルターによると、聖書の中でも、とくに福音が顕著に説かれている書物とそうでない書物がある。前者は、「ヨハネ福音書」や「ローマ書」がそれにあたる。反対に「ヤコブ書」はキリストを説いておらず、重視されるべきではないという。序文を通して自らのキリスト教理解から民衆が外れていかないように懸念するルターの姿が浮かび上がってはこないだろうか。

ルターの没年である一五四六年までに、彼の聖書は一一五版を重ね、民衆の生活の最も深いところまで浸透していった。だからこそ、ルターが周到に準備したように、典礼による秩序を作り、解釈の枠組みを提供することで、民衆を管理する必要も生まれたのだ。そうしなければ、聖書の言葉はたちまち民衆の情念を焚きつけ、既存の秩序にあらがう存在になりうる。実際、そうした事例はこの時代事欠かない。近代最初の革命といわれるイングランド市民戦争も聖書のもつ無制約な力が暴発した例として理解できる。

6　民衆と英語聖書と革命——政治的な影響

一五二五年に予定されていたウィリアム・ティンダル（一四九四／九五〜一五三六年）による英語聖書の出版は、その計画が当局に漏れたということで中座せざるをえなくなった。その翌年、ティンダルは帝国都市ヴォルムスでグーテンベルクの共同経営者フストの孫ペーター・シェッファー（一四八〇～一五四七年）の印刷により、原典から翻訳された英語聖書の刊行に成功する。だが、聖書の英訳を禁じた一五世紀の勅令がまだ効力をもっていたため、ティンダルのこの行為はイングランドと王ヘンリー八世への叛逆とみなされる。

とはいえ、ティンダルの卓越した翻訳は、改訂を重ねる中でイングランドの人々の心を摑んでいった。というのも、ティンダルの訳文はできる限りラテン語表現を避け、当時の民衆でも理解できるような用語を使用していたからである。彼の願いは、英語聖書を通して、畑を鋤で耕す少年のほうが教皇よりも聖書に詳しくなることだったのである。ポケットに携帯できる小型版で刊行されたことからもその願いがみてとれる。一五三四年の改訂版は、ヘンリー八世の二番目の王妃であり、エリザベス一世の母アン・ブーリンの所持品の中にもあったといわれている。

一五三七年、ティンダルの死後ようやく彼の友人ジョン・ロジャーズ（一五〇五頃～五五年）によって旧新約聖書が英訳され、「トマス・マシュー」という偽名を使ったこともあり、宗教改革を嫌うヘンリー八世の逆鱗に触れることなく、『マシュー聖書』として刊行される。続く『大聖書』は、カンタベリー大主教トマス・クランマー（一四八九～一五五六年）のリーダーシップの下、改革に消極的な王さえも説得して、初の欽定聖書として刊行される。しかし、『大聖書』の民衆との距離はティンダルのそれとは大きく異なり、クランマーは恣意的な解釈で秩序が乱されることを恐れている。そのため、聖書は読まれるべきだが、その内容を議論することは禁じると彼はいう。

熱狂的なカトリック教徒であるメアリー一世（一五一六～五八年）の戴冠は、多くのプロテスタントを国外に追いやることになったが、これによりむしろティンダルの精神を継承する英語聖書の刊行が可能になったともいえるだろう。というのも国外のほうが国家や国教会の制約を受けずに聖書を翻訳し、刊行できたからである。一五六〇年にジュネーヴで出版された『ジュネーヴ聖書』は比較的安価だったが、注釈や相互参照や他の訳文の可能性、地図や図解や年表など、本文の解釈を助けるツールに満ちており、個人が聖書を学ぶのに適していた。原典の校訂も最先端の知見を取り入れたものであり、新約においてはフランスの代表的な人文主義者ロベール・エティエンヌ（一五〇三頃～五九年）の公認定本

（Textus Receptus）の第三版（一五五〇年）を参照しており、またヘブライ語のテクストに関していえば、一三世紀フランスのラビ、ダヴィド・キムヒ（一一六〇～一二三五年）の研究にも言及していた。その甲斐もあり、一六一一年に『欽定訳聖書』が登場した後も版を重ね、一六四四年までに一四〇版を数えることになった。

一般的に民衆に受け入れられた『ジュネーヴ聖書』に対して、国教会は一五六八年に大主教マシュー・パーカー（一五〇四～七五年）の指導の下『主教聖書』を刊行するが、翻訳としては『大聖書』をやや改善した程度であり、完成度としては『ジュネーヴ聖書』に大きく差をつけられていた。したがって、一七世紀初頭のイングランドでは、教会は『主教聖書』を使用し、家庭では『ジュネーヴ聖書』を使用するといういびつな構造ができあがってしまう。

このひずみを解消するためにジェームズ一世は『欽定訳聖書』の刊行に取りかかったといってもよいだろう。とりわけジェームズは『ジュネーヴ聖書』の注釈を党派的で、反体制的とみなしており、たとえば「出エジプト記」の注釈に「王への不服従」と記されていたことを不服に思っていた。しかし『ジュネーヴ聖書』に取って代わるのであれば、それ以上の学問的な質を新しい聖書が備えていなければならないこともよくわかっていた。そこでジェームズは、ケンブリッジ大学とオックスフォード大学から当代きっての学者たちを選出し、できあがった訳文を主教たちに検討させ、最終的に王室が承認するという手順を経ることで、すべての教会がこの聖書だけを使用するようになることを目指したのだ。『欽定訳聖書』は廉価な四折り判と八折り判でも販売され、民衆のあいだでも無事受け入れられていく。しかしジェームズや国教会の聖職者たちの思惑とは裏腹に、ティンダルの願いどおり、聖書の言葉が鋤で畑を耕す人々のうちにさえ染みわたるにつれて、政治的には不穏な空気がイングランドを包んでいくようにみえた。

一六四〇年代初頭にチャールズ一世（一六〇〇～四九年）による検閲が無効にされることで、聖書の文言に満たされた民衆たちの言葉が出版物を通して広く聞かれるようになった。このことは、一六四〇年には存在しなかった大衆のための新聞が一六四五年までには七〇〇部も発刊されるようになっていたことからもよくわかるだろう。そうした声の中でも、聖書の解釈を独占していた国教会と聖職者たちへの批判は辛辣で、聖書によると神は学のない牧夫、漁師、天幕職人、収税人を預言者や福音書記者として選んだと、ピューリタンの一派で社会的な平等を訴えたレヴェラーズの指導者ウィリアム・ウォルウィン（一六〇〇～八一年）はいう。また、アダムは王ではなく庭師であり、聖書には一部の貴族が富を独占してよいとはどこにも書いていない、と私有財産を否定した一派ディガーズの指導者の一人ジェラード・ウィンスタンリー（一六〇九～七六年）は記している。

この革命の時代においては、それぞれが自らの宗教・政治的な立場を正当化するために聖書に依拠していたといってもよいだろう。これはレヴェラーズやディガーズの支持者が多くいた下層民のあいだだけではなく、革命を指導したオリヴァー・クロムウェル（一五九九～一六五八年）ら改革派や長老派の中にも、ひいては絶対王政を主張したチャールズ一世や大主教ウィリアム・ロード（一五七三～一六四五年）にもみられた傾向である。それぞれが自らの正しさを主張するために聖書に依拠することができるのであれば、聖書はこの地上で他者とともに暮らしていくのに大きな躓《つまず》きの石とならないだろうか。聖書のうちに正しい政治や神学の考えを見出し、それに基づき社会の秩序を構成していく試みこそが間違っているとしたらどうだろうか。そのような問いを出したユダヤ人の言葉を最後にみることで、中世末期から始まったこの聖書の歴史を閉じたい。

7　聖書の力を封じ込める——批判的聖書学の誕生

一六七〇年に出版地を偽り刊行された『神学・政治論』の第一四章の冒頭で、アムステルダムのユダヤ人街で育った哲学者バールーフ・デ・スピノザ（一六三二～七七年）は、あるオランダの有名な格言を引用する。「いかなる異端者も聖典に基づかざるはなし」（geen ketter sonder letter）というこの格言は、教会の支配から解放された聖書を手にする神学者や民衆にとっては耳の痛いものである。しかしそうした人々をスピノザは責めているのではない。聖書はむしろ様々な時代において異なる気質をもった、そしてレヴェラーズの指導者ウォルウィンが正しくいったように、大部分は学のない人々によって、民衆の理解力に合わせて書かれたものなので、現代の人々が聖書の言葉を自分の見解に都合よく合わせるのは仕方のないことだと彼はいうのだ。

聖書を聖典ではなく、多様な歴史文書の集積とみなすスピノザの考えは、やや極端ではあるものの、人文主義の伝統のなかにあるとみてよいだろう。とくにこの時代のオランダにおける人文主義の発展には目を見張るものがあった。低地地方が世界に誇るライデン大学には、当時の欧州における最高峰の学者ユストゥス・リプシウス（一五四七〜一六〇六年）やヨセフ・スカリゲル（一五四〇〜一六〇九年）が所属していた。さらにスカリゲルは、国際法の父として知られるフーゴー・グロティウス（一五八三〜一六四五年）やギリシア語聖書の校訂にも携わったダニエル・ヘインシウス（一五八〇〜一六五五年）など有能な学者の育成にも貢献した。こうした人文主義者たちは、エラスムスらの研究をさらに発展させ、聖書というテクストがどのように伝承されてきたかという点のみならず、それがどのように生成したかという点にまで言及するようになる。そうなると、テクスト内部の矛盾や不明瞭さや誤りを写本の問題にできなくなり、聖書著者、あるいはテクスト自体に誤りがあると認めざるをえなくなる。

　こうした人文学の知見をアムステルダムのユダヤ人共同体で培った卓越したヘブライ語やラビ文献の知識と合わせることで、スピノザは当時の社会を震撼させる『神学・政治論』を世に送り出すことに成功する。この著作でのスピノザの目的は、「哲学する自由」（libertas philosophandi）を確立することである。当時のオランダは比較的自由な社会ではあったが、それでもその地で支配的だった改革派教会の神学者たちは、彼らが正しいとみなした聖書の解釈以外を認めていなかった。認めないばかりか、ときには異端とみなしたり、検閲によって出版を規制したりもした。

　スピノザにとってとくに重要だったのは、ヨーロッパ各地で花開いていた新科学と呼ばれる自然についての新しい知見であり、これを可能にする哲学的思索を神学者たちが妨害しないようにすることだった。現にこの時代において、ガリレオ・ガリ

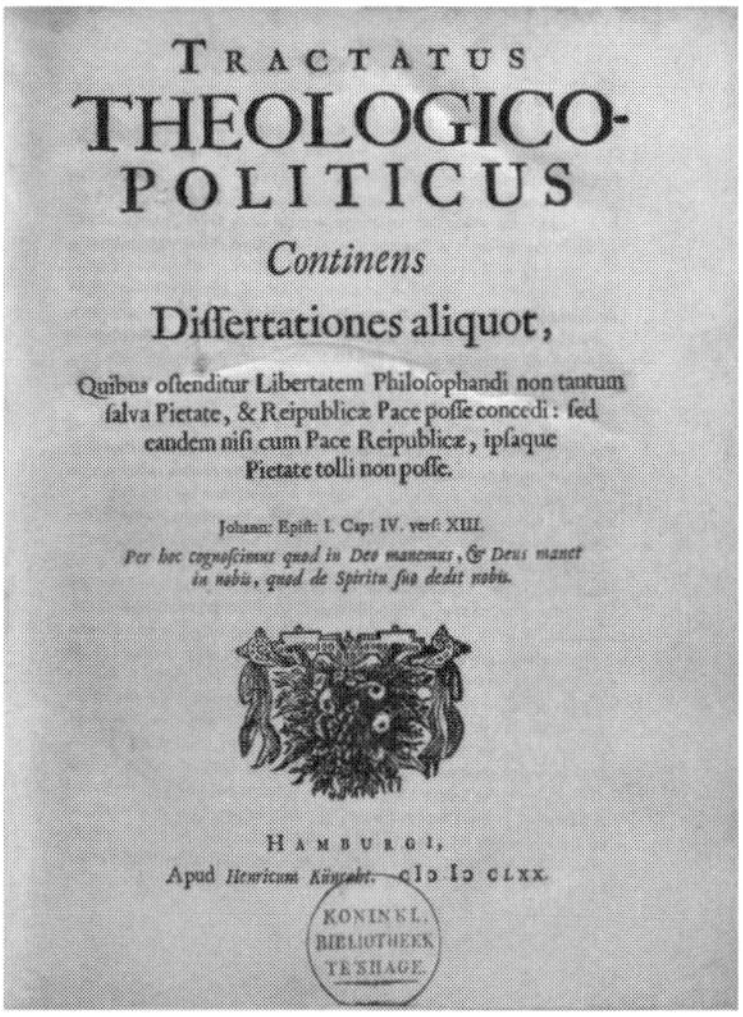
TRACTATUS
THEOLOGICO-
POLITICUS
Continens
Dissertationes aliquot,
Quibus ostenditur Libertatem Philosophandi non tantum salva Pietate, & Reipublicæ Pace posse concedi: sed eandem nisi cum Pace Reipublicæ, ipsaque Pietate tolli non posse.
Johann: Epist: I. Cap: IV. vers: XIII.
Per hoc cognoscimus quod in Deo manemus, & Deus manet in nobis, quod de Spiritu suo dedit nobis.
HAMBURGI,
Apud Henricum Künraht. cIↃ IↃ CLXX.
KONINKL. BIBLIOTHEEK TE 'S HAGE.

図7-3　スピノザ『神学・政治論』(1670年)

レイ（一五六四〜一六四二年）の地動説に関する主張は、幾度となく神学者たちによって聖書の記述を盾に封じられてきた。神学者たちによると、イスラエルの指導者ヨシュアが「太陽よ、止まれ！」といって天体の動きを止めたとされる「ヨシュア記」の記述の真理は明確に天動説を支持しているという。これに対して、ガリレオをはじめとする哲学者たちは、聖書はあくまでもその時代の人々の理解に合わせて記されたものだと主張した。スピノザもこの立場にあるのだが、彼は徹底的に聖書を分析することで、聖書の歴史的な制約や矛盾を明らかにするのである。そのうえで、聖書のうちにはどのような哲学的な真理を見出すこともできないと結論づける。

神や人間や世界についての真理は、人間の理性の営みである哲学によって導きだされるものであり、聖書にその役割はない。むしろ聖書には、重要な道徳的な役割があるとスピノザはいう。聖書のテクストを歴史的に検証し、その歴史的な制約をすべて取り払った後に残る教えは、他者を愛し、社会において正義を行うことだけだ。それが可能になるのであれば、どのような聖書の記述を神の真理として信じてもいいとさえスピノザは語る。このような主張をする著作が当時の社会に受け入れられないのは火を見るよりも明らかだろう。実際、『神学・政治論』は刊行後に危険書として検閲にかかり、出版禁止となる。

8　光あれ！——脱聖化された聖書と十字架上のイエス

中近世ヨーロッパ社会における聖書の歴史は、脱聖化のプロセスだったといえるだろう。聖職者たちによって守られ、民衆にとっては遠くから眺めるだけの存在だった聖書が、次第にモノとしても手に取れるようになり、テクストとしても自らの言葉で読めるようになっていった。そうなるには、写本業あるいは印刷業が確立しなければならなかったし、テクストが聖職者の言葉ではなく、民衆の言葉で語られなければならなかった。また、識字率が上がり、私的な読書が可能になる必要があった。それに加えて、無数に存在するテクストの異同を写本の比較によって整理し、テクストの背後にある歴史と記述の矛盾を明らかにすることではじめて、聖書はルターの恐ろしい裁きの神によって記された誤りなき神の言葉から、学のない牧夫や漁師たちによって記された、相互に矛盾する歴史的な文書群へと脱聖化されていくのだ。しかしこうして中世教会によって与えられていた荘厳な輝きを失った今でも、聖書は人々を魅了し、冒頭の戴冠式のように歴史を作り続ける。あらゆる尊厳を剝ぎ取られ、裸で十字架にかかったナザレのイエスが、今も人間を魅了し続けるかのように。

（加藤喜之）

参考文献

B・アーマン著、松田和也訳『書き換えられた聖書』筑摩書房、二〇一九年。

＊聖書を誤りなき神の言葉と信じていた一学徒が批判的聖書学に目覚め、聖書のテクストが伝承されるプロセスの中で、いかに政治・宗教的な影響を受けてきたかを明らかにするもの。

加藤喜之「マルティン・ルターの宗教改革——実像と虚像」『記憶と忘却のドイツ宗教改革——語りなおす歴史 一五一七〜二〇一七』ミネルヴァ書房、二〇一七年。

A・グラフトン著、ヒロ・ヒライ監訳、福西亮輔訳『テクストの擁護者たち——近代ヨーロッパにおける人文学の誕生』勁草書房、二〇一五年。

A・E・マクグラス著、鈴木浩訳『ルターの十字架の神学——マルティン・ルターの神学的突破』教文館、二〇一五年。

＊宗教改革者ルターが聖書と格闘する中で、どのように歴史的な発見に至ったかを詳細に描き出した研究書。中世末期の修道士の読書記としてみても興味深い。

C・デ・ハーメル著、加藤磨珠枝・松田和也訳『世界で最も美しい十二の写本——『ケルズの書』から『カルミナ・ブラーナ』まで』青土社、二〇一八年。

C・デ・ハメル著、加藤磨珠枝監修、立石光子訳『中世の写本ができるまで』白水社、二〇二一年。

＊中世写本の専門家による入門書。この時代の写本にはどのような紙、あるいは羊皮紙が使われ、どのようなインクで書かれ、どのような装丁がなされていたかを美しい写真とともに紹介する。

A・ペディグリー著、桑木野幸司訳『印刷という革命——ルネサンスの本と日常生活』白水社、二〇一五年。

＊ヨーロッパ文明におけるメディア革命をもたらした活版印刷機。その誕生から成熟までを宗教や自然科学や医学という諸領域

における関わり合いを踏まえて展望した良書。

John Barton, *A History of the Bible: The Book and Its Faith*, Penguin Books, 2019.

Andrew Bradstock, “Digging, Levelling, and Ranting: The Bible and the Civil War Sects,” Kevin Killeen (ed.), *The Oxford Handbook of the Bible in the Early Modern England, c.1530–1700*, Oxford University Press, 2015, 397–411.

Euan Cameron, “The Luther Bible,” Euan Cameron (ed.), *The New Cambridge History of the Bible, Volume 3: From 1450 to 1750*, Cambridge University Press, 2016, 217–238.

＊この論考は、中世末期から近世までの聖書の包括的な歴史を最新の知見を反映させた三四の論文から明らかにする論集の一部である。聖書テクストの編集や翻訳や注釈、さらには聖書がこの時代の文学や歴史観や芸術にどのような影響を与えてきたかがよくわかる。

Mary Dove, “Scripture and Reform,” Richard Marsden and E. Ann Matter (eds.), *The New Cambridge History of the Bible, Volume 2: From 600 to 1450*, Cambridge University Press, 2012, 579–595.

Anthony Grafton, “Spinoza’s Hermenuetics: Some Heretical Thoughts,” Dick van Miert, Henk Nellen, Piet Steenbakkers, Jetze Touber (eds.), *Scriptural Authority and Biblical Criticism in the Dutch Golden Age*, Oxford University Press, 2017, 177–196.

Jonathan Israel, *The Dutch Republic: Its Rise, Greatness, and Fall 1477–1806*, Oxford University Press, 1998.

Laura Light, “The Thirteenth Century and the Paris Bible,” Richard Marsden and E. Ann Matter (eds.), *The New Cambridge History of the Bible, Volume 2: From 600 to 1450*, Cambridge University Press, 2012, 380–391.

Dirk van Miert, *The Emancipation of Biblical Philology in the Dutch Republic, 1590–1670*, Oxford University Press, 2018.

David Norton, “English Bibles from c.1520 to c.1750,” Euan Cameron (ed.), *The New Cambridge History of the Bible, Volume 3: From 1450 to 1750*, Cambridge University Press, 2016, 305–344.

コラム8　メシアとキリスト

聖書を理解するにあたって、〈メシアとキリスト〉は絶対に避けては通れない重要な概念である。〈キリスト〉はキリスト教やイエス・キリストという文字列の中で見覚えがある言葉だろう。〈メシア〉（あるいは英語読みのメサイア）も、小説や映画など文化の様々な場面でみかける言葉だ。両方とも〈救い主〉や〈救世主〉のような意味で使われることが多い印象だが、これらは実際どのように違うのだろうか。そして、聖書においてどのような役割を担っているのだろうか。

一方で〈メシア〉も〈キリスト〉も、文字どおりには「油を注がれた者」という同じ意味をもつ言葉である。ヘブライ語では「マシアハ」といい、これは神であるヤーヴェが、イスラエルの王となるサウルやダビデを祝福するために油を注がせたことに由来する（「サムエル記」上一〇：一、一六：六）。この言葉をそのままギリシア語に音訳したのが「メシア」であり、「油を注がれた者」という意味をギリシア語に直訳すると「クリストス」となる。つまり〈メシア〉も〈キリスト〉も、ヘブライ語とギリシア語という由来の違いはあっても、基本的には同じ意味をもつ言葉なのである。たとえば、十二弟子の一人アンデレは、イエスに出会ったあと、自分の兄弟であるペトロに対して、「私たちはメシア――「油を注がれた者」（クリストス）という意味――に出会った」と語ったといわれている（「ヨハネによる福音書」一：四一）。

しかし他方で、〈メシア〉と〈キリスト〉のあいだには大きな違いもある。これは、これらの言葉に与える背景が『旧約聖書』と『新約聖書』で大きく異なっているからである。実際、ユダヤ教とキリスト教を分ける決定的な差異もこの〈メシア〉と〈キリスト〉の違いに込められているといっても過言ではない。それゆえ以下では、『旧約聖書』と『新約聖書』で〈メシア〉と〈キリスト〉がどのように語られているかの背景に目を向けてみよう。

『旧約聖書』の〈メシア〉

『旧約聖書』の中で〈メシア〉という単語は、はじめはヤーヴェに祝福された政治的指導者に与えられる称号だった。イスラエル王国のはじめの王とされているサウルとダビデは、「油を注がれた者」として国を率い、周辺の異民族と戦うことになる。とくに、ダビデはイスラエル王国の全盛期の象徴として、聖書の中に繰り返し登場することになる。一番わかりやすい例は、『旧約聖書』の一部である「詩篇」に収められている歌の数々だろう。ここには、ヤーヴェが油を注がれた者であるダビデに対して祝福と勝利をもたらし、ダビデは危機の際にはヤーヴェに助けを求めるという構図がみてとれる。このように、メシアは神であるヤーヴェに祝福された存在として、国を率いる政治的指導者であった。

しかしながら、いわゆる〈バビロン捕囚〉を転機として、〈メシア〉という思想にも変化が訪れることになる。バビロン捕囚とは、ダビデの子孫が治めていたとされるユダ王国がバビロニアという国によって征服され、一部の人々がバビロニアに強制移住させられた出来事を指す。このことはユダヤ人の歴史にとって決定的に重要な出来事であり、のちのユダヤ教にとって中心的な思想（たとえば排他的唯一神教や律法）なども、この危機の中から生じてきたといわれている。ダビデの王権は没落し、政治的指導者としてのメシアはいなくなってしまった。このような民族にとっての苦難の日々の中で、人々は〈現在〉は不在となった政治的指導者としてのメシアを、〈将来〉の希望へと転換する。つまり、現在はメシアの不在の中で艱難辛苦を耐えなければならないが、将来いつの日か必ずメシアが現れ、ダビデの子孫による王権が復活し、ユダヤの民を救い出すだろうという思想が生まれてきたと考えられるのである。

このような思想・希望は〈メシア預言〉という形をとって、『旧約聖書』の〈預言書〉に多く現れてくる。そしてこのメシア預言は、のちにキリスト教がみずからのメシアであるイエス・キリストと結びつけて考えることになるものでもある。たとえば、「人の子」のような者が天から降りてくること（「ダニエル書」七：一三）、イスラエルを治める者がベツレヘムから出ること（「ミカ書」五：一）、一人の男の子が生まれ、その名は「驚くべき指導者、力ある神／永遠の父、平和の君」と呼ばれること（「イザヤ書」九：五）、「エッサイ〔ダビデの父〕の株から一つの芽が萌え出で」ること（「イザヤ書」一一：一）、そして、来たる「その日には／私〔ヤーヴェ〕はダビデの倒れた仮庵を起こし／その破れを修復し、廃墟を復興させて／昔の日のように建て直す」（「アモス書」九：一一）、などである。

ただし、『旧約聖書』のメシア思想はここで一歩踏みとどまることになる。『旧約聖書』の中では、この来たるべきメシアが具体的に誰であるかは明かされず、特定の人物と結びつけられて考えられることはなかったのである。結果として、メシアがいつの日か到来し、ユダヤの民を迫害の中から救い出すという思想は、つねに将来へと開かれた希望として残り続けることになる。それは千年後のことかもしれないし、もう目前に迫った明日のことかもしれない。このようなメシアの待望という時間を生き続けながら、ユダヤの民は律法を守り、神を礼拝し続けてきた。

福音書の〈メシア＝キリスト〉

メシアという思想の歴史は、『新約聖書』において大きな転換を迎えることになる。『旧約聖書』が来たるべきメシアを特定の人物と結びつけなかったのに対し、のちにキリスト教徒と呼ばれることになる人々は、ナザレのイエスという具体的な一人物こそが来たるべきメシア（＝キリスト）であるという主張を掲げ、みずからの信仰の核となしていった。これがまさにキリスト教が成立した瞬間であるといえる。メシアはまだ到来していないというユダヤ教に対して、すでに到来したナザレのイエスこそがメシア（＝キリスト）であるという信仰告白こそが、キリスト教の自己アイデンティティとなったのである。これはたとえば、イエスの「あなたがたは私を何者だと言うのか」という問いに対し、ペトロが「あなたは、メシアです」と答えたことによく表れている（「マルコによる福音書」八：二九）。

ただし、イエスの弟子たちや周囲の人々はもちろんユダヤ人であったため、イエスがメシアであるという告白も、さしあたりは『旧約聖書』の文脈で捉える必要がある。つまり、弟子たちや周囲の人たちはイエスを政治的指導者と捉え、当時の支配者であったローマ帝国からユダヤの民と土地を救い出す人物として考えていたふしがある。実際イエスの弟子の中には、反ローマ抵抗運動の急進的政治集団である「熱心党」からの参加者がいたとされている（「マルコによる福音書」三：一八）。また、イエスが十字架にかけられることになった理由も政治的なものだと考えられている。裁判において「お前はメシアなのか」と問う大祭司に対し、イエスは「私がそれである」と答える（「マルコによる福音書」一四：六一–六二）。これによりイエスは十字架にかけられることになるが、そのときに掲げられた罪状書きは「ユダヤ人の王」（「マルコによる福音書」一五：二六）である（ちなみに、西洋の絵画でイエスの十字架にはＩＮＲＩという札が掲げられていることが多いが、これはラテン語で「イエス・キリスト、ユダヤ人の王 Iesus Nazarenus Rex Iudaeorum」を表している）。このように、イエスがメシア（＝キリスト）であるという考えは、彼が十字架にかけられる前は（少なくとも部分的には）政治的な意味をもつものであったといえるだろう。

イエスは十字架で処刑され、墓に葬られた。その様子をみていた弟子たちの心は、バビロン捕囚によって異国に連れていかれる彼らの先祖と重なるところがあったかもしれない。メシアが到来して、ダビデのような政治的指導者としてイスラエルの国を再興してくれるという希望は、またしても潰えることになったのである。しかし、そんな絶望の淵に立った弟子たちに特別な出来事が生じた。聖書によれば、弟子たちは復活したイエスに出会ったのである。イエスは十字架につけられてから三日目によみがえり、弟子たちにその姿を見せ、四〇日の間彼らとともに滞在し、そして天に引き上げられていったという。この〈イースターの出来事〉を経て、残された弟子たちの中には、政治的指導者とは異なる別のメシア（＝キリスト）像が形成されていったと考えられる。

パウロの〈キリスト〉と今日のキリスト教

この転換にとって決定的に重要な役割を果たしたのはパウロである。パウロはもともとキリスト教徒を迫害する熱心なユダヤ教徒であり、生きたイエスには直接会ったことはなかった。しかし、ダマスコという町に行く途中に天からの光の中でイエスに出会って回心し、それ以降はイエスをキリストと伝えるために地中海世界を飛び回った。パウロの神学の中では、伝統的なユダヤ教の観念と結びついて、イエスの死が〈贖罪〉と捉えられている側面がある。イエスは私たちの罪のために死んだのである（「コリントの信徒への手紙第一」一五：三）。パウロにとっても、イエスはたしかにメシア＝キリストである。しかしそれは、イスラエルの国を再興する政治的指導者というよりも、むしろ人々を罪から救う救世主として考えられたのである。

パウロにとって罪の贖いはすでに完了した〈過去〉のことであるが、彼の思想には〈将来〉の次元も同時に含まれている。つまり、イエスは単に天へと帰ってしまっただけではなく、いつの日か地上へと再び降りてくるという〈終末論〉を考えたのである（「テサロニケの信徒への手紙第一」四：一三―一八）。終末が来たるその日、イエス・キリストが再臨し、彼を信じて亡くなった人々が死人のうちからよみがえることになる。『新約聖書』の中には、さらに壮絶な終末のイメージを描き出す書もある。「天は激しい音を立てて消えうせ、自然界の諸要素は焼け崩れ、地とそこで造り出されたものも焼けてしま」う（「ペトロの手紙第二」三：一〇）。とくに有名なのは、千年王国やハルマゲドンという場所での戦いについて述べる〈黙示録〉だろう。

パウロは――少なくとも初期の書簡では――キリストの再臨は間近で、自分が生きている間にでも起こると信じていた。その日は「盗人のように」突然とやってくるのだから、今のうちに悔い改め、清く生きるようにという倫理的勧めを信徒に与えている。それからおよそ二〇〇〇年もの歳月がたつ中で、キリスト教徒はイエスの再臨を今も待ち続けている。メシアの到来を将来の中に待望するというこの考え方には、扱いのむずかしい厄介な二面性が含まれているといえるだろう。一方で、聖書がすでに語っているように、危機の時代には「偽メシアや偽預言者」が登場して人々を惑わそうとする（「マタイによる福音書」二四：二四）。自分こそは再臨のメシアであると主張し、宗教運動を行って人々を引き付けようとする教祖は後を絶たない。しかし他方で、救い主が再臨するという待望は、つねにキリスト教徒の中に残り続ける。メシア＝キリストがいつの日か再臨することは、キリスト教徒にとっての開かれた希望なのである。（岡田勇督）

参考文献

青野太潮『パウロ――十字架の使徒』岩波書店、二〇一六年。
ジョン・ドミニク・クロッサン著、太田修司訳『イエス――あるユダヤ人貧農の革命的生涯』新教出版社、一九九八年。
長谷川修一『世界史のリテラシー　ユダヤ人は、いつユダヤ人になったのか――バビロニア捕囚』NHK出版、二〇二三年。

第8章　戦争と平和

1　従軍する聖職者

二〇二二年二月一四日、ウクライナに侵攻したロシア軍により始まり、現在でも続く「ロシア・ウクライナ戦争」の報道において、私たちは時折、聖職者が兵士たちとともに出征し、前線で彼らに祝福や終油の秘跡を与えているのを目の当たりにする。この聖職者は「従軍司祭」（chaplain：西洋各国語で様々なヴァリエーションがあるが、本章では、とくに断りのない場合、欧語で最も普及している英語を標準とする）と呼ばれる聖職者である。「従軍司祭」は東欧やその住民の多くが信じる正教会固有の現象ではなく、現在の米軍にもいる。それどころか様々な宗教の信者である現在の米軍の場合、キリスト教の諸宗派（カトリックや正教会であれば「従軍司祭」、プロテスタントであれば「従軍牧師」）だけでなく、ムスリムや仏教徒のchaplainも従軍している。彼らの場合は「従軍ウラマー」「従軍僧」と訳すべきだろう。

敵に限るとはいえ「人間の殺傷」を暗黙の前提とする兵士と、「平和を説くべき」聖職者が同じ目的、すなわち戦争に向かって活動するのを目にすると、現代の日本人は違和感を覚える。聖職者たちは内心戦争に反対しているものの、死に直面する信者たちの心の平安を保ち、万一の場合には冥福を祈る責任を負い、ジレンマを抱えながら従軍していると推察する人ももちろんいるだろう。しかし「本質的に暴力を肯定する」倫理がその宗教に含まれており、さらにはそもそもその宗教が「教義の中で暴力を肯定している」と考える人もいる。なぜなら彼らの行為は、信者としての聖職者個人の判断による行動ではなく、聖職者の職業的な義務であり、何がその任務であるかを定める教団の監督者も、その状態を容認しているからである。たとえば常日頃「世界平和」を訴えているローマ教皇は、アメリカをはじめ世界中で活動するカトリックの「従軍司祭」にその活動を禁ずることはおろか、制限することすらもしない。ほとんどの宗教で「平和」を謳っていることを想起すると、その教義とその専門従事者の戦争協力を両立させる論理が、それ以外にみつからないのである。

2 「暴力」の誕生

しかしこれはわれわれ近代人の一方的な当て推量である、といったら驚きだろうか。これらの宗教が北西ユーラシアに広く受容された中世の間、存在も意識もされなかった概念が上述の論理の中にある。それは「暴力」(violence)である。正確にいえば、現在「暴力」と呼ぶ言葉も行為も存在したが、言葉が指している行為が現在とはまったく異なっていたのである。現在の「暴力」とは武力行使、つまり物理的攻撃を加えて対象者や対象物を損壊することである(もちろん言語で名誉を毀損し、あるいは人格を傷つけて同様の「痛み」を与える行為もあるが、その場合は「言葉の暴力」という比喩表現になる)。しかしこの「暴力」は明治初期に英語のviolenceを訳した日本語で、それまでの日本には「乱暴狼藉」のように侵害や秩序紊乱を意味する言葉はあったものの、純粋に武力行使(物理的攻撃)を指す意味の「暴力」は存在しなかった。これは少し前に遡った一七世紀半ばまでの北西ユーラシアでも同じであった。その頃までは、violenceの語源であるラテン語のviolentiaにも、不正や侵害といった意味しかなかった。そうしたviolentiaの典型とされたのは、当時の「正しさ」の基準であった神の正義(真実)に対する侵害である。それを端的に示しているのが第10章で扱われている「魔術」(黒魔術)である。魔術は近現代の法秩序においてはviolenceではないが、前近代の法秩序においては、神の敵である悪魔の術を行使する最も甚だしいviolentiaであり、それゆえに厳しく処罰された。実際に一七世紀までの北西ユーラシア、とくにその多くを占めるキリスト教の信仰圏では、ほとんどの聖職者がそうした見解を示していた。violenceが近代日本語の「暴力」と訳される意味に限定されたのは、北西ユーラシアでも一七世紀後半から一八世紀になってからのことで、さほど古いことではない。現代ドイツ語の「暴力」（Gewalt）という言葉に至っては、現在でも（物理的強制のイメージを伴っているが）「権力」の意味を併せもっている。それ以前、物理的攻撃を指す意味での武力行使は当時の俗語（各地で成立した日常言語）にはなく、辛うじてラテン語の vim がその意味をもっているにすぎなかった。

近代的な意味での「暴力」という概念が成立する過程は、この地が共通の「キリスト教のもの」（ラテン語で Respublica Christiana）という信仰集団の概念から、多くの「国」（ラテン語で respublica）が並立する「ヨーロッパ」（Europe）という地理概念で呼び変えられる過程と並行している。この時代、俗人が来世の救済よりも現世の幸福に価値の重点を移し、命を絶つこともありうる武力行使を最も嫌悪するようになるのに対し、前近代も現代も変わらず来世を信じ、現世を魂（生命）の一時的な拠り所と考える聖職者にとっては、現世・来世を超えた魂の破滅こそ最も嫌悪すべきことであり続けた。これに比べれば、戦争の本質である武力行使は、現世の命を絶つ「にすぎない」分ましである。従軍した聖職者が戦争の善悪を論じる以前に、兵士たちの魂（精神）の救済を優先するのは、武力行使の抑制よりも多くの罪を背負って来世に向かう目前の魂を救う方が、彼らの価値の上位にあり続けるからである。もちろんだからといって彼らが戦争を容認するわけではまったくない。実際彼らは武器を取って敵を殺すわけではないが、自分が命を落としかねない前線には進んで身を投じる。自分の思いはもとより生命よりも職業的義務を優先することは、一部の公務員やNGO職員にもしばしばみられることである。戦争と平和を宗教的な観点から理解するときには、それを聖職者個人の倫理観としてだけではなく、教団の理解として捉えることが不可欠である。

3　「戦争」「平和」の基準としての「国家」

それでは violence を武力行使の意味に限定し、他の侵害行為との間に差をつけたのは、何であったのか。それは一六世紀半ばから一八世紀末の間に、北西ユーラシアで徐々に成長する主権国家（sovereign state）、つまり現在通俗的に「国家」（state：以下「国」ではなくこの言葉が用いられる場合、主権国家を指す）と呼ばれる政治的共同体である。

それまで内外の武力行使に脅かされていた君主、あるいはその権力を代行した有力者たちの団体（多くはのちに「議会」と呼ばれる有力者会議）は、この時代にそれまでの正当性の源泉であった宗教も含め、あらゆる理由による武力行使をviolenceとする一方、自らの行う武力行使をviolenceから排除し、それまで国家以外の者も行っていたwar（ラテン語のbellum、フランス語のguerre、ドイツ語のKriegなど）という名称で呼んだ。これらの言葉で呼ばれる武力行使は、本来だれかの独占物ではなく、それを行える者であればだれでも行うことができた。それは国家の行う武力行使という近代的な意味に限定されず、もっと一般的な「戦い」を意味しており、現在でもその伝統は激しい闘争を表す比喩表現（たとえば「貿易戦争」trade war）として残されている。また国家の上に国家がないのに、一方の国家が他の国家の戦争犯罪を問えるかが問題になる近現代と同様、当時もその戦いが正しいか誤りかは、人知を超えた問題だった。「正しさ」の基準は神の意思であり、それについてだれもが服従する権威は（一三世紀のローマ教皇がややそれに近づいたものの）存在しなかったからである。もちろん個人の武力行使と組織的な武力行使が異なるイメージで捉えられていたことは、中世（とくに後期）の記述史料から窺うことができるが、両者を現在の「暴力」と「戦争」のように根本的に区別することは行われなかった。そこでは「悪しき戦い」を「犯罪」（ラテン語でscelus）や「騒乱」（ラテン語でtumultus）、「謀反」（ラテン語でrebellionis）などと呼んで、その不正を表現するだけだったのである。

一六世紀以降の君主や有力者の団体は、この武力行使を指すwarを自らの権限に限定することで、それ以外の者が行うviolenceの負のイメージから免れようとした。彼らが一六世紀後半から一七世紀に生じた宗教を理由とするwar、つまり「宗教戦争」（Religious War）と呼ばれる戦いを克服した結果、warの権利を独占し、それ以外の者の武力行使をviolenceと呼ばせることに一応成功した。この結果、おおむねそうした君主や有力者団体の支配する政治的共同体だけが国家と呼ばれることになる。社会学者のM・ウェーバーが「正当な暴力の独占」を近代主権国家の特徴としていることとは有名であるが、これは軍隊・警察など「実力（暴力）を行使する装置」の独占にとどまらず、宗教を超えた正当性の独占をも意味していることに注意しなければならない。われわれ近現代人の「暴力」の観念は、この主権国家の成立を前提としている。国家自身の物理的強制力の発動を「執行」「処罰」「防衛」と呼び、「暴力」と呼ぶことを忌避する慣例（たとえ民主主義国でも、誤認逮捕や冤罪による加罰、侵略戦争のように国家の物理的強制力が不当である場合もありうる）は、この観念の由来と深く関わっている。

このことは「戦争」の反対概念である「平和」（peace：ラテン語で pax）にも当てはまる。われわれ近現代人は、平和とは何よりもまず「非暴力」、つまり武力の不行使であると考える。暴力を行使しないだけで不信に満ちた関係、不満を残した解決はいくらでもあるが、それでもわれわれはそれを「平和維持」「平和的解決」と呼ぶ。しかし一七世紀までのキリスト教世界、とくに聖職者の間ではそうではなかった。人間の間の「平和」とは、同じ神への服従に基づいた交わりがもたらす心の「一致」（ラテン語で concordia）を意味していた。この「平和」の観念を論じたのは、古代社会から中世社会に移行しようとしていた五世紀の神学者アウグスティヌスである。彼が説くところによれば、「国の平和（ラテン語で pax civitatis。この場合の「国」とは人々の共同体を指す）とは、民の調和、天の都の平和、神を享受し、神のうちに互いにある最も秩序ある調和のとれた結びつき」のことである。人々がだれからも強制されず、良き本性にしたがって信仰に生き、自己愛を否定し、神と隣人にのみ愛を向けるとき、「平和」が初めて出現する。現世はキリストの敵である自己愛に満ちた人間からなる「地上の国」（ラテン語で civitas terrena）であり、神と隣人への愛に満ちた教会の民からなる「神の国」（ラテン語で civitas Dei）とは決して相容れず、後者は前者に勝利する運命にある。信仰によって一体化した満ち足りた世界、つまり「天国」あるいは「天上のイェルサレム」こそが、アウグスティヌスにとっての「平和」であった。

アウグスティヌスのいうようにだれもが心から一致すれば、他人への「侵害」（violence）は起きようがない。しかしそれを裏返せば、このような神の愛による心からの「一致」が存在しなければ「平和」は得られることなく、つねに他人への侵害を心密かに企て、あるいは公然と行う状態であるということになる。そこでは近現代人の社会のように、武力行使を避ける共通の目的の下、相互の違いを認めた妥協によって実現する平和はない。「不正」を排除するための戦いといえば聞こえはよいが、要は心からの「一致」が実現するまで、戦いが永遠に続くということである。

しかしアウグスティヌスとて現世に失望しかしていなかったわけではない。彼は『新約聖書』の「ローマ人への手紙」にある、パウロが「彼（統治者）は無意味に剣を帯びているのではない。彼は神の僕であって、悪事を行う者に対しては、怒りをもって報いるからである」と述べた章句に注目し、神の意に添った正しい武力行使を統治者にのみ限定することで、武力行使が蔓延する事態を防ごうとする。われわれ近現代人からみれば、このくだりは、統治者の武力行使を暗に認めるだけの意味にしか読めない。ところが中世の人々は、これを聖書が武力行使を正当化している根拠として利用するようになった。決定的だったのは、武力行使のエピソードに事欠かない『旧約聖書』とは違い、『新約聖書』にそれがあったことである。キリスト登場以前の時代を記述した『旧約聖書』のエピソードは、神の啓示によるとはいえ所詮人間の営みにすぎないが、キリストの直弟子であるパウロが語ったことは、重みがまったく違っていた。このような抽象的なフレーズが、なぜ「神のため」武力行使を許す方向に拡大解釈されたのか。それはキリスト教の教義ではなく、むしろキリスト教が浸透した北西ユーラシアの人々の志向の中にあった。

4 「聖戦」の登場

前近代と近代の「ヨーロッパ」では、宗教と暴力の関係には大きな違いがあり、先述の価値序列の違いがその構造的要因をなしていた。キリスト教の布教がおおよそ行き渡る一〇世紀以降から、自らを「ヨーロッパ」とする認識が広まる一七世紀までの北西ユーラシアでは、人々を結びつける究極的な正統性はキリスト教、とくに自分の属する教会であった。これは科学的認知方法が成立するまで、生命は「現世」で完結するのではなく、「来世」すなわち死後の世界までも、そのままの形で継続すると信じられていたためである。その背景には貧困で寿命も短く、変化への希望もなく、情報の収集もままならない当時の生活の限界にあった。原始的で倫理も育たない社会では、物資の欠乏や抑圧された感情の反作用で、武力行使を伴う紛争が絶えず起こったのも無理もない。古代ローマが没落してからキリスト教が底辺にまで浸透する一〇世紀まで、武力行使の連鎖を断つ「和解」すら至難の業で、どちらかの一族が全滅するまで武力行使し続けるようなケースすらあった。文字史料の極端に少ない六世紀について貴重な証言を残したトゥール司教グレゴリウスの『歴史十巻』には、教会の仲介によって「和解」を試みながらも、結局当事者の騙し討ちで終わった「シカルのフェーデ」のエピソードを伝え、著者の誇張はあれ、その凄惨な社会をよく示している。

農業生産がある程度高まり、人口が回復する一一世紀頃までの北西ユーラシアでは、個人の武力行使を組織して集団的に行使する方法もきわめて限られていた。中世ヨーロッパの典型的軍制とされる「封建制」は未発達で、時期に差はあれ、各地域は「部族」単位で束ねられていた。大規模な部族同士やイスラーム勢力と接する地域を別とすれば、戦闘といえば小集落に分かれて住む農耕民・遊牧民・漁民などが武器をもち、地域ごとの有力者に率いられ、その従者とともに総勢数十人から数百人規模で戦うのが一般的であった。この頃の北西ユーラシアではこのような戦いが頻発する一方、七三二年の「トゥール・ポワティエ間の戦い」や九五五年の「レヒフェルトの戦い」のように、万に及ぶ規模の武力行使はきわめてまれだった。一一世紀以降、城を築いた領主とその従者が武技を磨き、領地の保証と引き換えに自分よりも有力な者に軍事奉仕する「封建制」が徐々に発展するが、万を超える戦闘員が常態的に戦うようになったのは、人口が多く、近世の「国家」に通じる発展が早かった西欧でも中世後期の英仏百年戦争、中欧では一五世紀末以降のことである。

こうした小規模な戦闘が無数に起こる乱世の中、来世への関心を促し、北西ユーラシアに浸透したのがキリスト教会である。ローマ教皇が率いるカトリックと、それに必ずしも従わない東方の主教や修道院からなる正教会は、互いに反目しつつも、伝道師を派遣し、司祭を任命して信者を管理させ、修道院を設置するなどして、この地にそれまであった異教を駆逐していった。キリスト教が広がるにつれ、来世での永遠の至福（救済：salvation）を与える神を頂点とする価値序列が人々、聖職者に近い有力者、古代ローマ没落の荒廃から立ち直りつつあった都市の市民、そして農民をも捉えることになる。『新約聖書』の「殺してはならない」「報復してはならない」というキリストの言葉は、来世の救済という利益に惹かれ、霊魂の破滅という恐怖におののいた結果であっても、なりゆきでたやすく直情的行動に走る中世初期の人々、とくに職業柄武力行使への抵抗感がなく、その連鎖を断ち切ることができない有力者に、武力行使を規制する効果があったことは間違いない。その一つの表れが、一〇世紀のフランスのオーヴェルニュ地方に起源をもつとされる

「神の平和」(ラテン語でPax Dei)という運動である。主に聖職者によって主導されたこの運動では、武器をもたない者(聖職者、農民、女性など)や神聖な場所(教会など)を侵害することは、神の教えを侵害する「罪」とされた。そして少なくとも神の日である日曜日の前後や四旬節など神を記念する間それを行わないこと(「神の休戦」)、万一それを破った者がいればみなで協力して追放すべきことを誓わせたのである。

もっともここから近現代の「非暴力」への発展が始まると考えるのは行き過ぎである。なぜならこれは罪を罰する「処罰」の基準が明示されたというだけで、処罰のための武力行使は逆に神の意に添うものであり、正当であるということになるからである。『旧約聖書』は神の敵となった民が神の意を受けた民に殺戮されるエピソードに事欠かず、『新約聖書』にすら、先述の「統治者は無意味に剣を帯びているのではない」というパウロの言葉があった。しかしそこで問題になったのが、『新約聖書』(マタイ福音書)にあるキリストの言葉である「殺してはならない」という教えである。

武器をもつ者同士の武力行使は容易に殺害に通じる。これが許されるかといえば、『新約聖書』のキリストの言葉をその言葉どおりに理解すれば答えは自ずとノーである。しかし何を以て「殺害」する、つまり「命を絶つ」ことになるのか。近現代人にとっては、人を死に至らしめ、二度と生き返らない状態にすることである。しかし当時はその点が違っていた。『旧約聖書』には「聖絶」(ヘブライ語でherem)、すなわち戦いで異教徒・不信心者の敵を殺害し、その所有物を奪って神に捧げ、敵を完全に抹殺するのが神の命令であるとする観念があったが、『新約聖書』では、異教徒・不信心者は呪われ(ギリシア語でanathema)、場合によっては現世の命は絶たれるものの、最終的には来世で神の愛に包摂されて救われうると解釈し直された。これは人間が絶つことのできる生命が現世の生命だけであり、命の本質である霊魂を破滅させ、来世の生命まで絶つことができるのは、現世も来世も支配し、霊魂を永久に地獄に落とすことができる神だけである、という認識に基づいている。先述のアウグスティヌスは、彼が異端としたドナトゥス派の弾圧を主張したとき、『旧約聖書』によりながら次のように述べた。「意に反して罰せられねばならない人たちに対しても、ある種の好意ある厳格さをもって、重き罰が与えられねばならない……と言うのも、無法を働く奔放性から救い出される人が打ち負かされるのは、彼らの利益に他ならないからである。罪を犯した人たちが幸せであること以上の不幸はない」

（アウグスティヌス書簡一三八・一四。ハンス・ユーゲン・マルクス「正しい戦争はあるか――歴史の答え」『南山史学』二七、二〇〇四年、一三頁）。この場合の武力行使は、むしろ神の意に背いた者の霊魂を救う善意と捉えられている。こうして人の殺害を禁じているはずのキリスト教には逆説的な結果が生まれる。たとえ殺害に至ったとしても、武力行使をひとたび神の「許し」から排除され「呪われた者」に「許し」をもたらす行動、と捉えることで、正当な行為と受け止められるようになったのである。

古代末期から中世初期の長期間にわたるキリスト教の浸透は、主権国家の「戦争」のイメージに重なる武力行使の大規模化、組織化にも道を開いた。それまでにも外からの大規模襲撃に対する防衛や遠距離への略奪遠征などの一時的な武力行使を動機として、大規模な武装集団を組織することはあった。中世初期の「部族」（ラテン語で gens）の正体は、現在ではルネサンス時代以降想定されたような血統集団や言語集団ではなく、こうした武装集団を核とする組織であったと考えられている。もっともそれは慢性化した局地的武力行使を抑止するものにはなりえず、部族は力関係によって頻繁に融合、分裂、再編成を繰り返していた。しかし北西ユーラシア西部・中部では、五世紀末のフランク族に始まり、おおよそ一〇世紀までの間に、部族のリーダー自らが各地の住民に浸透したキリスト教に改宗し、その「王」（ラテン語の rex）として自らの地位を正当化するようになる。さらに一一世紀になると、信者を直接管理する司祭、彼らの管理に当たる司教、そして聖職者自らが自活する修道院がすべてローマ教皇の下に統合され（いわゆる「教皇革命」）、従来にない多くの信者の動員が可能になった。それは武力行使についても同様の結果をもたらすことになる。その現れが、一〇九六年に教皇ウルバヌス八世が聖地イェルサレムの奪回を呼びかけたことに始まる、いわゆる「十字軍」（Crusade）である。

もっともこの運動は、最初から異教徒の殺戮を目的とした武力行使であったわけではない。「十字軍」という言葉自体、「十字を身につけた者」という意味であり、当時は「巡礼」（ラテン語で peregrinatio）と記されていた。一〇九六年の呼びかけでは、異教徒からイェルサレムを「浄める」（ラテン語で mundentur）ために赴き、「陸や海、あるいは異教徒と戦う中で、現世での生を終える」者は永遠の「贖宥」（罪の免除）が得られるとされた。そこではパウロの「統治者は無意味に剣を帯びているわけではない」も引用された。しかしこの段階では異教徒を殺戮せよとは一言もいわれていない。ところが一二世紀半ばになると、異教徒に対して積極的に武力を行使し、さらには殺戮すべきという認識の兆候が、キリスト教の精神的指導者の間に出現する。一一四七年、北ドイツ諸侯によって企画された異教徒「ヴェンド人」(エルベ川流域に居住していたスラヴ系住民)の征服「ヴェンデ十字軍」を鼓舞したクレルヴォーのベルナールは、「この異教徒たちを根絶やしにするか(ラテン語で natio dereatur)確実に改宗させる」ことを求めた。この「根絶やし」という言葉は研究者によって殺戮を意味するか、故郷からの追放を意味するか、解釈が分かれている。確かにベルナールはパウロの「君主は無意味に剣を帯びているのではない」というくだりを好んで引用したと伝えられるが、異教徒の殺害については、鼓舞のための修辞で深く考えていない、時期によって異なる、あるいはジョシュア・プラウアーのように相手の宗教によって違うという見解があって、はっきりしない。「ヴェンデ十字軍」自体も小競り合いののちヴェンド人のキリスト教改宗で決着したが、同じ頃ユダヤ人襲撃・殺戮を扇動して逆にベルナールに戒められた修道士がいたように、知識人よりもむしろ一般聖職者の中に、異教徒の殺戮を神意に適う、とする者が多かったようである。

この傾向をいっそう助長したのは、カトリック教会に反抗し、敵視された「異端」の問題である。中でも後代「カタリ派」と呼ばれることになる南フランスの信仰集団に対し、一一七九年の第三ラテラノ公会議で教皇インノケンティウス三世が「呪い」に処したのち、一二〇八年の教皇特使殺害を機に北フランスの諸侯に彼らを攻撃させ、ベジエをはじめとする諸都市で虐殺を繰り広げさせた「アルビジョワ十字軍」は有名である。この一〇年ほどのちにドイツの聖職者であるハイステルバッハのカエサリウスが記録するところによると、教皇特使アルノー・アモリィが都市を攻略した十字軍に「彼ら(ベジエの住民)を殺せ。神は神のものが何者かをご存じなのだから」と語ったという。実際のところは従軍した諸侯たちが殺戮を主導したようだが、少なくとも異端を虐殺することが神意に適う、という認識が一三世紀前半の教会に広まったことは確かである。しかしこの経緯に鑑みると、異教徒・異端の殺害の正当化をより望んでいたのは、聖職者よりもむしろ当時の従軍者、とくに武力行使を生業としていた貴族だったと考えられる。掠奪と身代金を取れない者の殺害は、敵を生かしておくほどの共感的想像力も共存のための物質的余裕も乏しい中世の戦いでは、利益をもたらし、損失を減らすための一般的な習俗だったからである。聖職者は彼らに近い順から（当時の指導的な教会知識人の多くが貴族出身だった）それに迎合し、その根拠を神学に求めるようになった、というのが実情だったろう。こうして聖職者が主導して信仰を護持し、教線を拡大する武力行使のあり方が生まれた。これが「聖戦」（Holy War：ラテン語で justum bellum）と呼ばれる戦いである。

殺人を禁ずるキリスト教の知識人たちが神の名の下にそれを正当化するのは、近現代人からみれば明らかに矛盾である。しかしそれは論理的な合理性こそが正しいと考える一五世紀以降、とくに人間の知覚と経験が正しいということを前提とする体系的論理学を編み出した、一六世紀フランスの論理学者ラメー以降のことである。それまでは論理的に矛盾していても、何か人間が知覚・経験できない神の意図が働いているという発想で、神学に解決が投げられ、そこで出された解答が「理にかなった」ものと受け止められた。当時の「理性」（ラテン語で ratio）とは、まさしく神を知る能力とされていたからである。M・フーコーの『狂気の歴史』は、何が「合理的」かが、歴史的条件によって変化することを鋭く指摘している。後述のように一七世紀以降「宗教戦争」という概念が生まれ、「十字軍」はその典型と位置づけられるが、それはこの矛盾を矛盾として認識することができるようになったその時代の産物であって、この頃はまだそこまで達していなかったのである。

5　聖戦と正戦

北西ヨーロッパ西半分の聖界を統合したカトリック教会が武力行使を組織し、それを神学的に根拠づけた「十字軍」は、それまでにない規模の戦いを生み出しただけではなく、一三世紀には教会の敵とされた人々に対する殺害をも肯定するに至った。しかし近年の実証研究は、「聖戦」とは相反する現実が、すでにこの時代に起こりつつあったことを明らかにしている。異端の多くは弾圧されたが、中には「フランチェスコ会」のように、一定の妥協の下でカトリック教会に取り込まれ、正統の中に位置づけられる信仰集団も現れた。パレスチナ、イベリア、リトアニアなどキリスト教圏の辺境では、カトリック信者、中にはキリストの墓を守る騎士修道会までもが、異教徒との間に現実的・互恵的な関係を結び、共存しつつあった。そうした現実を背景にして、別の思想が同じ一三世紀の教会の中から生じてきた。それが、結果的に宗教と武力行使の密着した「聖戦」を揺さぶることになる「正戦」（Just War：ラテン語で bellum justum）思想の発展である。

「正戦」は、信仰そのものの護持や教線の拡大のために行われる「聖戦」とは異なり、「正しい」武力行使を指す言葉である。当時の北西ユーラシアの大多数の人々にとって、「正しさ」の根源はキリスト教なので、もちろん「正戦」は宗教とは無縁ではありえない。とくに「十字軍」のように、その目的が信仰と教会の護持・拡大とされた武力行使はそうである。だから「正戦」と「聖戦」は互いに重なり合う部分がある。しかし信仰・教会の護持・拡大以外の理由による武力行使も、無数にあったことを忘れてはならない。たとえば王位や役職などの地位をめぐるもの、領有権や相続権などの権利をめぐるもの、仲間や同盟者を支援するもの、他者の武力行使から自己保存を図るもの、そして何よりも支持者の獲得に不可欠な「名誉」をめぐるものなどである。万物が神に由来するというキリスト教の論理からすれば、戦いの正当性を突き詰めていけば、確かに神意に適うかどうかに行き当たる。しかしカトリックも含めキリスト教会は、現実には俗人と幅広い相互依存の関係にあり、彼らの間で繰り広げられるすべての武力行使に是非の判断を下す能力はなかった。そこで神の権威を掲げながら、教会とは別に武力行使の是非を判断する基準を示す必要が生じてくる。そうした基準を満たす戦いが「正戦」であり、その基準とは何かを論じるのが正戦論（Just War Theory）である。

「正戦」という概念は、すでにキリスト教成立以前の古代ギリシアに存在した。アリストテレスの『政治学』における「正しい戦い」と「不正な戦い」をめぐる記述がそれである。彼は「正戦」には三つの型があるとした。①自己防衛、②隣人の支援、③奴隷獲得である。この三つのうち、修辞の大家として仰がれた古代ローマのキケロは③を除き、①と②のみを引き継いだ。しかしキリスト教の下で「正戦」を論じたアウグスティヌスは、その内容を大きく変化させた。彼の「正戦」はおおよそ以下の四パターンに整理されるとされる。それは⑴神の行う戦い（神に命じられた人間が行う戦い）、⑵隣人の支援のための戦い、⑶他国がその国民による不正な行為をただすのを怠った場合に不正を受けた側の国が仕掛ける戦い、(4)平和をもたらすための戦い、である。彼にとって理想の状態はキリスト教の「平和」、つまり上述のように「神の愛」に結ばれすべての者が一致した天国の状態だったから、「神の愛」による隣人の支援は武力行使の理由になりえた。その一方自己防衛は、一時のものにすぎない現世の命を守るために他人を傷つけ、「神の愛」に反する行為であったから、真っ先に否定された。そして重要なのは、神に命じられた人間が行う戦いを正当とした点である。これは『旧約聖書』の記述をベースに、人間が現世で命を絶たれても、来世で救われるという認識のもとで示された結論であり、「十字軍」の中で正当化された「聖戦」と合致するものであった。「十字軍」がヒートアップし始める一一四〇年に完成したカトリック教会法の集大成『グラティアヌス教令集』には、アウグスティヌスの正戦論が取り入れられている。

アウグスティヌスの「正戦」が「聖戦」と重なり合うからといって、彼が異教徒や異端への武力行使、とりわけ殺害を積極的に推奨していたわけではない。しかし彼の正戦論のありようからすると、「神の愛」を蔑ろにして神意に背く行為への処罰と武力の不行使が天秤にかけられる局面では、前者を取ることになってしまう。そして彼の論理がその没後にテキストとして伝えられ、略奪や殺害を当然と受け止める時代の人々に受容されたとき、「聖戦」の「正しさ」と合致する彼の「正戦」は、彼らの武力行使の正当化に利用されることになった。後述のように彼の正戦論は一七世紀まで「聖戦」の根拠となり、そう呼ばれる戦いを支える役目を果たすことになった。

しかし早くも一三世紀後半になると、「十字軍」の失敗をはじめ、「聖戦」の行き詰まりが露呈し始める。それと軌を一にして、「聖戦」とは明確に異なる「正戦」を語る神学者が現れた。それはアリストテレス哲学の体系を神学に接合し、聖書とともに神の被造物である「自然」(nature)からも神の摂理を論証しようとしたトマス・アクィナスである。当時の「自然」は、近現代の「自然科学」が対象とする自然に限らず、すべてが神の被造物であるという認識に基づいて、人間やその社会(ラテン語では「国」を意味するcivitasあるいはres publica)も含まれていた。トマスはカトリックの真理こそ自然に最も適うことを言説によって明らかにし、異教徒や異端の誤りをただすことを目指して『対異端者大全』を著している。それを発展させたのが『神学大全』であった。そこにおけるトマスの正戦はアウグスティヌスよりも明快である。それはⒶ正しい担い手（ラテン語で auctoritas principis、君主などの統治者）による戦い、Ⓑ正しい理由（ラテン語で iusta causa）による戦い（のちに「万民法」の武力を行使する権利、すなわちラテン語の ius ad bellum となる）、Ⓒ適切な意図（ラテン語で intentio recta）による戦い、の三つである。ここにはアウグスティヌスのように、神による、あるいは神の意を受けた人間による異教徒・異端への正戦は、少なくともそのままの形では受け入れられていない。もちろんトマスの執筆活動は異教徒・異端の改宗を目的としていたから、それはいわゆる近代の「寛容」によるものではない。実際ⒷとⒸの「理由」と「意図」に「神の敵」を結びつければ、異教徒・異端に適用できないこともない。しかしそうであれば単純にアウグスティヌスに従えば済む話なのに、トマスはそうしなかった。なぜか。

その理由はトマスの秩序観にある。アリストテレスの自然の調和を神学の体系化に用いたトマスは、現世における「平和」とは、来世のように神の「摂理」（Providence：配剤）によって調和が保たれ、人々が「善良で幸せに生きる」（ラテン語で bene beateque vivendi）状態、すなわち「共通善」（ラテン語で bonum commune）が実現する世界とした。彼によれば、神の被造物（人間や国も含む自然のすべて）は神意の結果であり、神に最高の形で配置され、その摂理に服している。したがって被造物自体も、正しい行為を行い、それぞれ正しく動き、その目的に適った役割を果たす自然の本性をもっている。それら被造物を動かす神の掟が「自然法」（ラテン語で ius naturae）である。この見解に立つと、（あくまで現世の話であるが）たとえ異教徒や異端とともに生活しようと、調和が保たれ、「善良で幸せに生きて」いるのであれば、そこには神の摂理が働いているということになる。もちろん異教徒や異端は改宗させられるべきであるが、彼らの方から武力行使しない限り、それは論駁によらねばならない。キリスト教徒といえども、勝手に神の意思と称して武力を行使し、不和と敵対を生み出すことは、「共通善」を侵害し、神の与えた自然の調和を破壊することにほかならない。仮にそれができるとすれば、それは神によって世俗の統治を委ねられた正統な統治者によるしかない。それがⒶの意味である。トマスが集大成した「スコラ学」は、一六世紀半ばの先述のラメーの論理学以降、自然哲学によって徹底的に批判されたため、中世の不寛容の体系のように理解されているが、こと武力行使については逆だった。これは神が直接規範を与え、人間を統べているアウグスティヌスの世界観と違い、神と人間の間に自然というクッションが置かれ、自然への知覚的経験との関わり合いの中で神を知る構造になっていたからであろう。彼の正戦論は、異教徒や異端が改宗するまでの一時的なものという限定つきであれ、異端を含むキリスト教徒同士の関係はもとより、キリスト教徒と異教徒の関係においても、現世での共存を可能とする理論であった。

もっとも、一三世紀から一六世紀の宗教改革を越えてなおカトリック・ルター派両神学の中心的学知となった「スコラ学」に比べると、トマスの正戦論はさほど普及したとはいえない。それは彼の共通善の理論とともに、一部の聖職者をはじめとする知識人、とくに異教徒の知識を自らの研究に不可欠とする人文主義者の間に限られていた。一六世紀前期のエラスムスの正戦論は、その中で最も知られたものである。

エラスムスは戦いにもそのための法があり、次のような場合には必ずしも非難されるべきではない、とした。それは神を畏れる正統な君主が、共通善を守るため、他の方法を試みて万策尽き、だれがみても戦わないよりも戦う方が人間の流血、とりわけ戦争に責任のない者の犠牲がより少なくて済む場合である。そのような場合でも、戦争は正当な手続きに従って開始され、節度のある方法によって行われ、極力早く切り上げられなければならない。それは兵士たちが司令官の命令に完全に服し、彼らの恣意的な行為が処罰される条件の下でしか許されない。このような抑制的な態度は、異教徒や異端に対しても守られなければならない。それはキリスト御自らをはじめ、ペテロやパウロも「殺すなかれ」「抵抗するなかれ」といっているからである。彼らに比べ、アウグスティヌスやベルナールの言葉がより権威をもつということがあろうか。

ここではエラスムスが絶対的な非戦論者ではないことと同時に、彼が正しい統治者によって、正しい理由から、正しい意図に基づいて行う場合のみ「正戦」であるというトマスの立場を受け継ぎ、その「正しさ」を具体化していることがわかる。そこで求められているのは、最大限武力行使を抑制することを目指し、その担い手に厳しい規律を課す「ストア派」的倫理である。さらにここには、戦いを決定する統治者とそれを実行する戦闘員の立場の違いが現れ、のちの「戦争法」の二つの類型、すなわち「開戦の理由を問う法」（ラテン語で ius ad bellum）と「戦争の中で守るべき法」（ラテン語で ius in bello）の分化の萌芽がみてとれる。

6 聖戦の終焉

一六世紀の宗教改革に始まる宗派対立と宗教をめぐる武力行使の時代においても、戦いと平和について、アウグスティヌスの立場を取るかトマスの立場を取るかは、宗派ごとに二者択一というわけではなく、大はカトリックやルター派から小はマイノリティの信仰集団まで、各宗派にそれぞれ一定の割合で両方の立場の者がいた。たとえばルター派では、ルターは基本的にアウグスティヌスの思想に沿って動いていたが、その同盟者であるメランヒトンは、アリストテレスを通してトマスの思想と重なっていた。一方カトリックではスコラ学が知的エリートの多くを捉えていたため、当初はトマスの正戦論が優勢であった。エラスムス、モア、ヴィーヴェス、そして何よりも「サラマンカ学派」が有名である。しかし一六世紀末に宗派分裂が固定化すると、宗派対立の前線であるドイツなどでは、アウグスティヌスの見解を奉じる聖職者が再び台頭する。その一人が、「三十年戦争」（一六一八～四八年）において、カトリック陣営のプロテスタントに対する戦いを文筆で鼓舞し、さらにはその指導者であるバイエルン公の聴罪司祭として影響を与えたイエズス会士のアダム・コンツェンである。

コンツェンは、「平和」と称する状態は王、国、私人、団体そして同盟の間に存在し、確かにそれらが心から平和に同意する場合には、それは真の平和となる、とした。ただしそれが契約および文書に書かれているだけであれば、それはもろく、「平和」とただ訴えているだけの卑しむべき行為となる。すでに人口の半分以上がプロテスタントとなっている一七世紀ドイツの現実を前に、彼はさすがに異教徒・異端を殺戮せよとはいわない。しかし彼は異教徒・異端との「平和」を一切認めず、彼らを改宗あるいは追放するまで戦い続けるべきと主張する。その思想は、異教徒・異端との「平和」はあくまでも不正とするアウグスティヌスの影響を強く受けている。コンツェンはいう。

愛によって平和を維持しているからといって、真の平和はない。なぜならそれは、騒乱を正当化し煽る結果となり、彼は自分自身が間違っていることを認めることになるからである。それは彼らが愛し合っていたからではなく、愛されるべき彼が実は憎悪を抱かれていたからそうなったのである（アウグスティヌス『告白』二巻第三六編）。私は初めから堕落したものを加え、邪悪な均衡を取ることによって平和を見いだせると称する書物を知っている。しかし真の平和とは、正しく、おのずから重みを持ち、神および隣人に対して心から誠実であり、神に従って愛されるべきものである。これはキリストの遺産の中で最も豊かな財産である。異端者の好意は常に胸を痛め、聖なる信徒たちの平和を乱すものに他ならない（コンツェン『ドイツの平和について』［一六一五年マインツ版］「イレニシズム、あるいは真の平和について」第一章、四〇四頁）。

しかし、カトリックの下での宗派統一を目指した彼の奮戦にもかかわらず、周知のとおり「三十年戦争」の結果は、異端の撲滅による宗派分断の解消、信徒の「心の一致」どころか、宗派分断を制度的に固定化する一六四八年の「ウェストファリア条約」に終わった。これは聖戦の「あっけない」終焉でもあった。この「三十年戦争」の終わりに登場したのが、「宗教戦争」（Religious War）という概念である。敬虔なルター派でありながら、信仰に反しかねないカトリックへの偽装を行ってまで武力行使の終結を呼びかけたドイツの医者ヘルマン・コンリンクは、この戦いを「宗派の戦い」（ドイツ語でKonfessionskrieg）ではなく宗教の戦い（Religionskrieg）」と定義し、その愚かさを主張した。ここで意味する「宗派」とは個人の心による信仰、「宗教」とはラテン語の「集める」（relegere）に由来する「集会」、すなわち教会のことである。つまりこの戦いは個人の救いとは関係のない党派抗争にすぎない、としたのである。信仰をめぐる武力行使を聖戦ではなく「宗教戦争」と捉える現在の批判的概念がここに誕生した。

もっとも、「あっけない」聖戦の終焉は、一四世紀から一七世紀までの長い発展の総仕上げだったとみることもできる。そもそも聖戦の前提だったカトリック教会による軍事力の結集は、すでに一四世紀には困難になり、「百年戦争」を戦う英仏では不可能になった。対オスマン帝国の「ニコポリスの戦い」（一三九六年）や「異端」相手の「フス戦争」（一四二〇～三四年）では惰性的に働いていたが、一四六三年の教皇ピウス二世による「十字軍」計画ではもはや機能しなかった。一六世紀の宗派対立期になると、カトリック教会は主権の原型である「至上権」を標榜し始める君主の帰依を頼りに、その軍事行動に資金を援助することでしか関与できなくなり、それも「三十年戦争」で尽きた。

そして何よりも、トマスが「聖戦」から引き離し、エラスムスが発展させた「正戦」の論者は、その理由を直接「神の意思」に求めることをますます止め、神が創造した「自然」、とくに戦う創造物である「人間」の自然＝本性から説明するようになる。それはなお、スコラ学によるサラマンカ学派から、もっぱら古典ギリシア・ローマの歴史にそれを求めるジェンティーリ、そしてそれを近現代の戦時国際法に通じる「万民法」に体系化したグロティウスの正戦論へと発展する。そして「三十年戦争」終結の三年後、神から与えられながら自ら統制できない「恐怖」という人間の本性を利用し、相互不戦の仕組みを示すことにより、神から独立した「平和」、すなわち「非暴力」という意味での平和を描く思想家がイングランドに現れた。いわずと知れたトマス・ホッブズである。近現代人のわれわれは、「戦争」は国家の組織的武力行使、「暴力」は私的な武力行使と、最初から無意識的にカテゴライズしてしまうが、それが有効なのはこの後からで、それ以前の人々には君主から民までが行う「戦い」が、神の秩序に適うか否かが問題だった。「戦い」は今や国家の独占物すなわち「戦争」となり、それ以外の戦いは「暴力」とされ、近現代の「戦争」と「平和」が生まれたのである。

ただし霊魂の救済のプロである聖職者は別である。好戦的な俗人、とりわけ権力者に取り入って彼らを正当化し、教線を拡大しようとする扇動家を除き、彼らはキリストの「殺すなかれ」に従って、もはや聖戦を主張することはない。しかし彼らにとっての平和とは、なおかりそめの非暴力ではなく「心の一致」である。近代市民社会で正しいことかどうかは別にして、戦場で前線に立つ同信者が告解もできず、霊魂の救済の保証を得ないまま現世での命を失っていく中、聖職者たちの価値体系からいえば、戦争反対を唱えて戦場から去るよりも、兵士たちと「心を一致」させ、霊魂を平安に導く方がはるかに大事なのである。

（皆川　卓）

参考文献

アウグスティヌス著、金子晴男他訳『神の国　上』『同　下』教文館、二〇一四年。
＊自己愛に生きる者の「地上の国」と神の愛に生きる者の「神の国」の間の永久の戦いという二元論に基づき、神の愛による人々の一致こそが「平和」である意味を説く大著。宗教・宗派対立の神学論争で頻出し、同時代的視点からそれらを理解するには不可欠。
アウグスティヌス著、山田晶訳『告白　二』中央公論新社、二〇一四年。

トマス・アクィナス著、稲垣良典訳『神学大全　一七』『同　一八』創文社、一九八五年。
＊いわゆる「伝統的ヨーロッパ」の秩序観の直接的な基盤となった大著。戦争と平和に関する議論は本巻に集中している。中近世ヨーロッパの戦争・平和の思想を観察するうえでトマス・ホッブズの『リヴァイアサン』の対極にあり、両方を読むことを勧める。
トマス・アクィナス著、柴田平三郎訳『君主の統治について――謹んでキプロス王に捧げる』岩波書店、二〇〇九年。

石川明人『キリスト教と戦争』中央公論新社、二〇一六年。

エラスムス著、片山英男訳「キリスト者君主の教育」『宗教改革者著作集』二、教文館、一九八九年。
＊キケロの『義務について』と並び、近世ヨーロッパのエリートが最も読んだ書とされ、エラスムスの正戦論について日本語で読める数少ない文献。ヨーロッパ「平和主義」の中世キリスト教的伝統を知るうえでも有用である。
金子晴男『アウグスティヌス「神の国」を読む』教文館、二〇一九年。

ベルナール・グネ著、佐藤彰一・畑奈保美訳『オルレアン公暗殺――中世フランスの政治文化』岩波書店、二〇一〇年。
＊直接戦争と平和を扱った文献ではないが、一五世紀の政治的な武力行使をめぐって、聖職者知識人が抱くトマス的な調和が、俗人、とくに武力行使のプロである貴族の抱く「正義」の象徴的理解に阻まれる困難を描き出した著書。
久保田義弘「エラスムスの『キリスト者の君主の教育』と君主の社会的役割――知識人の人間観ならびに社会観（三）」『札幌学院大学経済論集』一三号、二〇一八年、四九～一二七頁。

黒田祐我『レコンキスタの実像――中世後期カスティーリャ・グラナダ間における戦争と平和』刀水書房、二〇一六年。

河野雄一『エラスムスの思想世界――可謬性・規律・改善可能性』知泉書館、二〇一七年。

ニコル・ゴンティエ著、藤田朋久・藤田なち子訳『中世都市と暴力』白水社、一九九九年。

櫻井康人『十字軍国家の研究――イェルサレム王国の構造』名古屋大学出版会、二〇二〇年。

周圓「アルベリコ・ジェンティーリの正戦論――『戦争法論』三巻における「目的因」を中心に」『一橋法学』一五巻一号、二〇一六年、一一七～一四〇頁。

周圓「近世ヨーロッパにおける「内戦」観念の復活」『東洋法学』六三巻三号、二〇二〇年、一〇五～一四三頁。

ルネ・ジラール著、古田幸男訳『暴力と聖なるもの』法政大学出版局、一九八二年。

鈴木良和「エラスムス平和思想のレトリックと政治――正戦論を越えて」『ICU比較文化』五四巻、二〇二二年、一～三六頁。

アンヌ・ブルノン著、池上俊一監修・山田美明訳『カタリ派――中世ヨーロッパ最大の異端』創元社、二〇一三年。

ハンス・ユーゲン・マルクス「正しい戦争はあるか――歴史の答え」『南山神学』二七、二〇〇四年、一～四三頁。

皆川卓「三十年戦争期神聖ローマ帝国の政治的「理性」」甚野尚志・踊共二編『中世ヨーロッパの宗教と政治』ミネルヴァ書房、二〇一四年、二五三～二七四頁。

山内進『十字軍の思想』筑摩書房、二〇〇三年。

山内進『文明は暴力を超えられるか』筑摩書房、二〇一二年。

山内進『掠奪の法観念史』東京大学出版会、一九九三年。

*古典哲学やキリスト教思想の内側からだけで論じられがちだった前近代の世俗の戦争観、平和観を、掠奪の正当性という切り口から論証し、中近世の正戦論と接合した画期的研究。現在の日本におけるキリスト教圏の法と暴力の関係は、本書を出発点としている。

山内進『グロティウス「戦争と平和の法」の思想史的研究――自然権と理性を行使する者たちの社会』ミネルヴァ書房、二〇二一年。

エマニュエル・レヴィナス／フランソワ・ポワリエ著、内田樹訳『暴力と聖性――レヴィナスは語る』国文社、一九九一年。

Adam Contzen, *De Pace Germaniae, Libri duo prior de falsa paze alter de vera pace*, Mainz, 1616.

Kamp Hermann, Der Wendenkreuzzug. In；Hermann Kamp, Martin Kroker（eds.）, *Schwertmission：Gewalt und Christianisierung im Mittelalter*, Schöningh/Paderborn, 2013, 115–138.

Piotr Stanisław Mazur, "Holy War" in the Light of Thomas Aquinas, Concept of "Bellum Justum", in；Janusz Smołucha, John Jefferson, Andrzej Wadas（eds.）, *Holy War in Late Medieval and Early Modern East-Central Europe*, Wydawnictwo/Krakow, 2017, 19–31.

コラム９　レコンキスタ

レコンキスタとは？

スペイン・ポルトガルの国家形成にとって欠くべからざる役割を果たした時代が、中世である。ミクロで注視すれば、イベリア半島の北のキリスト教諸国社会と南のアンダルス（イスラーム・スペイン）社会との、マクロに俯瞰すれば、西欧キリスト教社会とイスラーム世界とが衝突する舞台となったこの時代、為政者が自らの勢威を内外に示し、社会をそれに従って動かす場合に、キリスト教信仰の力が大きく作用したのは間違いない。

とはいえ、われわれが「レコンキスタ（再征服運動）」の名称で理解している動きには、いまだ誤解がある。まず、イベリア半島の北に割拠したキリスト教諸国のすべてが、このイデオロギーを掲げたわけではない。これを自らの建国理念に組み込んだのは、八世紀に半島最北端カンタブリア山脈の麓に興ったアストゥリアス王国である。領域の拡大過程でこの王国がレオン、そしてカスティーリャ王国へと名を変え、近世スペイン帝国の中枢を担うことになった。現在の首都マドリードをはじめとする半島中央部も、もとはカスティーリャ王国であった領域である。

正　戦

レコンキスタ・イデオロギーは、九世紀の末にアストゥリアス王の肝煎りで編纂された『アルフォンソ三世年代記』のコバドンガの戦い（七一八年あるいは七二二年頃）の記述に依拠している。ウマイヤ朝の支配に反旗を翻したアストゥリアスの民とその指導者ペラーヨが、ウマイヤ朝軍に対して勝利を収めた戦いである。アストゥリアス建国神話ともいえるこの戦いの真偽はさておき、ここにイデオロギーの論拠が集約されている。

アストゥリアス初代の王ペラーヨは、攻め寄せるウマイヤ朝軍との交渉に臨む際、反旗を翻した理由について次のように述べる。①神は西ゴート王と西ゴート人が犯した暴政という罪に対して罰を与えた。②ムスリムを介してもたらされた神罰によって、西ゴート王国は滅亡した。③しかし神は我らを見捨てない。④ゆえに神を信頼して戦い、失地を回復せねばならない。このような論法をペラーヨは戦いの前に開陳してから開戦に踏み切り、大勝利を収める。

ここで③の論拠として引用するのが、『旧約聖書』の詩篇第八九章「わたしは杖をもって彼らの背きの罪を、鞭をもって彼らの咎を罰しよう。しかし、わたしは恵みを彼らからもぎ取らない」である。勝利を収める経緯は、紅海を前にした「出エジプト記」のモーセになぞらえている。神罰としての「祖国喪失（pérdida）」から、神の慈悲を得て、「失地回復（restauración）」へと向かう闘争、これがカスティーリャ王国を経てスペイン帝国へと受け継がれた歴史解釈の根幹にある。

本来激しい暴力を伴う戦争は、イエス・キリストの唱えた非暴力主義とは相いれないはずである。しかし古代末期の教父アンブロシウス（三四〇頃～九七年）とアウグスティヌス（三五四～四三〇年）以来、戦争へ訴えることが容認される条件が整理され、教会は正戦（あるいは義戦）理念を精緻化していく。この理念に則れば、キリスト教徒の所有する財が不正に奪われた場合、それを奪還する戦いは正当なる戦争、すなわち正戦となり、武力行使が許容される。こうして、西ゴートというキリスト教徒の王国領域を不当に簒奪したアンダルス社会に対する戦争は、全面的に正当化されることとなった。

この大義名分を、少なくとも国王とその側近たちはつねに意識していたと思われる。最後のアンダルス勢力のナスル朝グラナダがまさに息を引き取ろうとする一四八九年の秋、和平の仲介役をかって出たマムルーク朝の使節が来訪する。これに対する返答としてカトリック両王（カスティーリャ女王イサベル一世とアラゴン連合王国の君主ファラン〔フェルナンド〕二世の夫妻）は、臣民としてムスリムを受け入れることは問題ないが、固有の領土を不法に簒奪しているナスル朝の存在は容認できないとして、戦争の継続を断固主張している。

聖戦／十字軍

アンダルス勢力はイスラームを奉じている以上、この戦争はキリスト教徒とムスリムという異教徒同士の戦いにならざるをえない。そもそも西ゴート王国の歴史叙述は、西ゴート人を神に選ばれた民として描いていた。『旧約聖書』の逸話のごとく、神は戦争に直接介入して背く者を滅ぼし、従う者に勝利をもたらす。すべての戦争は、神の聖なる裁きと解釈されうる。この旧約聖書的な戦争イメージが、西ゴート王国の滅亡後も継承された。

このいわばアルカイックな聖戦観と、一一世紀から西欧世界で醸成された理念とが合体した。いわゆる十字軍思想である。十字軍に参加する者には罪の赦しが与えられるが、第一ラテラノ公会議（一一二三年）では、イベリア半島でムスリム勢力と戦う者に対しても、聖地イェルサレムで戦う者と同等の赦しが保障された。対アンダルス戦争もまた、十字軍となったのである。

こうしてイベリア半島は、アンダルス勢力と戦って贖罪を得られる場と認知されるようになっていった。一二世紀の半ばに執筆されたカスティーリャ・レオン王国の『アルフォンソ皇帝年代記』には、色恋沙汰が原因で娘を殺してしまった罪を悔いる父、最前線都市トレード城主のムーニョ・アルフォンソの逸話が紹介されている。ムーニョは聖地イェルサレム巡礼を望んだが、国王とトレード大司教らは「サラセン人（ムスリム）によって殺されるまで、ここで彼らと戦い続ける」ことで罪の贖いを命じ、聖地巡礼を止めさせたという。

対アンダルス戦争が聖戦かつ十字軍である以上、神の意を伝える存在が戦闘の場面に権現する場合も多い。巡礼で名高い十二使徒のひとり聖ヤコブ（サンティアゴ）が白馬にまたがり、「白の軍勢」を引き連れて戦場で戦う姿が、歴史書にたびたび描かれるようになる。この結果、聖ヤコブは中世の後半から近世にかけて「マタモーロス（ムスリム殺し）」のあだ名で知られるようになっていった。彼に限らず大天使ミカエル、カスティーリャの守護聖人聖アエミリアヌス（サンミリャン）、カタルーニャの聖ゲオルギオス（サンジョルディ）も直接参戦して、アンダルス兵をなぎ倒した。鬨《とき》の声では神、聖ヤコブ、そして聖母マリアの加護を願ってから、戦いを開始することが多い。

　征服時には、ユニークな現象が生じた。アンダルスの都市や拠点が奪取された場合、まず執り行われるのが教会の献堂式である。教会はゼロから建設されるわけではなく、アンダルス時代のモスク建築を再利用するのが常である。聖水を撒いて「イスラームの汚辱」を取り払ってから教会に転用されたが、都市の中心に位置するかつての大モスクは、とりわけその浄化と慈愛の権能を期待して聖母マリアに捧げられることが圧倒的に多い。

　このように、キリスト教の神、聖母、天使、守護聖人らのエネルギーが至るところに介在した。とりわけ小競り合いが日常茶飯事となっている対アンダルス国境の最前線に住む人々は、神とその意を汲む存在の加護を願いつつ、日々生活した。最前線に居住し小競り合いに参加する者たちは、ローマ教皇や教会当局、あるいは国王が正式な十字軍として認定していようとしていなかろうと、殉教することで罪の赦しが与えられ天国へと至ることができる場に住んでいると考えていたふしがある。中世後期に聖地十字軍が行われなくなると、西欧の各地から戦士たちが、武者修行と贖罪の機会を求めてこの最前線にやってきた。このようなキリスト教的な聖性を付与された最前線社会の特質は、時と場所を超え、近世のアメリカ大陸に輸出されることとなる。

図1　抱擁するキリスト教徒とムスリム
キリスト教徒城主との友情を利用して，ムスリム城主が裏切る詩歌につけられた13世紀の図像資料。中世イベリア半島世界の融和と軋轢の両義性をよく示している。
出典：『聖母マリアの古謡集』第187番（エル・エスコリアル王立修道院図書館蔵）。

多文化・多宗教の社会形成

レコンキスタ・イデオロギーが掲げられて実施される対アンダルス戦争は、正戦であり聖戦でもあったことは間違いない。とはいえ、『旧約聖書』で記されているがごとく、機械的かつ非妥協的に異教徒のムスリムを殺害したわけではない。理念と現実は相当乖離していたといわざるをえないのである。

まず、異教徒であるムスリムは、征服活動の進展に伴って、臣民として受け入れられた（ムデハル〔残留者〕と呼ばれる）。アンダルスに住んでいたユダヤ人も、次第にキリスト教諸国社会に溶け込んでいった。一〇八五年にかつての西ゴート王国の都トレードを征服したカスティーリャ・レオン王アルフォンソ六世（在位一〇六五〜一一〇九年）と彼の孫アルフォンソ七世（在位一一二六〜五七年）は、キリスト教徒のみならずムスリムに対する支配権を誇示して「二宗教皇帝」という称号を名乗る。事実、国王の封建家臣には、ムスリムもいたのである。キリスト教の優位が脅かされない限り、寛容な姿勢と並存する余地は非常に大きかった。ムスリムとユダヤ人をキリスト教へ強制的に改宗させることは禁止されており、あくまで自発的な改宗が促されたにすぎない。

キリスト教を掲げた征服活動が進展するにつれて、逆説的ながらも、イベリア半島のキリスト教諸国社会は、ラテン・キリスト教的な西欧から逸脱していかざるをえなかった。たとえば上述のトレードでは、ラテン語に加えて各種ロマンス語、そしてアラビア語とヘブライ語が飛び交っていた。かの有名な一二世紀ルネサンスの起爆剤となったアラビア語文献のラテン語への大翻訳事業は、この多言語空間のたまものであった。

理念と現実の乖離を一身で体現している当時の人物を最後に紹介したい。カスティーリャの王族フアン・マヌエル（一二八二〜一三四八年）は、著作を複数物したスペイン文学史上有名な人物である。そのうちの一冊の君主鑑（君主教育書）『諸身分の書（El libro de los estados）』に、彼の対アンダルス戦争に対するまなざしが吐露されている。キリスト教、ユダヤ教、そしてイスラームという三つの信仰を同根の一神教である点を看破する彼は、あくまで対アンダルス戦争が、祖国奪還のための世俗的なもの（正戦）であって、イエスの生き様を引用しつつ、キリスト教への強制改宗を意図していない点を強調する。しかしその戦いのさなかに命を落とした者は殉教者となり、贖罪を得られる場（聖戦）であると主張してもいる。

さらに興味深いのは、彼の政治家としての生き様である。野心家でもあった彼は、幼少の国王を操り、それがかなわないとみるや幾度も反旗を翻して、ナスル朝グラナダと個人的な盟約を結ぶ。「白か黒か」で線引きできない境界領域、それが中世イベリア半島であった。

（黒田祐我）

参考文献

黒田祐我『レコンキスタ——「スペイン」を生んだ中世八〇〇年の戦争と平和』中央公論新社、二〇二四年。
芝修身『真説レコンキスタ——〈イスラーム vs.キリスト教〉史観をこえて』書肆心水、二〇〇七年。
杉谷綾子『神の御業の物語——スペイン中世の人・聖者・奇跡』現代書館、二〇〇二年。

第9章　宗教改革

1　宗教改革をめぐる通説

宗教改革とは何か。歴史家の多くは、カトリック教会と絶縁して新しい教義と礼拝と教会制度を打ち立てたプロテスタントの大変革のことだと捉えている。また最初に行動を起こしたのはドイツのアウグスティヌス隠修士会士、ヴィッテンベルク大学教授マルティン・ルターだと考えている。そして宗教改革は「信仰のみ」「恩恵のみ」の教えを確立し、神の恩恵を受けて信仰に目覚めるべき「個人」を尊重し、近代への扉を開いたと理解している。また宗教改革は「聖書のみ」の原則により、キリスト教本来の姿を回復したと解釈している。同時に、本来のキリスト教は「業」による救いを教えておらず、中世の教会はユダヤ教と同じ「律法主義」に陥っていたと判断している。加えて、宗教改革は礼拝（儀式）を簡素化し、聖像や聖遺物を除去し、迷信を排除し、脱魔術化を促進したと論じている。それだけでなく、宗教改革は超自然的な秘跡を執行する聖職者の特権を否定し、「万人（全信徒）祭司」の原則によって宗教面での人間の平等化を推進し、やがて「人権」思想の成立に影響を与えるという歴史像を描いている。さらに論者によっては、宗教改革は達人的な宗教者による修道の理想を認めず、現世の営み（日々の勤労）の中で信仰を守ることを万人に求め、中世の教会が軽視した経済活動にも積極的な価値を与え、カルヴァン主義においては「選ばれた者」（神によって救いが「予定」されている者）は現世でも成功者となるという信念さえ生じさせたと説いている。

宗教改革の学術的研究は、これらの骨太のテーゼの実例を示したり反証をみつけたりする作業を伴っており、膨大な数の成果が公表されている。本章では、ヨーロッパの主要地域で起きた宗教改革の事件史を追いながら、上述のような根本的問題について順次考察し、何が宗教改革の歴史的理解として正しいのか、読者が各自、考える材料を提供したい。

2 ルターのドイツ宗教改革における伝統と革新

ルターが到達した新思想の核は「信仰義認論」にあったとされる。その「発見」は一五一五年頃、ルターが『新約聖書』とくにパウロ書簡を読む中で起こったという。いわゆる「塔の体験」である。それまでのルターは、修道士として厳格な規則に従いながらも達成感を得られず、絶えず罪の意識にさいなまれ、神の前に正しい存在（義人）になりようがないと絶望していたが、ローマ書一章一七節の「信仰による義人は生きる」というパウロの言葉に出合い、罪深い人間の身代わりとして十字架につけられた贖《あなが》い主キリストを信じるだけで、神は憐れみと恵みによって何の功績もない人間を受け入れ、正しいと認めてくださるという確信を抱くに至ったという。この体験の場になった「塔」とはルターが聖書を読んだ書斎（図書室）のことであり、知識層にとってはありふれた場所であった。ルターが体得したこの聖書的な信仰は秘匿されていたわけではなく、一定の知性と感性の持ち主ならだれもが到達できるものであった。実際、ルターが信仰義認論の「第一発見者」であったと考えるのは誤りである。

一五一二年、パリの人文主義者ジャック・ルフェーブル・デタープルはパウロ書簡の註解の中で次のように論じていた。「私たちは恩恵により、信仰をつうじて救われる。恩恵は賜物であって業ではない。私たちの側の信仰によって私たちは義とされると考えてもいけない。信仰さえ神の賜物なのである」（ルフェーブル・デタープル『ローマ書注解』ラテン語原典の七四頁裏面）と。ルフェーブルはカトリック教会にとどまったが、その信仰義認論はルターと同じである。カトリック教会にもルターと同じ考えの持ち主がいたのである。そうなると「宗教改革」の思想はカトリック内部にもあったことになる（後述するように、カトリック側の様々な改革の動きを宗教改革現象の一部と捉える歴史家がいるのは不思議なことではない）。いずれにせよ、ルターを中世カトリック思想の文脈に引き戻して考えてみることには意義がある。ルターの新しさはいったいどこにあったのかを吟味する手がかりになるからである。

ルターの時代のカトリック神学（スコラ学）には、アリストテレス哲学に依拠して神を「第一原因」とみなし、「普遍的」なるものを出発点として教義を構築するトマス・アクィナスなどの「旧い道」と、抽象概念ではなく現実世界の「個物」から考察を開始するオッカムのウィリアムらの「新しい道」があった。後者は哲学的思弁より聖書の個々の記述や歴史的な教会の具体的な教えを重視した。ルターの聖書研究は「新しい道」の方法論に従っていた。ただし「新しい道」は救済論に関して一枚岩ではなく、たとえばガブリエル・ビールは人間の業を、リミニのグレゴリウスは神の恩恵を重視していた。後者は一四世紀のアウグスティヌス隠修士会士であり、ルターはその思想に馴染んでいた可能性がある。しかし両者間の隔たりは大きかった。リミニのグレゴリウスは「信仰のみ」を説かなかったのである。中世のカトリック神学者たちは、ほぼ例外なく、善き業を追求する人間の主体的な意思や努力を評価していた。もちろんそれは中世の教会が創始した教えではなく、聖書に基づいていた。パウロによれば「神は、おのおのに、そのわざにしたがって報いられる。耐え忍んで善を行って、光栄とほまれと朽ちぬものとを求める人に、永遠のいのちが与えられる」（「ローマ書」二章六、七節）。パウロは信仰ゆえに義と認められることと最終的な救いを分けて考えていたのである。いずれにしても「業」の全面否定がプロテスタント的で聖書的だという理解は正しくない。

もちろん、ルターをはじめ一六世紀の多くの人たちが嘆いた善き業の逸脱と聖職者の堕落ぶりは顕著であった。ルターは一五一〇年にローマを訪れて幻滅を味わったが、そのときの教皇はユリウス二世であった。その名がユリウス・カエサルに因むことからもわかるとおり、彼は戦争と権謀術数に長け、かつ芸術に溺れていた。次のレオ一〇世は戦争好きではないが、芸術に大金を注ぎ込む点ではユリウス以上であった。彼がサン・ピエトロ大聖堂の改築のために豪商フッガー家に借金をしたのは周知の事実である。同じくフッガー家から金を借りていたホーエンツォレルン家のアルブレヒトは教皇の許可を得てドミニコ会士テッツェルに「全贖宥」の刷り物をドイツで巡回販売させたが、それはあらゆる罪の償いを免除する証明書であった。この時代の信心は、しばしば金銭のやりとりを伴っていた。天国に直行できずに「煉獄」で苦しむ死者のための祈り（死者ミサ）は有償であり、祭壇や聖画像の奉献にも多額の費用が必要であった。

聖職者の質は全般的に低かった。信徒を教え導くどころか説教もできず、俗人の服を着て帯剣し、女性と交わる司祭も多かった。「地獄に行きたければ聖職者になれ」という戯言が流行したほどである。

ルターは一五一七年に『九十五箇条の論題』を発表し、贖宥状の効力を否定するとともに教皇を厳しく批判した。その頃ルターはすでに「信仰のみ」「恩恵のみ」の確信を抱いていた。ルターの訴えはドイツ中に共鳴者を見出す。レオ一〇世はルターに破門の警告（一五二〇年）を発し、翌年これを実行に移した。神聖ローマ皇帝はヴォルムス帝国議会にルターを召喚して自説の撤回を求めたが、ルターは彼個人の「良心」を盾にこれを拒否する。帝国議会はルター派を禁止し、ルターを「帝国追放刑」に処した（ヴォルムス勅令）。その後ルターを窮地から救ったのは、かつてルターをヴィッテンベルク大学に招いたザクセン選帝侯フリードリヒ三世（賢侯）である。ルターはヴァルトブルク城にかくまわれ、聖書のドイツ語訳にいそしんだ。この聖書の特徴は、人文主義者ロッテルダムのエラスムスによる『校訂新約聖書』（初版一五一六年）のギリシア語テキストを用い、カトリックの古いラテン語訳（ウルガタ聖書）より「原典」に忠実であろうとした点にある。

ルネサンスの「源泉に帰れ」の精神は宗教改革にも刺激を与えていた。ただし「聖書のみ」の立場自体は、「恩恵のみ」「信仰のみ」と同じくルターの独創ではない。フランスに発するヴァルド派、イギリスの聖書主義者ジョン・ウィクリフの影響を受けたロラード派、ボヘミア（チェコ）の改革者ヤン・フスの信奉者たちなどが聖書主義の先達である。ルターは一五一九年にカトリック神学者ヨハン・エックとの討論の中でフスの教えにも正しい点があると述べ、翌年には「知らずしてわれわれはみなフス派なのだ」と述べている。宗教改革は中世以来の諸潮流の延長上にあったのである。付言すればルターは中世後期の神秘主義の影響も受けており、神と人間の魂との神秘的合一を説く一四世紀の『ドイツ神学』（著者不詳）を愛読していた。

聖書主義は新しくないが、「正典」の選び方にはルターの独自性がある。ルターはのちにカトリック教会が正典として再確認した「トビト書」「ユディト書」「知恵の書」「シラ書」などの『旧約聖書』続編（第二正典）を認めず、ドイツ語聖書から除外している。「聖書のみ」は自動的に成立したのではなく、選別を伴っていたのである。そして聖書に含まれる各書にも「優劣」があった。「人が義とされるのは、行いによるのであって、信仰だけによるのではない」という章句で知られる「ヤコブ書」(二章二四節)はルターによって「藁の書簡」と呼ばれ、軽視された(ルターはこれを正典から外そうとしたが、思いとどまり、収録の位置を『新訳聖書』の最後の方に移すにとどめた)。この選別と配置の変更はルターの新しさであり、プロテスタントの独自性だといってよい(活版印刷術による聖書の大量普及も重要だが、それは技術面に関する新しさである)。なおルターの宗教改革は聖書を一般信徒にも読めるものにしたが、それは「個人」の精神的自立を促進したであろうか。少なくとも一六世紀に関しての答えはノーといわざるをえない。ルターは聖書解釈の自由を個人には許さず、大小の『教理問答書』で信仰の統一化を図ったからである。ただし一七世紀に個人が自発的に入会するタイプの諸集団(ピューリタンの分離派やクエーカー、敬虔主義の細胞組織)が力を増したのは重要な変化である。

ところで、ルターがヴァルトブルクにいた時期のヴィッテンベルクでは、アンドレアス・ボーデンシュタイン・フォン・カールシュタットが急進的な改革を推進しており、パンとブドウ酒の二種を用いた聖餐式の導入や教会内の聖画像の破壊を断行していた(中世カトリック教会では信徒にはパンだけが与えられていた)。しかし選帝侯はカールシュタットが社会的混乱を起こしていると判断し、一五二二年にルターを呼び戻した。ルターは外面的な改革よりも信徒たちの内面の変化が重要だとの立場を示し、事態を収束させた。古いルター派の教会には今もカトリック時代の聖人像が残されており、ルターが伝統文化の破壊を望まなかったことがよくわかる。

ところで、法学生だった若きルターが修道士になったのは、エアフルト郊外のシュトッテルンハイムで激しい雷雨に遭い、とっさに「聖アンナよ、お助けください。私は修道士になります」という願いと約束の言葉を発したからであった。いわゆる互酬性を特徴とする中世的な聖人崇敬の中でルターは生き方を大きく変えたのであった。なお聖アンナ(聖母マリアの母)はルターの父親のように鉱山業に携わる人たちの守護聖人であり、ルターは幼い頃から聖アンナに親しんでいたと考えられる。ルターの生地アイスレーベンには聖アンナに捧げられたアウグスティヌス隠修士会の修道院があった。ルターがこの修道会を選んだのは偶然ではないであろう。もしルターが別の修道会に入っていたら、ヨハン・シュタウピッツのような恩師にめぐりあうことはなく、聖書研究も贖宥状の批判もしなかったかもしれない。シュタウピッツは聖書学者であり、すでに一五一六年に説教の中で贖宥状を批判していた。なおルター派教会はカトリックのように聖人を拝まないが、古い時代の偉大な「聖徒」の記念日を現在も教会暦に組み込んでいる。たとえばマルティン・ルターの名前の由来である四世紀のトゥールの司教マルティヌスの日（一一月一一日）を記念日とし、貧しい人に自分のマントの半分を裂いて与えたマルティヌスの伝説を紹介している。ルターのドイツ宗教改革においては、伝統と革新が溶け合っているのである。

一五二〇年代、ルターの著作物や絵入りのパンフレット類はドイツ全土で読まれ、朗読されていた。『九十五箇条の論題』のほか、『キリスト者の自由』（一五二〇年）も大反響を呼んだ。しかしルターの著作は彼自身が制御できない不穏な動きを各地で誘発した。人文主義と宗教改革の教会批判に共鳴したウルリヒ・フォン・フッテンやフランツ・フォン・ジッキンゲンらの騎士戦争（一五二二年）がその例である。ドイツ農民戦争（一五二四〜二五年）も宗教改革思想の刺激を受けていた。聖書の教えを社会正義の実現のために用いたクリストーフ・シャッペラーや、この世の終わりを信じて農民反乱の中で「選民」の結集を計画したトーマス・ミュンツァーの名をあげれば、このことは容易に理解できる。二人とも、もとはルターと同じくカトリックの聖職者であった。一五二五年に編まれたシュヴァーベン農民の「十二箇条の要求」には、聖書的な万人の自由・平等の原理に基づく農奴制の廃止、教区共同体による牧師の選出、十分の一税（教会税）制度の適正化と共同体による自主管理など、下からの共同体的な宗教改革の要求が記されていた。そこにはルターの教えと重なる部分もあったが、暴力的運動に危機感をおぼえたルターは諸侯に弾圧を呼びかける。ルターにとってキリスト者は神以外のだれにも服従しない霊的な自由を有するが、現世の秩序を守るべく神がたてた権力には服従しなければならない。この思想は二王国論と呼ばれる。ここには人間の罪深さとこれに起因する社会悪や犯罪に関するルターの諦念的な認識が反映されている。

ザクセンをはじめとするルター派の領邦ではその後、修道院の廃止と財産接収、これを財源とした世俗の救貧制度や地方の牧師たちを統制する巡察制度が導入され、全土の教会を統括する行政官庁として宗務局が設置される。いわゆる領邦教会体制が整備されたのである。この点で宗教改革の歴史は政治史・法制史でもあった。それはルターが始めた宗教改革の新しさだといってよい。教義と礼拝と教会制度の改革が国家の事業として進められたのである（一五三〇年代には同じタイプのルター派教会が北欧諸国にも成立している）。

宗教改革史は外交と戦争の歴史でもあった。一五二六年、神聖ローマ皇帝カール五世はイタリア支配をめぐるフランス王および教皇との争い（イタリア戦争）やオスマン帝国の軍事的脅威（オーストリア方面への進軍）を背景にルター派諸侯の協力も求めざるをえなくなり、第一回シュパイヤー帝国議会においてヴォルムス帝国議会（一五二一年）のルター派禁止令を保留にして対立を和らげた。しかしイタリア戦争が皇帝側に有利な展開をみせると、一五二九年の第二回シュパイヤー帝国議会では再びルター派を禁止する。宗教改革派の諸侯はこれに対して抗議（protestatio）を行った。これを機に宗教改革派はプロテスタントと呼ばれるようになった。プロテスタントの領邦国家と都市は、やがて一五三〇年代に軍事的連携を図り、皇帝との対決姿勢を強める。

一五四四年、カール五世はイタリア戦争を一時的に中断してドイツの地に関心を向け、二年後、ルターが死去した年にプロテスタント諸侯との戦争を開始する（シュマルカルデン戦争）。戦争は皇帝側の勝利に終わり、プロテスタント側のザクセン選帝侯ヨーハン・フリードリヒが捕虜になり、ヘッセン方伯フィリップも投獄された。そして教義と礼拝の再カトリック化が命じられた。ただし皇帝は、公会議で宗教改革問題の結論が出るまでという条件でプロテスタントの牧師の結婚を許し、二種の聖餐を認めることにした（一五四八年のアウクスブルク仮信条協定）。それでもプロテスタント側の反発は大きかった。

カール五世はドイツとスペインを一体的に統治しようとしたが、諸侯たちから拒絶され、一五五二年、ドイツの支配を弟フェルディナント（オーストリア大公）に委ねてスペインに移る（彼はスペインではカルロス一世である）。フェルディナントはプロテスタント諸侯の弾圧は難しいと考え、一五五五年に「アウクスブルク宗教平和令」を公布する。それは「一人の支配者のいるところ、一つの宗教」の原則に従い、カトリックかルター派かの選択を諸侯に委ねるものであった。個々の領民には宗派選択権はなかったが、領邦の宗派に従えない場合には「移住」する権利が認められた。なお宗派選択権は帝国都市には与えられなかった。カトリック少数派を温存するためである。

3　ツヴィングリの宗教改革

スイスのドイツ語圏ではルター主義とは異なる宗教改革が進展した。その指導者は都市チューリヒのカトリック司祭ウルリヒ・ツヴィングリである。ツヴィングリは聖書を唯一の規範とし、為政者と連携して教会改革を行った点でルターと同じであり、ルターの著作も読んでいた。しかしツヴィングリはエラスムスを尊敬する人文主義者であり、古典古代の評価に関してはルターと一線を画していた。またツヴィングリの改革には共同体自治の精神が反映されていた。このことは市参事会の主催する公開討論会（一五二三年）の場で教会改革の諸方針が打ち出されたことに表れている。ツヴィングリの『六十七箇条の論題』は討論会で主張したい内容を事前に公表する意図で書かれた文書である。

ツヴィングリはカトリック的な善き業をルターと同じように批判したが、信仰によって個人の生活と社会のあり方が変わり、「聖化」が起きなければならないと考えていた。ここには一種のピューリタン的精神をみることができる。ツヴィングリの宗教改革は道徳改革でもあり、一五二五年に設置された婚姻裁判所（道徳裁判所）がその推進機関であった。なおツヴィングリは現世の生活を重視し、修道院の存在を認めなかったが、この点はルターと変わらない。ルターとの大きな違いは、教会から聖画像を組織的に撤去した点にある。この点でツヴィングリはヴィッテンベルクの急進派に近い。さらにツヴィングリは、チューリヒ農村部で起きた農民騒擾の際、都市が直接支配する地域の農奴制を廃止する提案を市当局（市参事会）に対して行い、これを実現させた（一五二五年）。ルター派のドイツ諸領邦とはまったく異なる展開である。ツヴィングリは社会の改良（聖化）に意欲的だったのである。

ルターとツヴィングリの違いは人間観・社会観・権力観において顕著であったが、聖餐論の不一致も深刻であった。この問題においてルターは聖書の字句にこだわり、最後の晩餐の際にキリストが卓上のパンとブドウ酒を自身の体と血「である」といわれたのだから（「マタイによる福音書」二六章）、キリストの体と血は聖餐において「現存」するのだと主張した。一方ツヴィングリは「である」を「意味する」「象徴する」と理解した。この対立はプロテスタントの連携を一時的に妨げる要因となる。もちろんルターは聖書の言葉の転義的・寓意的解釈を認め、新旧約聖書の個々の戒めや勧告には時と場所を問わず普遍的に適用されるべきものと聖書時代の特定の人たちに向けられたものがあると認めており、その点で柔軟であったが、聖餐に関しては字句にこだわり続けた。他方、たとえば聖書に「信じてバプテスマ〔洗礼〕を受ける者は救われる」(「マルコ福音書」一六章一六節、引用文中の〔 〕は引用者による挿入を示す）と書いてあるからといって自分で「信じる」力のない幼児に洗礼を施す中世の古い慣行を否定することはなかった。ツヴィングリも同じである。キリスト教社会の確立後は、『新約聖書』の時代とは違い、教会が責任をもって幼児を信仰に導くことができると考えたからである。この姿勢はやがて聖書の字句に強くこだわる急進派の批判にさらされることになる。彼らのこだわりは、聖餐論争においてルターが示した聖書の字句へのこだわりと本質的に同じである。もっともルターは、パンとブドウ酒が実体的にキリストの体と血に「なる」というカトリックの聖変化説（化体説）は認めなかった。「である」と「なる」は違うからである。

聖変化には奇跡ないし魔術の要素があった。典礼の最中にキリストが出現し、その脇腹から血潮が噴き出す場面を描いた「聖グレゴリウスのミサ」（各地の祭壇画）は、カトリック的な聖変化の雰囲気をよく伝えている。しかしプロテスタントが魔術的な世界から解放されていたわけではない。ルターは悪魔の実在と襲撃を信じており、ヴァルトブルク城にはルターが聖書の翻訳作業中に悪魔の来訪に気づいて（壁に）インク壺を投げた跡のある小部屋が保存されている。ルターは魔女の存在も信じていた。ツヴィングリも同じである。

チューリヒに始まるスイスの宗教改革は、やがてザンクト・ガレン、ベルン、バーゼル、シャフハウゼンなどにも広がった。スイスの宗教改革派はルター派とは区別され、ツヴィングリ派ないし「改革派」と呼ばれるようになる。当時のスイスは一三の主権邦（都市邦・農村邦）、従属邦、主権邦の共同支配地からなる緩い同盟体であったが、中央部の諸邦（とくにルツェルン、ウーリ、シュヴィーツ、ウンターヴァルデン、ツークの五邦）はカトリックにとどまり、宗教改革陣営に敵対していた。そのため一五二九年と一五三一年に内戦が起きた（二次にわたるカッペル戦争）。その結果、各主権邦はそれぞれカトリックか改革派のどちらかを選択することになった。ただし主権邦グラールスやアペンツェル、共同支配地バーデンのような二宗派併存地域もあった。

一五三一年、ツヴィングリは従軍牧師としてカッペルの戦場で命を落とした。その後チューリヒの教会を指導したのはハインリヒ・ブリンガーである。彼は人文主義の教育を受けており、その学識と使命感によってヨーロッパ各地のプロテスタントに大きな影響を与えた。彼は改革派の神学を練り上げ、一致と連携の輪を広げた。彼が深く関わった「第一スイス信仰告白」（一五三六年）と「第二スイス信仰告白」（一五六六年）は、聖餐におけるキリストの「霊的臨在」と信徒の霊的交わりを強調し、かつ神による選びと救いの「予定」に関する神学の形成と普及を助けた。ただし後述するカルヴァンが強調した二重予定説（人間が信仰を抱いて救いに至るか、不信仰に陥って滅びるかは、全知全能の神によってあらかじめ決められているという説）の受容度はスイス全体としてみれば低かった。

ところで、ツヴィングリの改革はルターの場合と同じく急進派との対決のなかで進められていた。チューリヒでは門閥市民の息子コンラート・グレーベルや聖職者の庶子フェーリクス・マンツらが改革の不徹底を批判し、聖書に見出せない幼児洗礼を廃止して成人洗礼を導入すべきだと主張していた。ただし急進派も分裂しており、農村部で教区民による牧師選出や十分の一税納入停止の運動を支援するヴィルヘルム・ロイブリンのような民衆運動家もいた。チューリヒの急進派は一五二五年一月に自分たちだけで再洗礼を実行に移し、改革派教会を去って個人の家や野外で集会を開いた。彼らはやがて再洗礼派と呼ばれるようになる。再洗礼派はツヴィングリ以上に道徳改革に情熱を注ぎ、戒告と破門を実践して共同体の純化を目指した。ツヴィングリの教会は破門を実施しないため、再洗礼派はそれを悪の巣窟とみなした。再洗礼派の教えはスイスの別の地域にも広がり、指導者たちの一部は西南ドイツやアルザス地方の別系統の再洗礼派とも連絡をとりあった。スイスとの境に近いヴァルツフートでは宗教改革者バルタザル・フープマイアーの指導下、都市全体が再洗礼派の教えに従った（一五二五年）。フープマイアーは改革のために剣をとることも辞さない武闘派であり、チューリヒにも彼に賛同する人たちがいた。しかし一五二七年にシュヴァルツヴァルトのベネディクト会修道院ザンクト・ペーターを脱出したミヒャエル・ザトラーがスイスに来てからは無抵抗（非暴力）路線が主流になる。彼はシャフハウゼンの農村で「シュライトハイム信仰告白」を編み、成人洗礼の正当性を説くとともに聖書を根拠とした剣（暴力）の放棄、官職と宣誓の拒否、悪魔の支配下にある現世と教会の分離、放逐（破門）による共同体の浄化を呼びかけた。

再洗礼派は随所で迫害されたが、リヒテンシュタイン家が支配するモラヴィア（チェコ）の都市ニコルスブルク（ミクロフ）のように保護の対象になった場所もある。なおモラヴィアには一五三〇年代にチロル出身のヤーコプ・フッターを指導者とする再洗礼派のコロニーが形成された。彼らフッター派は財産共有と農業・手工業の集団化を推進した。一方、ベルンやジュラの山岳地帯、アルザスやプファルツ地方に潜伏して生き延びたスイス再洗礼派は財産共有を行わず、共同金庫を設けて貧しい人々や病人を助けた。その伝統はオランダ再洗礼派すなわちメノナイトも共有しており、スイス再洗礼派の多くは一七世紀にメノナイトと合流することになる。スイス系メノナイトの中には為政者および地域社会とのつながりを回復するグループもあったが、一七世紀末に厳格派のアーミッシュが台頭し、分離主義の再徹底を図る。

4　カルヴァンと宗教改革のヨーロッパ的拡大

フランス人ジャン・カルヴァンはパリ大学やオルレアン大学で学んで人文主義的教養を身につけ、やがて教会改革に関心を向けた学識者である。一五二〇年代にはすでに前述のルフェーブルと交流しており、一五三〇年代には新思想の持ち主として当局に追われる身となった。彼は一五三四年にバーゼルに逃れる。ルフェーブルの弟子ギヨーム・ファレルもスイスに渡り、ジュネーヴで宗教改革運動を展開していた。エラスムスもスイス（バーゼル）にいたが、宗教改革には関わらなかった。一五三六年にカルヴァンはバーゼルで主著『キリスト教綱要』（初版）を執筆する。それはルターの著作を読みこんで書かれていた。この年カルヴァンは偶然ジュネーヴを訪問し、そこでファレルに協力を求められ、改革の手助けをすることになる。

当時ジュネーヴはサヴォア公の支配下にあり、ジュネーヴ司教もサヴォア公に仕える貴族出身者であった。これに対してジュネーヴの市民たちは、スイスの改革派都市ベルンの支援を受けて独立闘争を繰り広げた。カルヴァン着任の頃にはすでに市民総会において聖書に基づく説教、ミサの廃止、聖画像の撤去などが決められていた。しかしカルヴァンは、乱れた市民生活に規律を与える道徳改革こそ必要だと判断し、一五三七年に「教会規則」を起草し、罪深い行いを改めない信徒への戒告と破門、悔い改めと赦しのシステムを確立しようとした。その際に彼は教会が自律的に破門権を行使すべきと主張したが、市当局はこれを都市の自治権の侵害とみなした。カルヴァンは反対派に圧迫されて一五三八年に市外に去り、四一年までシュトラースブルク（ストラスブール）に滞在した。この地にはフランスから亡命してきた改革派（ユグノー）の共同体があり、カルヴァンの指導を求めていた。

その間ジュネーヴでは反カルヴァン派の力が弱まり、カルヴァンの帰還が実現する（一五四一年）。彼はさっそく市当局に新しい「教会規則」を認めさせた。以後、教会の運営は牧師・教師・長老・執事が分担して行うこととされた。長老と執事の職は信徒が務め、前者は信徒の生活指導を、後者は貧民救済を担当した。この制度は事実上、教会と都市国家の一体化を意味した。長老職は市参事会員（一二名）が独占したからである。いわゆる長老会には牧師（五名）が加わり、共同で破門を含む教会罰（訓練）を実施する建前であったが、破門権は現実には市当局に委ねられた。破門は市民生活に大きな影響を与えるからである。その後一五六〇年に長老の選出は牧師（会）の承認を要することとされ、教会側の主導権の確立への道が開ける。当時ジュネーヴにはフランスのユグノー亡命者たちが数多く住み、教会だけでなく都市経済においても重要な役割を担っており、このことがカルヴァンの発言力の強化につながっていた。

一五五三年、スペイン生まれの医師（神学者）ミカエル・セルヴェトゥスがジュネーヴを訪れて三位一体論を否定する言説を広め、市当局によって処刑されるという衝撃的な事件が起きた。翌年、フランス出身の神学者セバスティアン・カステリオンが匿名で『異端は迫害されるべきか』を出版し、ジュネーヴの行き過ぎを批判する。なおセルヴェトゥスの影響で反三位一体論者（ユニテリアンの先駆）となったイタリア人ジョルジョ・ビアンドラータはハンガリーに逃れたが、その教えは国王に認められ、反三位一体派は「トルダの勅令」（一五六八年）によってカトリック、カルヴァン派、ルター派とともに公認されている。ジュネーヴはチューリヒと同じく統一的な「宗派化」を追求し、ハンガリーは「多宗派化」の道を選んだのである。

ジュネーヴには一五五九年に神学院が設けられ、有能な牧師の養成が行われた。そこには欧州各地から留学生が集った。カルヴァンはスイス内の改革派の連携も模索し、チューリヒのブリンガーとの関係を強め、「チューリヒ和協書」(一五四九年)を編んでルターとは異なる改革派的な聖餐論の共通理解(霊的臨在説)の基礎を築いた。

改革派教会はフランス各地にも叢生するが、それらはジュネーヴの伝道者たちが秘密裏に組織化したものである。貴族の中にも改革派になる人たちがいた。ブルボン、コンデ、コリニーなどの名門がその典型例である。一五五九年にはパリで改革派の全国教会会議が開かれ、「ガリア信仰告白」と「教会規則」が採択された。迫害下のユグノーたちの結束は固く、彼らの礼拝は訓練された牧師の力強い説教と詩篇歌を中心にしていた。ところで、フランスの農民は宗教改革とは無縁だとの通説があるが、たとえばオートロワール県の村ル・シャンボン゠シュル゠リニョンにはユグノー農民がひっそりと暮らしていた。

フランスの宗教改革は王と貴族の熾烈な権力闘争を伴った。カトリックの急先鋒ギーズ公フランソワによるヴァシーの改革派礼拝襲撃事件(一五六二年)がきっかけで始まるユグノー戦争は凄惨をきわめた。一五七二年には、ユグノーの領袖で王位継承権のあるアンリ・ド・ブルボンとヴァロア家の王妃マルグリットの政略結婚の祝宴を狙ったギーズ公アンリによるサン・バルテルミの大虐殺が起きた。虐殺はフランス全土に飛び火した。アンリ・ド・ブルボンはこのときカトリックに改宗して命をながらえた(その後、改革派に再改宗する)。当時は国王シャルル九世の母后カトリーヌ・ド・メディシスが政治を動かしており、彼女はプロテスタントとの接近を図っていた。その後、早世したシャルル九世にかわって王位を得たアンリ三世がギーズ公アンリを暗殺したが、そのアンリ三世も暗殺されてヴァロア家は断絶する。こうして生き残った王位継承権者アンリ・ド・ブルボンがアンリ四世として王位につく。彼は宗教戦争を終わらせるために再びカトリックに改宗し、一五九八年に「ナントの王令」を発してユグノーに信仰の自由を与えた。ただし彼らの宗教活動は制限され、とくにパリ中心部での礼拝は許されなかった。それでもフランスは平和と安定と成長の可能性を得ることができた。ただしそれは一六八五年にルイ一四世がナントの王令を廃止するまでのことである。それ以後国外に逃れたユグノーは一〇万人に及ぶ。その多くは優れた商工業者であった。

カルヴァン主義はスコットランドにも伝わった。それはジュネーヴ滞在経験のあるジョン・ノックスの一五四〇年代の働きによる。この国でも宗教改革は政治的闘争と結びついていた。当時フランスのメアリ・オブ・ギーズが幼い娘メアリ・ステュアート（フランス王太子フランソワの妃）の摂政を務めていたが、彼女を嫌う貴族たちがプロテスタントの信仰を選ぶようになり、ノックスは彼らの側に立って改革を進めることができた。一五六〇年、メアリ・オブ・ギーズが貴族反乱の渦中で病死すると、エジンバラで開かれた議会が宗教改革の導入を決める。この議会では「スコットランド信仰告白」が採択され、全国にカルヴァンの教えに従う長老主義の教会が成立することになる。なおメアリ・ステュアートは夫フランソワ（二世）の死後スコットランドに戻るが、カトリック信仰を棄てることはなかった。彼女は一五六七年に退位させられ、イングランドのエリザベス一世を頼るが、けっきょくは幽閉されて処刑されることになる（一五八七年）。

カルヴァン主義はネーデルラントにも伝わった。この地の統治権はスペイン系のハプスブルク家にあったが、カルヴァン派は徐々に貴族や都市の指導層に浸透していった。スペインのフェリペ二世がパルマ公マルハレータ（摂政）に異端審問とプロテスタントの処刑を強行させると、貴族たちが反発し、一五六八年にオランイェ公ウィレム（一世）を指導者とする反乱が始まる。カルヴァン派の多い北部七州がウィレムを支持し、ユトレヒト同盟（一五七九年）によって独立国家オランダ（ネーデルラント連邦共和国）の基礎が築かれる。スペインは一六〇九年に休戦条約を結び、オランダの事実上の独立を認める。

オランダ諸州はカルヴァン派を公認宗派としたが、各地でカトリックや再洗礼派、ユダヤ教徒に対して私的礼拝が許された。カルヴァン派の間では二重予定説を奉じるホマルス派と神の恩恵に対する人間の側の応答の力（恩恵の拒絶も可能な自由意思）を認めるアルミニウス派の対立が起きるが、一六一九年の「ドルト信仰基準」によって前者の教えが採用され、安定が得られた。この文書の特徴は、神の恩恵は不可抗であって、救いの予定を受けた信徒は最後まで信仰を貫いて救いに到達するという「堅忍」の教義である。

ところで、カルヴァン派には救いの予定（選び）は日々の勤労と実業面の成功によって確証（確信）されるという考えを抱く人たちがおり、それが「資本主義の精神」に接続するという説明がマックス・ウェーバーによってなされ、多くの論者がこれを受け入れてきたが、現在では実証面で問題があるとされている。ただしジュネーヴやチューリヒ、バーゼルなどで商工業や金融業が栄えたのは事実であり、その担い手が改革派の信徒たちであったことだけは否定できない。

予定説は神の力の絶対性を前提にしており、人間の自由意思を否定する立場である。それは人間の理性や感情を肯定的に評価するルネサンス・人文主義と正反対の思想である。両者の違いは、エラスムスが『自由意思論』（一五二四年）において人は自分の意思の力で「善」に向かうことができると説き、ルターがこれに反論して自由意思は原罪によって全壊状態にあり、神の恩恵を新たに受けなければ悪（罪）の奴隷であると主張したことに端的に表れている。ただしルターの後継者フィリップ・メランヒトンは『神学要覧』（一五五九年）の中で自由意思を認めており、宗教改革思想も一枚岩ではなかったことがわかる。カルヴァン派の世界でも一七世紀には厳格な予定説を修正してアルミニウス主義に接近する神学者たちが現れる。ジョン・キャメロンやモワーズ・アミローなどである。

5　イングランドとスコットランドの宗教改革

周知のようにイングランド宗教改革は国王ヘンリー八世の離婚問題を契機とする。王は政略結婚の相手であるキャサリン・オブ・アラゴン（神聖ローマ皇帝カール五世の叔母）と離婚し、彼女の侍女アン・ブーリンと結婚しようとしていた。一五二〇年代半ばのことである。背景は世継ぎの不在とカール五世との対立である。ローマ教皇クレメンス七世はカール五世との関係に配慮し、この離婚に同意しなかった。しかし一五三三年、ヘンリー八世は離婚と再婚を実行し、カトリック教会とも縁を切る。その推進役は政治家トマス・クロムウェルであった。彼は「宗教改革議会」においてカトリック聖職者の権力を奪う法案を次々に成立させ、一五三四年には国王をイングランドの教会の首長と位置づける

「国王至上法」を制定させた。こうして国教会が誕生した。

ヘンリー八世は残忍であり、『ユートピア』（一五一六年）で有名な人文主義者トマス・モア（大法官）を反逆罪で一五三五年に処刑し、男子を産まない妃アン・ブーリンさえ陰謀と不義密通の罪で斬首させた（一五三六年）。王はすぐに彼女の侍女ジェーン・シーモアと結婚し、待望の男子を得る（一五三七年）。のちのエドワード六世である。

ヘンリー八世は「宗教」の改革には消極的であったが、戦略上ドイツのルター派諸侯との連携を進め、英訳聖書の刊行を許可した。教義的改革はカンタベリー大司教（大主教）トマス・クランマーに託されたが、当初はカトリックとルター主義の折衷が目立った。たとえば一五三六年の信仰告白「十箇条」は信仰義認論を説くものの、その内容は自由意思を前提とするカトリックの義化説に近かった。三九年の「六箇条」では聖餐における聖変化が支持され、聖職者独身制も維持されている。これは王の要望でもあった。その王の死後、エドワード六世が九歳で即位すると、クランマーらはプロテスタント化を本格的に進め、四九年に「礼拝統一法」と「共通祈禱書」を定め、五三年には「アウクスブルク信仰告白」を土台にした「四十二箇条」を制定した。ただしクランマーは聖餐論に関してはツヴィングリに近かった。

一五五三年にエドワード六世が死去すると、ヘンリー八世とキャサリン・オブ・アラゴンの娘アンが即位し、カトリックを復活させる。クランマーは処刑され、殉教者となる。五八年にメアリが死亡してヘンリー八世とアン・ブーリンの娘エリザベス一世が即位すると、イングランドはまたプロテスタントに戻る。ただしエリザベスは中道を好んだ。このことは新しい「共通祈禱書」（一五五九年）に表れており、祝祭日や聖職者の式服の定めはカトリック的であった。ただしカトリック自体は禁じられた。大陸に逃れた司祭たちは密かに母国を訪問し、隠れて信仰を守る人々の司牧を行う。なお一五六三年に「三十九箇条」が制定されて国教会の教義は明確になっていくが、そこには改革派の思想が多分に採り入れられていた。

イングランドには国教会の権威主義を批判し、合議を重んじる長老制度を求める人たちもいた。いわゆるピューリタンである。彼らの一部は弾圧を逃れ、一七世紀前半にオランダのライデンを経て北米に渡る（一六二〇年）。ピルグリム・ファーザーズの上陸である。彼らの教会は水平的な会衆主義に立っていたが、信仰の異なる人たちには不寛容であった。

6　近世のキリスト教改革

近年の宗教改革研究においては、一四、一五世紀から一七、一八世紀まで射程に収めて「長い宗教改革」を論じる歴史家が増えている。宗教改革には一世紀以上の前史があり、さらにそれより長い継続と変化の歴史があるからである。一方、宗教改革の多様性を重視する立場の研究者たちは、宗教改革という単語を複数形で用いている。小文字を使う研究者もいる（Reformations あるいは reformations）。そのうえで彼らは、ルターの宗教改革、再洗礼派の宗教改革、カトリックの宗教改革などを単数形で表している。こうした新しい研究においては、ルターの思想と行動を大文字書きの宗教改革の中心に据える歴史観が相対化されている。カトリック側の改革の動きを Reformation に含める研究者も少なくない。前述のとおりルター思想においてさえカトリック的伝統とプロテスタント的革新が融合しているのだから、それは当然ともいえる。カトリック世界で起きた刷新運動を「宗教改革」の一部と位置づけるか「対抗宗教改革」「反宗教改革」または「カトリック改革」と呼んで区別するか、多くの学者が様々な見解を示している。筆者自身はプロテスタント改革もカトリック改革も含む用語として「近世のキリスト教（諸）改革」を提唱している（古い用語の排除ではなく併用がよい）。英語では Early Modern Christian Reformations になろうか。そもそも Reformation（ラテン語で reformatio）は中世以来カトリック世界で広く用いられており、プロテスタントへの限定は一七世紀以降に生じたことである。宗派間の対話と協調が求められる現在、古い用法の再生には一定の意義がある。プロテスタント限定の大文字の宗教改革は善悪二元論的な対立史観と近代主義・進歩史観の落とし子であり、プロテスタントが善であって近代的であり、歴史の進歩をもたらしたという古い通説の産物だからである。

グローバルな視野で宗教改革とプロテスタンティズムを論じる際にも、この進歩史観の残滓を警戒する必要がある。最近「アフリカの宗教改革」がテーマ化され、預言や奇跡、神癒の実践を重んじるタイプのプロテスタンティズムの隆盛が報告されている。これを土俗的信仰の一種とみなす論者もいるが、聖書は預言や奇跡の物語に満ちている。近代主義の洗礼を受けたプロテスタント神学者の多くは奇跡の時代は終わったと述べるが、アフリカ大陸のいわゆる「新しい聖書主義」は預言と奇跡を当然視している。それを異端と呼び、原始的宗教との交雑種とみなす学者の多くは明らかに、インク壺を悪魔に投げつけたルターとは別の宗教観をもっている。プロテスタント諸教会は「印刷物」（聖書と信仰告白文と教理問答書）を重視する中で「聖なるもの」を形式知に転換し、けっきょく「世俗化」を惹起したという解釈もある。いずれにせよ、宗教改革の研究は、近世のキリスト教改革が出発点においてどのような宗教性ないし霊性に掉さしていたかを確かめながら行うべきである。

（踊　共二）

参考文献

荒川正晴ほか編『岩波講座世界歴史一五――主権国家と革命　一五～一八世紀』岩波書店、二〇二三年。

＊「宗教改革とカトリック改革」を論じた章があり、別の章と併せて読むと時代状況が全体として理解できる。

踊共二編『記憶と忘却のドイツ宗教改革――語りなおす歴史一五一七―二〇一七』ミネルヴァ書房、二〇一七年。

＊ドイツの宗教改革を起点にしつつアルプス以南の世界にも目を向け、政治や経済の問題も扱っている。

『宗教改革著作集』全一五巻、教文館、一九八三～二〇〇三年。

＊ヨーロッパ諸地域の宗教改革者の著作、信仰告白、教会規則などの日本語訳が収録されている。カトリック改革、宗教改革急進派、農民戦争についても知ることができる。

A・E・マクグラス著、矢内義顕・辻内宣博・平野和歌子訳『宗教改革の知的な諸起源』教文館、二〇二〇年。

森田安一編『ヨーロッパ宗教改革の連携と断絶』教文館、二〇一〇年。

Allan H. Anderson, *African Reformation: African Initiated Christianity in the 21st Century*, Trenton, New Jersey, Africa World Press, 2001.

＊アフリカ大陸における現代のプロテスタンティズムがテーマ。「読むこと」「理解すること」を重視するヨーロッパ的な聖書主義を相対化する一助になる。

R. Po-chia Hsia（ed.）, *A Companion to the Reformation World*, Chichester, West Sussex, Wiley-Blackwell, 2004.

Carter Lindberg (ed.), *The European Reformations Sourcebook*, 2nd Ed., Chichester, West Sussex, Wiley-Blackwell, 2014.

Joseph T. Stuart and Barbara A. Stuart, *The Church and the Age of Reformations* (*1350–1650*), Notre Dame, Indiana, Ave Maria Press, 2022.

＊カトリック側の視点で書かれた宗教改革史。カトリック改革についての説明が豊富。時間軸を長くとっているのは近年の研究傾向を反映した結果である。

Peter Wallace, *The Long European Reformation : Religion, Political Conflict, and the Search for Conformity 1350–1750*, 3rd ed., New York, Red Globe Press, 2019.

コラム10　近世のカトリシズム

近世カトリシズムの淵源

近世におけるローマ・カトリック教会内部の刷新が突如出現したものではなく、一四世紀以降の様々な教会の改革を引き継いだと解釈する歴史家は「カトリック改革」という呼称を用いて歴史事象を記述し、同時代的なプロテスタント諸派の宗教改革運動に対抗する展開を強調する歴史家は、「対抗宗教改革」という用語を選ぶ。いずれの語彙を選択するにせよ、近世のカトリシズムを理解するためには、中世からの連続性と、一六世紀以降の信教国家の成立（宗派化）や非ヨーロッパ世界への進出といった現象との同時代的な関連性を理解しなければならない。

一四世紀末から一五世紀にかけての西ヨーロッパ社会では、飢饉・黒死病の流行・百年戦争をはじめとする長期間の紛争・都市社会の発展といった社会の変化を受けて、人々の心性にも変容がみられ、教会組織の整備や改変への要求が高まり、都市における弱者への対応にも積極的に取り組むようになった。また、信仰面では聖書に登場する聖人以外にも様々なローカルな地方聖人が崇敬対象となってきたが、一三世紀以降、マリアとイエス・キリストに関する崇敬が盛り上がりを示すようになる。たとえば、マリアが聖霊の力をもってイエス・キリストを宿して神の母となる、とされる神学体系が脚光を浴びるのもこの時代であった。他方、聖体についても、聖餐式で聖別されるパンを意味すると同時に、その内部にイエス・キリストが現存すると考えられてきたが、一三世紀に聖体の「実体変化」の教義（化体説）が確立されると、聖体への信心業が発展を遂げ、聖体の祝日が定められ、「聖体行列」と呼ばれる宗教行列も実施された。さらに、イエス・キリストの身体そのものへの崇敬のみならず、地上におけるイエスの黙想生活を模範とした霊的鍛錬を行おうとする動きも登場した。

神学体系や多様な信心業といった信仰生活と並んで、カトリック教会を支えたのが、この時代に起源をもつ精巧な組織と制度の体系であった。いわゆる一四世紀の「教皇の「アヴィニョン捕囚」」は、歴史研究の中でその実態との乖離が議論されてきているが、ローマ教皇のアヴィニョン居住の時期に、徴税機構、会計業務、教会法の編纂、司法機関の整備が進んだ。こうした、統治機構の整備は、教皇がローマへ帰還後も発展し、近世の中央統括的な教会秩序の維持に貢献していくこととなる。ところで、教会制度の整備という求心的な力が作用する一方で、教会内部の分裂や紛争による遠心力も増大する中で、複数の教皇が乱立する大分裂（シスマ）の時代を迎える。一五世紀から一六世紀にかけて、キリスト教会を統合するために公会議が何度か開催されるが、教皇と公会議の優越性をめぐる議論は近世を通じて続くこととなる。

一四世紀後半以降、農村から都市への移住者が急増し、疫病の蔓延や都市経済の変動による貧富の格差が広がると、都市における貧者や病者を救済する慈善事業の組織化が重要になってきた。こうした都市の救貧活動の担い手となったのが、兄弟会であった。この団体は、善行を通じて死に備え、祈りによって魂の救済を求めた俗人市民の宗教結社として、一二～一三世紀に登場した。多様な類型と活動が存在したが、特定の守護聖人への崇敬を目的として集まり、仲間同士の相互扶助、死者の埋葬、貧民の食料や日用品の定期的分配を行った。一四～一五世紀になると、こうした兄弟会が主導して、様々な慈善施設が都市に設けられていくようになる。こうした動きも、近世に継続・発展することとなる。

近世改革の特徴

近世のカトリシズムは、固定的な司牧拠点の確立、信心業の集約化、ローマ（教皇庁）を中心とする普遍的な教義や典礼の追求が特徴となる。また、ヨーロッパ世界内部では、スペインやフランスをはじめ、カトリック信教国家の統治機構に宗教的・倫理的性格を与えながら、住民のモラル矯正や集団としての秩序を維持する一方、南北アメリカ大陸やアジアをはじめとする非ヨーロッパ世界では、ヨーロッパ世界内部におけるプロテスタンティズムの浸透で失った信仰空間を世界規模で取り戻すべく、新たな司牧手法と聖職者教育を受けた宣教師を導入して、活発な宣教活動が展開された。

「長い近世」（一六～一九世紀の約四〇〇年間）のカトリック教会の教義と指針に一定の骨格を与えたのは、一五四〇年から一五六三年末まで断続的に開催されたトレント公会議である。もっとも、この公会議の開催は、神聖ローマ皇帝（カール五世）、ローマ教皇、カトリック諸国の思惑にしばしば翻弄された。公会議自体は、「異端の撲滅と品行の矯正」を目的としていたが（一五四六年の第三総会）、この会議の決議と閉会後の一連の教皇の教令を通じて、教義の次元では、実体変化を伴う聖体の秘跡を含め中世に成立した七つの奇蹟が確認されると同時に、人間の行い（善行）と信仰生活の過程が人間を救済するという「義化」が確立した。また司牧の次元では、司教の司教座都市への定着、司教区会議の開催と司教巡察、ならびに神学校における司祭教育の改善が目指された。さらに、「異端の撲滅」のためには、教皇庁主導による異端審問制度が再編成され、『禁書目録』の公布も開始された（一五五七年）。

こうしたトレント改革精神は、新たな信心形態の勃興をもたらした。一三世紀以降、発達してきたイエスと聖母マリアへの崇敬は、新たな段階に入る。すなわち、イエス・キリストが礼拝の中心に据えられることにより、プロテスタント諸派が批判したミサ聖祭と聖体崇敬を軸とした新たな信心業が、「実体変化」説の可視化と普及に貢献する。聖なるものとされたホスチアの形を取ったイエス・キリストを掲げながら、都市官僚・聖職者・職能団体・兄弟会の構成員からなる聖体行列が、都市の街路を練り歩いた。一六世紀以降、「四〇時間の信心」と呼ばれる、祭壇に聖体を顕示しながら四〇時間、ロウソクの火を灯しつつ祈禱を続けるという信心業も生まれた。他方、「神の母」としての聖母マリアに来世と俗世との「執り成し」を期待する崇敬も活発化する。聖母マリア像を掲げる聖母行列や、各種の聖母マリア崇敬を実践する兄弟会も設立された。

近世カトリシズムは、巧みな建築意匠を伴う聖堂と美術作品を配置した礼拝空間を整備することで、カトリックの教義と聖人の活動を視覚に訴えかけて伝えようとした。教皇シクストゥス五世が開始し、サン・ピエトロ使徒座聖堂の再建・拡張工事が一つの頂点をなす一六～一七世紀ローマの再整備事業は、宗教的なモニュメントの再建にとどまらず、都市全体を対象として、宗教的感性に基づく劇的な空間を仕立て上げた。こうしたローマの都市改造と同時期に、教皇庁内部で聖省の設置という機構整備が進んだことも記憶しておきたい。

トレント公会議改革は、聖職位階制を主軸に進められることが前提とされ、神と信徒との仲介者としての司祭の役割が重視され、聖職者と俗人信徒は明確に差別化されていたのは確かであるが、聖職者のみが改革の推進主体であったわけではない。むしろ、信徒が主導的役割を果たして社会変革を推進する場合もあった。たとえば、中世に誕生した兄弟会は、近世に入ると、一般的に司教による指導・管理が強化され、悔悛や個人の瞑想、内面的規律の強化といった霊的性格を強めていく一方、構成員による霊的自覚は、救貧や愛徳を実践する活動主体を構成し、国家と地域社会（民衆）を媒介する重要な中間団体として機能した。

聖職者集団の内部においても、新たな修道会の類型が誕生した。イエズス会は、ローマ教皇への服従を修道誓願に組み込み、ヨーロッパ内部では多数の学院を創設して、エリート層の中等教育を実践する一方、非ヨーロッパ世界へ向けて海外宣教を積極的に推進した。また、一七世紀フランスでは、修道誓願の緩やかな立願を組織原理に導入することで、多様な社会のニーズに応えられる新型修道会が結成され、聖職者の養成や社会内部の救護・教育活動に尽力した。

普遍性と地域性の相剋と調和

トレント公会議以降のカトリック教会は、ローマ教皇庁の決定に教義と典礼の規範を置く戦略を採用していた。こうした「普遍性」の追求は、カトリック勢力が世界規模で拡大していくにつれて、現地の社会文化的文脈の中でしばしば軋轢を生みだし、その調整に苦闘することとなる。

たとえば、ヨーロッパでは人間の救済に関して、神の恩恵を重視する立場と人間の自由意志を尊重する立場との神学論争が繰り広げられてきた。その最も激烈な論争の舞台の一つが一七世紀フランスであった。神の絶対的な恩恵と人間の堕落を強調する立場を取るジャンセニストと呼ばれる篤信エリート集団に対し、フランス王権とローマ教皇庁はたびたび弾劾を行う。これに対し、司教の一部は強硬に抵抗する姿勢を示し、フランスのカトリック教会に分断をもたらした。ヨーロッパ外に目を向けると、インドや中国では、カーストの生活様式や祖先崇拝をキリスト教の儀礼に取り入れたローカルな典礼が発展する。中国の「典礼論争」が有名であるが、こうした現地への適応とローマの宣教方針との間でしばしば摩擦が生じることとなった。ただし、近世のカトリシズムが狭矮で反動的な潮流を生み出したと考えるのは一面的である。宣教師が非ヨーロッパ世界に伝えた技術や知は、現地の農業振興や教養層の西洋の知見獲得を促進し、ヨーロッパに伝えられた宣教記録は、啓蒙期ヨーロッパ人の世界認識に影響を及ぼした。また、サン・モール会の史料編纂やイエズス会の聖人伝研究は、史料から事実を確定する客観的方法の基準を生み出したということで近代科学としての歴史学を生み出す契機を提供した。

（坂野正則）

参考文献

齊藤晃編『宣教と適応――グローバル・ミッションの近世』名古屋大学出版会、二〇二〇年。

佐藤彰一『歴史探求のヨーロッパ』中公新書、二〇一九年。

Nicholas Terpstra, "Early Modern Catholicism," H. M. Scott (ed.), *The Oxford Handbook of Early Modern History, 1350–1750*, Oxford : Oxford University Press, 2015, 601–625.

第10章　魔女迫害とキリスト教

1　魔　女——悪魔の同盟者

アニメや童話の中の存在として親しまれている「魔女」だが、それが近世ヨーロッパにおいては人類の敵として激しい迫害の対象となったことは、歴史好きの人にはよく知られている。魔女迫害の最盛期・一六世紀後半に魔女がどのようなものと考えられていたのかを理解するために、それをよく表している図10-1をみてみよう。ここには、ドイツの歴史家G・ショアマンが定義した魔女の四つの要素がすべて表れている。すなわち、「悪魔との契約」「悪魔との性的な関わり」「魔女集会への飛行」「害悪魔術」である。左下には角を生やした髭の男性の姿で悪魔がおり、その前にひざまずく女性がいる。悪魔の手は女性が差し出した両手を包んでおり、これが君主と臣下の間で行われる臣従の儀礼を模したものであることがみてとれる。この女性は悪魔に忠誠を誓っているのである。画面右側では若い男女が手を取り合い、男の手は女の肩に回されている。二人が親密な関係にあることがみてとれるが、男の足は爬虫類のような形をしており、彼もやはり悪魔であることがわかる。この恋人たちは悪魔とその情婦として描かれているのであり、悪魔との性的交わりも魔女の悪業の一つに数えられた。さらに、左奥の家の窓から農具にまたがった女が空中へと飛び出していく様子、画面上中央には雄ヤギにまたがった女もみえる。魔女は箒以外にも、平民の生活環境の中に身近にあった様々なものにまたがって空中を飛ぶと考えられた。その行く先は魔女集会である。魔女たちは夜に秘密の集会を行うと考えられ、そこで悪魔と交わり、様々な害悪をなすとされた。画面下中央には火にかけられたかめ——鍋の代わりだろうか——に子

図 10 - 1　P. ビンスフェルト『魔女と妖術使いの告白について』
1592年版表紙の木版画（作者不詳）。

どもを沈めようとしている女も描かれる。魔女は乳幼児を殺し、その脂肪で膏薬を作ると考えられていた。また魔女が行うとされた害悪の典型が「天候魔術」である。画面上中央に描かれた女が農具を天にかざすと、そこに雹が降ってきて、畑の実りを直撃している。「小氷期」と呼ばれる寒冷期に入っていた近世には、悪天候が原因の不作が多発していた。こうした不幸も魔女がもたらすものと考えられたのである。

この図像に典型的にみられるように、「魔女」の行為の中心には悪魔の存在があった。殺人や窃盗など実在の犯罪よりも「魔女」がより忌まわしいものと考えられたのは、まさにこの「悪魔との同盟関係」が想定されていたからである。その結果として、キリスト教圏全体でおよそ四万〜六万人が「悪魔と契約を結び、人畜に害をなす魔女・魔男」として裁判にかけられ処刑された。かつては占いや治療行為を行う人々、とくに産婆が魔女迫害の対象になったという学説が唱えられたこともあるが、それは実証されていない。貧しく老いた人々、とくに女性が連鎖的に裁判に巻き込まれていったが、壮年の社会的地位の高い男性も過熱した迫害から逃れられなかった事例も数多くある。つまり誰しもが魔女迫害の犠牲となりうる時代が存在していたのである。こうした「魔女狩り」はキリスト教のもたらした最悪の帰結の一つに数えられる。超自然的な力を操る存在を忌み嫌い排除することは、世界中どの文化圏においてもある程度共通してみられるが、一六・一七世紀のキリスト教世界、とくに西方教会におけるほどに激烈な形をとった例はほかにない。隣人愛を説くキリスト教を奉じる人々の世界で、宗教改革を経て近代へと向かう時代に、なぜ魔女迫害が起こったのか。その問いに答えようと、これまで多くの研究者がインクを費やしてきた。

この章では、魔女迫害とキリスト教との関わりをいくつかの側面から照射してみたい。第2節ではキリスト教の根本である聖書には魔女はどのような存在として描かれているのか、それが近世の魔女イメージへとどう変化したのかを考えてみたい。そして、そうした魔女イメージが魔女の大量処刑へと結びつく触媒となった拷問という制度も、キリスト教の文脈でどのような意味をもったのかを検討する。第3節では、魔女裁判を実際に担っていた世俗領主たちの論理を、第4節では教会人、とくにイエズス会における魔女迫害をめぐる議論をみていこう。最後に第5節では、魔女迫害の歴史解釈をめぐってカトリック教会の責任がどのように追及されてきたのか、また日本でそれがどのように受容されているのかを検討してみたい。なお、ヨーロッパにおいてとくに魔女迫害が集中した地域であり、筆者が主な研究対象としてきたドイツ語圏の事例を主に取り上げることとする。

2　魔女迫害のキリスト教的背景

多神教的魔術から「悪魔との契約」へ

『旧約聖書』「出エジプト記」（二二章）の「魔女を生かしておいてはならない」という章句は、魔女迫害の根拠としてよく引用されてきた。しかし、ここでいう「魔女」は冒頭に述べたような近世に火あぶりにされた犯罪者タイプとは決して同じではない。「魔女」と訳されているヘブライ語の言葉には、もともと「毒を盛る者」「悪しき行いをする者」といった意味がある。毒は魔術によるものと考えられてきたので、「魔女」という言葉が当てられたのだろう。同様の記述を探してみると、たとえば同じく『旧約聖書』「レビ記」（二〇章）には「霊媒や口寄せを行う男女」は殺さなければならないと記され、「申命記」（一八章）では占い師、呪術師、呪文を唱える者などがいてはならないとされる。一神教であるユダヤ教が広がっていくにあたり、偶像崇拝的な儀式や魔術を行う人々、多神教の宗教的サービスを提供する人々を非難し排斥する必要があったのだろう。日本語への翻訳の過程で、こうした行為には「呪術」「魔術」「まじない」などいろいろな言葉が当てられているのだが、ここでは細かい使い分けや定義には立ち入らず、ひとまず「魔術」という言葉でこうした行為全般を指すことにしたい。魔術は『旧約聖書』のいくつかの章句において、不倫や偽証、寡婦や孤児への虐待、雇人の賃金を不正に奪うなどの行為とまとめて非難されている。逸脱的な行いにつながるものとみられていたと推測される。

ジェンダーに着目すると、ヘブライ語では魔術を用いる人々を指す言葉は必ずしも女性名詞だけでなく、男性名詞も用いられている。「出エジプト記」では女性、「レビ記」では男女を並記、「申命記」では男性を指す名詞が用いられている。古代ユダヤにおいては、男女ともに魔術に関わっていたようである。魔女狩りの時代、近世のヨーロッパでも、日本語の「魔女」に当たる言葉として欧州言語では男性形・女性形の両方が使われていた。聖書がラテン語に訳された際、「出エジプト記」の「魔女」には男性形の maleficus が用いられた。これはもともとは犯罪者一般を指す言葉だが、やがて主に「魔女」「魔男」を意味するものとして用いられるようになる。ルターはドイツ語への翻訳にあたり、これに再び女性形の言葉を当てている。一五六六年にリヨンで出版されたフランス語聖書では女性形名詞を用いているが、「男性にも当てはまる」という注釈が付されていた。

『新約聖書』においても魔術を行う人々への非難がみられる。「使徒言行録」で、パウロはユダヤ人魔術師を「あらゆる偽りと欺きに満ちた者、悪魔の子、すべての正義の敵」と呼んだ。イエスは各地で悪霊を祓い、病気や身体障碍を癒したとされたが、こうした「奇跡」もイエスの敵からみれば魔術師の業であり、悪霊の力を借りたものと批判されたという（「マルコ福音書」「マタイ福音書」）。

『旧約聖書』の時代には、魔女は魔術を使う者、そしてその他の悪徳と結びつく者として排除の対象とされた。異教の下で行われてきた様々な魔術を「迷信」として克服していくことが、初期の一神教の課題だったのである。しかし、ここで「生かしておいてはならない」とされた「魔女」には、後代にみるような悪魔との結びつきは必ずしも想定されていない。『新約聖書』の時代にはそのような魔術の力の源は「悪霊」と呼ばれるようになる。しかし、聖書にみられる「魔術を用いる者」は、冒頭に挙げた近世の魔女イメージとはまだまだ遠い。「霊的な存在と結びつき、超自然的な力を用いる」という要素のみが共通するが、何らかの集団をなしたり、悪魔と性的な関係をもったりする様子を聖書の中に見出すのは難しい。

キリスト教がローマ帝国において国教化された後、五世紀の教父アウグスティヌスは悪魔の存在を明確に認識し、「人間と悪魔との契約」という概念を提起した。彼の権威あるテキストは後代の神学者に引用され、それらはやがて「悪魔と結びつき、不可視の力を操る者」という中世後期に成立する魔女観念へと流れ込んでいくことになる。

中世に異端の運動が活発になり教会の秩序が現実に脅かされるようになると、やがて「群れをなし神の国の転覆をたくらむ悪魔の手先」の存在が現実のものとして知覚されるようになる。異端者たちは悪魔崇拝者と同一視され、激しい迫害を受けることになった。そこにおいて核となったのが、拷問という手続きの導入である。

異端審問制度と拷問の導入

古代において拷問は原則的に奴隷にのみ適用されるものだったが、皇帝への反逆などの重大犯罪の被疑者には自由人であっても拷問が用いられた。西側キリスト教世界では中世初期まで拷問が用いられることはなかったが、一三世紀初めにまずはイタリア都市国家や神聖ローマ帝国の世俗裁判所に拷問が導入され、やがて一三世紀半ばに異端審問制度が確立されるとともに教会裁判所でも正式に用いられるようになる。その目的は、有罪判決を下すにあたってより確実な証拠を得ることにあった。ゲルマン人諸国家では、証明方法として容疑者を水に投げ込み浮かぶかどうかをみる水審、焼けた鉄を握って後日の火傷の治り具合をみる熱鉄審といった神明裁判が広く用いられていた。しかし、水に浮かんだか沈んだか、火傷は綺麗に治癒しているかを判断する際には、偶然や周りの人間の心象という曖昧さが介在する。こうした非合理的な方法に代わり、より合理的な証明が求められるようになったのである。有罪判決には二人以上の犯罪事実の目撃証人または被告による自白が必要とされたが、目撃者がいない隠された犯罪においては自白が唯一の証拠となる。「自白は証拠の女王」といわれるように、犯罪事実を知っている犯人の口から語られたことは紛れもない真実とみなされたのである。外側からはわからない、信仰という個人の内面の問題を扱う異端審問において自白が重視されたのは当然のことだったといえるだろう。

異端審問は、のちの魔女裁判の祖型となる「糾問訴訟」と呼ばれる訴訟形式を定着させた。被害者が訴え出ずとも裁判官が職権により手続きを開始することができること、客観的証拠（とくに自白）に基づいて判決を下すことにその特徴がある。これはやがて世俗裁判所にも採用され、ほとんどの魔女裁判は世俗裁判所における糾問訴訟として遂行されていくことになる。近世において inquisition というとき、それは異端審問だけでなく「探求」「調査」あるいは「職権による糾問訴訟」をも意味している。したがって、魔女を恐れる平信徒が世俗の役人に「inquisition」を始めるように求めるとき、それは異端審問を指すのではなく、「世俗当局による調査およびその結果としての裁判」を指すのである。自白という決定的な証拠を得るために、そこでは拷問の使用が認められたことはすでに述べたとおりである。

とはいえ、暴力を忌避するキリスト教が拷問を容認したことは奇妙に思われるかもしれない。しかし、イエスに対する無慈悲な拷問と磔刑に始まり、殉教者の壮絶な死を描いた聖人伝など、キリスト教の言説は直視しがたいほどの暴力描写に満ちている。ローマ帝国支配下で行われてきたキリスト教徒に対する拷問は、キリスト教の文脈ではイエスの受難や殉教の観念と強く結びついた。それら拷問と暴力の物語はキリスト教が公認されて以降も受難劇、説教、文学などを通じて繰り返し拡散されたのである。ここでは拷問という苦しみは神への信仰心を試すもので、その苦難を乗り越えることで信仰をより強固にすることができると解釈されている。のちには「神は無実の者を拷問の苦しみから守る」という解釈が生まれ、「拷問によって無実の者がやってもいない犯罪を自白させられる」という非難をかわす方便ともなった。

他方で、魔女を含む犯罪者や異端などに科された拷問は、神に背いたことへの罰であると同時に、罪びとである彼らの魂の救済のために改悛を促すための手段として正当化された。ただし、キリスト教聖職者は自身で拷問や刑罰を行うことはなく、その役割は世俗の支配者に託された。拷問を実行する世俗の刑吏は、間接的に神の意志を代行する者と位置づけられているのである。次節では世俗の支配者たちがどのような姿勢で魔女裁判に臨んだのかを検討してみたい。

3　世俗的魔女裁判と支配者のキリスト教的観念

魔女をめぐる法令

一五三二年に定められ、神聖ローマ帝国における最初の刑事手続法・刑法となったカール五世刑事裁判令（カロリナ）は、魔女について次のように定めている。「魔法により人畜に何らかの損害を与えた者は、火によって生より死へと罰せられる。ただし、魔法を用いて何らの被害も与えなかった場合、別様に罰せられる」（第一〇九条）。これは、魔女犯罪の中核を実質的な損害に置いているという点で、冒頭に示した典型的な魔女理解とは一定の距離を置いているようにも思われる。しかし実際の運用においては、悪魔との契約という宗教的な要素が魔女犯罪の中心に据えられた。悪魔との集いである魔女集会に参加したかどうか、そこで誰を目撃したかが尋問の必須項目となり、そこでの「目撃証言」がさらなる被疑者の逮捕につながっていったことはよく知られている。

カロリナとは別個に独自の法令を定めていた領邦もある。たとえば、神聖ローマ帝国の有力領邦の一つであり宗教改革の中心地となったザクセン選帝侯領では、一五七二年の刑事裁判令は、魔女犯罪についてカロリナのみならず聖書において禁じられているとしたうえで、「キリスト教的信仰を忘れ悪魔と契約を結ぶなどした者は、その妖術によって何人にも危害を加えない場合であれ、火刑によって生より死へと罰せられる」（傍点引用者）とする。しかし、そのような（悪魔との）結びつきなしに妖術により人に危害を加えるときは、剣による刑罰、すなわち斬首刑と定めている。さらに、「悪魔のわざにより予言を行う者、悪魔とともに水晶見あるいはその他の方法で占いや同様の行為を行う者、またそれにより過去、未来の物事について知らせを得ようとする者は、剣によって生から死へと罰せられる」と定める（Behringer, *Hexen und Hexenprozesse in Deutschland*, S.158）。

カロリナが「人畜へ危害を加えたか否か」を問題とするのに対し、ここでは「悪魔との結びつきがあるか否か」が問題とされている。悪魔との契約がある場合、たとえ何ら損害が生じていなくても火刑が科され、悪魔との結びつきがない場合は——同じ死刑ではあるものの火刑に比べればいくらかましな——剣による処刑が定められている。カロリナの規定よりも、宗教的・内面的な問題が重視されているといえるだろう。

こうした臣民の内面をも支配統制の対象とみるのは、なにもプロテスタントに限ったことではない。カトリック改革の旗手としてカトリック勢力を代表した、同じく最有力領邦の一つバイエルン大公領におけるいわゆる「対魔女法令」(一六一二年発効)もみてみよう。ここでは、魔術を放置して受け入れていると「全能なる神はその正当なる怒りをわれわれ人間に向けられ」「我々の土地や人民を戦争や疫病により、またほかの様々な災いによって罰し、責められ給う」。そのため、「神の恐ろしい刑罰を避けるためには、キリスト教の当局自身が神の栄誉を救い、妄信や迷信、呪文やまじないを真剣に禁じ、そのような非キリスト教的な過ちには厳しい罰を期することよりもよい方法はない」として、これに死刑を科すことを定めている(Behringer, *Hexen und Hexenprozesse in Deutschland*, S. 241 f.)。

ここでも、カロリナにみられたような実害の有無は問題とされてはいない。しかも、上に引用したザクセン選帝侯領の法令にあるような悪魔との結びつきの有無という区別はここにはなく、すべての迷信の背後に悪魔の存在をみている。だからこそ迷信は神の怒りを惹起するものなのだという。ここでは魔女がもたらす害悪よりも、広く土地や人民に様々な災厄の形で神罰が下ることへの恐れが強調されている。迷信を罰するのは、それが個別具体的な損害をもたらすからではなく、共同体全体に対する神の怒りを避けるためなのだという。宗教改革以降、信仰心の内面化が進んだといわれているが、君主の政治姿勢や支配要請もまた、キリスト教的な倫理観によって根拠づけられていたのである。

宗教改革ののち、世俗支配者は神の代理人として臣民の内面にまで責任を負うことになった。臣民に規律正しいキリスト教徒としての道を諭し、逸脱するものを罰し、宗教共同体としての国家を形成していくことが君主の義務とされたのである。バイエルンの法令に現れているように神の怒りは魔女による悪行よりも恐ろしいものとして描き出され、だからこそ支配者による統制の強化も正当化されたのである。

法令履行の実態

それでは、宗教改革を経たのちの厳しい宗教倫理ゆえに魔女迫害は過熱したのだろうか。ザクセン選帝侯領は一六世紀初頭におよそ七〇万人の人口を抱えた大領邦だが、そこでは一五世紀末から通算して約九〇〇人が裁判にかけられ、処刑に至ったのはその三分の一と見積もられる。バイエルン公領も、一七世紀初頭には人口約一〇〇万人を擁した大領邦である。一六〇〇年に妖術の容疑で捕らえられた放浪民パッペンハイマー一家に対するミュンヘンでの残酷な公開処刑がパンフレットなどを通じて同時代にもよく知られたが、公領全体としての処刑件数は全時代を通して二〇〇件弱と見積もられている。人口約七万五〇〇〇人の小領邦トリーア選帝侯領でおよそ一〇〇〇人、人口約二二万人のケルン選帝侯領でおよそ二〇〇〇人が処刑されたことと比較すれば、その法令の厳しい文言と裏腹に、ザクセンやバイエルンでは魔女迫害は抑制されていたといえる。

これら大領邦がその厳しい規定にもかかわらず魔女裁判を抑制できた要因として、中央政府、ないしは法学識者による裁判運営の統制が指摘されている。ザクセン選帝侯領では、重罪事件の判決に当たってはライプツィヒ大学法学部などの法学識者による鑑定が必要とされた。逮捕や拷問を行うための根拠は十分か、拷問の強度や回数に違法性はないか、個別の事案が法的に点検されていたのである。量刑については、呪術的な行いをしたが何の損害も与えなかった場合には、通常は火刑ではなく追放刑が用いられた。さらに軽微と判断されれば、鞭打ち、さらし刑、禁錮などの刑罰が適用された。

バイエルンにおいても、ミュンヘンの宮廷は地方裁判所に対するコントロールを手放さなかった。魔女迫害激甚地域においては、しばしば現地役人が民衆の迫害圧力に屈し、あるいは同調して連鎖的迫害に至るケースがみられる。しかし、比較的強固な支配体制を敷いたバイエルンでは、地方での暴走は許されなかったのである。インゴルシュタット大学はカトリック改革を推進するイエズス会に託され、出身者の中には数多くの魔女狩り擁護派がいるものの、法学部はつねに魔女迫害に対する抑制的な態度をとり続けた。その意味では、バイエルン公領の飛び領地ヴェムディングで裁判官として魔女裁判を率いたゴットフリート・ザトラーが、違法行為を行ったとしてミュンヘン政府の介入により逮捕され、一六一三年に死刑となったことは象徴的である。インゴルシュタット大学法学部はこの死刑判決を支持した。カトリック圏で魔女狩り人がこのような最期を迎えたのは、これが初めてのケースであった。

上述したように、神の怒りから自身の領地と臣民を守るために魔女を罰することは、キリスト教徒としての世俗支配者にとって議論の余地なく正当かつ必要なこととみなされた。しかし、魔女行為や悪魔との結びつきを裁判において法的に認定することには、幾重ものハードルが設けられた。不当な裁判が横行することもまた、支配者にとって決して容認できないことだったのである。やはり魔女迫害が抑制されていたファルツ選帝侯領の一五六三年の教会条令は、悪魔への誓約や迷信的行為を追放または死刑を含む身体刑をもって戒めている。しかし同時に「時には名誉ある人々が悪しき疑いをかけられ誤った中傷をされている」ことや、「罪なき人々が悪しき中傷を受け、有害な猜疑に至らしめられている」ことも問題視している。ファルツ選帝侯領でも、中央政府が地方での裁判運営に対して厳格に監視・統制に努め裁判手続上の逸脱を防いだことで、結果的に魔女の処刑がほとんど行われなかったのである。

近世の魔女裁判は、多くの場合魔女が害悪をなすと信じた平信徒たちによる執拗な要求がきっかけとなっていたことは強調しておくべきだろう。どの地域においてもそうした魔女裁判開始要求はみられたが、迫害の多寡は世俗君主がそうした迫害要求をどの程度抑えることができたかに左右されたといってよい。世俗の支配者は魔女を罰することを自らの責務としつつも、裁判運営の面で様々な規制を設けることで、魔女裁判の行き過ぎを抑制することが可能だった。しかし、魔女裁判を抑制したのはそうした政治的・法的要因だけだったのだろうか。次節では、魔女迫害に対して神学者や聖職者がどのような態度をとったのかを検証したい。

4　神学者による魔女迫害をめぐる議論

イエズス会の活動と悪魔学

「悪魔と契約を結び神に逆らう者」という魔女の定義からして、当然神学者たちは魔女の撲滅を推奨した。トリーア補佐司教ビンスフェルト、バンベルク補佐司教フェルナーなど、高位聖職者として魔女を糾弾する書物を著した者もいる。修道会の中では、中世後期以降に魔女観念を喧伝したのは主にはドミニコ会であり、この章の冒頭で示したような典型的な魔女観念を確立したとされる『魔女への鉄槌』の著者クラーマーが代表的である。しかし、魔女迫害が本格化した一六世紀後半以降に最も悪魔学の議論に貢献した修道会はイエズス会であろう。宗教改革後にカトリック再興を期して結成され、一五四〇年に教皇の正式認可を得たイエズス会は、世界各地に宣教師を派遣する傍ら、ヨーロッパ内でも積極的な活動を展開した。彼らは大学神学部などの教育機関に職を得てエリートの養成に従事する傍ら、都市の教会での説教や教理問答を通じた宗教教育によって、平信徒に対しても大きな影響力を及ぼしていた。彼らからみれば、プロテスタントという異端が広まったことに伴って魔女も蔓延しているのであり、プロテスタント撲滅という悲願は魔女非難と矛盾なく共存した。

しかし、そのことはイエズス会が魔女に対して一枚岩だったことを意味するわけではなく、同修道会が魔女迫害に対して統一的な見解を示したことは一度もない。イエズス会士の中で魔女に関する論考を残し、のちの議論に大きな影響を与えた三名を取り上げ、聖職者の魔女迫害に対する態度を考えてみたい。

魔女迫害の擁護者マルタン・デルリオ

魔女迫害を推奨したイエズス会士として最も名高いのは、『魔術探求六巻』（一五九九・一六〇〇年）を著したマルタン・デルリオだろう。スペイン領ネーデルラントの裕福な家庭に生まれた彼は、パリとサラマンカで学び、数年間ブラバントで政治行政に関わったのち、イエズス会に入会した。多くの神学論文を著した彼にとって魔女や妖術を扱った六巻からなる大部の著作は異色ではあったが、この書物は瞬く間にカトリック側の悪魔学書の権威となり、二〇版を重ねた。この書物のうち、第四巻までは様々な迷信や錬金術、悪霊と結びつく妖術、悪霊の性質などが扱われており、第五・六巻はそれぞれ裁判官と聴罪司祭への実務的な指南書となっている。

彼によれば、すべての妖術は悪魔と人間の悪しき同盟に基づいており、魔女の飛行も魔女集会も幻覚ではなく現実に起こっているという。悪魔は捕らえられた魔女を助けようとするので、裁判は迅速に行わねばならない。こうした古典的魔女観念を再生産したという意味で、この書物は「ネーデルラント版『魔女への鉄槌』」とも称される。彼は、一五九七年にスタヴロ・マルメディ帝国修道院で魔男であると自白した修道僧デ・ヴォーの裁判記録に接し、その担当裁判官との議論から刺激を受け、この書物を執筆したとされる。デルリオの記述に神学的な考察のみならず実務的な裁判運営の観点も加わっているのはそのためだろう。

他方、デルリオは魔女迫害に懐疑的な人々に対しても異端者、プロテスタント、そして魔女そのものに対するのと同様の矛先を向けている。魔女迫害に反対する者は魔女の擁護者であり、倫理・宗教よりも政治的国家的な事情を重視する「政策派（politici）」であるとして、そのマキァヴェリ的態度を非難するのである。バイエルン、ザクセン、ファルツといった大領邦で――しかも後二者はプロテスタントでもある――魔女迫害が抑制されていたことは前節ですでに述べたが、国家理性を優先する姿勢が魔女迫害を抑制するとデルリオがみていたことは興味深い。

カトリック神学の権威アダム・タンナー

イエズス会内部では一六世紀には魔女裁判を擁護する者が多かったが、やがて一七世紀には懐疑的な論調が強まっていった。一六世紀末に集中的な魔女裁判が起こる中で、イエズス会士たちが聴罪司祭として処刑台に向かう「魔女」たちから最後の告解を聴く役割を担ったことも、その変化と関係しているかもしれない。

インゴルシュタット大学神学部教授を長く務めたアダム・タンナーは、魔女迫害への懐疑を最も早くに公にしたイエズス会士の一人である。彼は当時すでに権威ある著名な神学者であり、ミュンヘン宮廷とも近い関係にあった。原本は残っていないものの、タンナーは一六〇二年、ミュンヘン宮廷において魔女迫害について意見を求められ、それに反対する見解を伝えているという。一六二六年、再びバイエルン公領において魔女迫害の機運が起こったとき、彼は『普遍スコラ神学』を著した。これは権威あるカトリック神学者が魔女裁判を初めて明確に批判した大きな意味をもつ書物となり、後続する新旧両宗派の魔女裁判批判者たちによって引用されるようになる。

タンナーは同書の中で、魔女の存在そのものは議論の余地のないものとして受け入れ、魔女集会は現実に起こったものとみなすなど、典型的魔女観念のほとんどを認めている。とはいえ、それを裁判という法的な仕組みの中で証明していくことには慎重な姿勢を示した。たとえば、悪魔は人間の目を欺いて無実の人の外見を装うこともできるのだから、そこで目撃された人物が魔女集会の場に実際にいたかは、決して確かなことではない。それゆえに魔女集会での「目撃証言」を拷問の根拠として採用することを却下するのである。タンナーはきわめて穏当な裁判手続を提唱する。つまり、密告を根拠として拷問を行ってはならず、不当に行われた拷問は無効であるとした。デルリオら魔女裁判擁護派は「神は無実の者を拷問においても守るため、無実の者が処刑されることはない」という議論を展開したが、タンナーはこの詭弁が神を試す行為であるとして一三世紀に公会議で否定された神明裁判と同じ理屈に基づいているとして批判した。無実の者でも処刑されうることは、バイエルン公領で魔女裁判を率いた役人が不当裁判を行った、すなわち無実の者を処刑したことで死をもって罰せられたことからも明らかであった。

さらにここで着目したいのは、悪魔を撃退し魔女となった人々を教会の手に取り戻すには、祈りや宗教行列、祝福を受けた護符や聖遺物などを用いることが裁判と刑罰よりも効果的であるとタンナーが説いたことである。悪魔と魔女に対しては、刑事的な罰よりも霊的・宗教的な手段を用いるべきとしたのである。デルリオは世俗権力が政治を優先して魔女撲滅に消極的なことを批判し、魔女を罰することで宗教的価値の重要性に目を向けさせようとした。しかしタンナーは、魔女を火刑台に送ることによってではなく、教会の霊的手段で魔女を改心させることで、教会の権威を取り戻そうとしたのである。宗教改革以降、プロテスタントはカトリック教会の提供する護符や聖遺物崇敬を聖書に根拠をもたない「魔術」だと切って捨てた。タンナーは平信徒の魔女への恐怖心をもてこにして、こうした教会の霊的手段の権威を回復させようとしたのではないだろうか。カトリック改革の中心地バイエルン公領で長らく指導的地位にあり続けた神学者の老獪な戦略をここにみてとることができる。

フリードリヒ・シュペー『犯罪への警告』

タンナーの議論を大いに援用しつつ、それをさらに推し進めたのがイエズス会士フリードリヒ・シュペーである。彼は一六三一年に匿名で出版した『犯罪への警告』という著作によって、最重要の魔女迫害反対者として後世に名を残すことになった。ラインラントの貴族の家に生まれ、イエズス会学校で教育を受けたシュペーは、インドへの宣教を希望してイエズス会に入会した信仰心厚い若者であった。インドへ赴くことはなかったが、四四歳でペストに倒れるまで、彼は各地を転任しながらイエズス会学校や大学での教育や平信徒への宗教教育に献身的に従事した。

『犯罪への警告』の初版は小都市リンテルンでひっそりと出版された。初版のあとがきによれば、ある匿名氏が出版を望んでいなかった著者のもとからその原稿をひそかに持ち出し、著者の許可なく印刷業者に持ち込んで出版したという。それが事実なのかシュペーの自作自演なのかはここでは追及しないが、イエズス会士は著書の出版に当たって管区から事前の発行許可を得なければならないことになっていた。匿名著者がシュペーであるということはイエズス会内ではすぐに明らかになったが、イエズス会総長はシュペー自身が印刷所に原稿を持ち込んだという証明はできないとして、罰としては最も軽い訓告を下すにとどめている。魔女裁判を厳しく糾弾する本書に反発するイエズス会士は多かったものの、会として彼に何らかの制裁を加えるまでには至らなかったのである。それどころか、一六三二年に出版された第二版はやはり匿名ではあるもののシュペー自身が大幅加筆しており、出版に対する管区での承認もおりていたという。

この書物は五一の短い問いとそれに対する答えを重ねていく形式をとっており、第一の問いは「魔女は実在するのか?」である。著者はこれに明快に是と答える。タンナーと同様、魔女の存在は疑問の余地のない事実であり、恐ろしい罪である魔女を罰するのは当然必要と、神学的問題については教会の公式見解に従う形をとっているのである。しかしシュペーの場合、そこには「無実の者を誤って巻き込まない限りにおいてのみ」という但し書きがついている。毒麦と誤ってよい麦を引き抜いてしまうくらいなら毒麦と麦を収穫のときまでそのまま一緒に育てておくようにとした「マタイによる福音書」の喩えを引きつつ、「一人の無実の者を罰するくらいなら、三〇人の罪人を野放しにする方がまし」（第一三問）と彼は断言している。その他の問いのほとんどは宗教ではなく裁判手続、とりわけ拷問に関わるものである。シュペーは魔女裁判の核は拷問であると看破し、無実の者が犯罪者として自白を強要されるメカニズムを説得的に示した。

シュペーがこのような書物を執筆した動機は、彼が魔女裁判被告に聴罪司祭として接する中で魔女裁判の非人道性、非合理性を確信したからだと説明されてきた。「様々な場所で何人もの魔女にその死まで付き添い、彼女らの無実を今や少しも疑っていない」（第一一問）としてシュペー本人もそのように主張している。実際、彼が任に当たったのはトリーア、ケルン、ヴュルツブルクなど魔女迫害がとりわけ盛んだった土地であり、数多くの魔女の処刑を彼が目にしたことは間違いないだろう。しかし、シュペーが魔女裁判被告の聴罪司祭として実際に自白した「魔女」から直接話を聞いたという記録は実はみつかっていないという。近年の研究では、シュペーは自身の議論に真実味と説得力をもたせるため、ひいては無実の人々を救うために、自分が魔女たちの聴罪司祭だったという「敬虔な嘘」をついたのだともいわれている。

シュペーはタンナーと同様、魔女の実在を否定してはいない。そのため森島恒雄は、魔女の存在を認めその処罰を積極的に奨励したとして、シュペーを「完全なる中世人」と評価した。しかし、これもシュペーの「敬虔な嘘」に数えられるのではないだろうか。彼は無軌道な裁判を抑制するという第一の目的のために、当時の多数の人々により受け入れられやすいように議論を展開したにすぎないのではないか。彼が正当と評する魔女裁判は一つも例示されていないことが、彼が魔女の存在を信じていなかったことを暗示しているといえるだろう。

魔女の飛行や集会、悪魔との契約は実際には存在しないという議論が受け入れられるようになっていくのは一八世紀啓蒙の時代を待たねばならなかった。それ以前の時代には、裁判運営の問題に議論を集中させるという戦略によって、カトリック内部にも許容される魔女迫害批判論が生まれた。キリスト教は確かに魔女観念という鬼子を生み出したが、「毒麦と麦の喩え」のような、それを克服する論理もまた、キリスト教の内に見出せるのではないだろうか。

5　反カトリック感情を超えて

一八世紀のドイツ啓蒙主義を代表するクリスティアン・トマジウスも、一九世紀に膨大な史料に基づいた最初の「科学的」魔女迫害史を著したW・G・ゾルダンも、魔女裁判の源を中世ローマ教会に求めた。魔女とは、教会の妄想によって犠牲となった無力な被害者だったとされた。とりわけ一九世紀にはプロテスタント国家プロイセンにおけるいわゆる文化闘争の文脈で、この「カトリック教会の汚点」がますます厳しく攻撃されるようになる。おりしも、第一ヴァティカン公会議で教皇ピウス九世がカトリック教会の絶対性を主張したことで、反カトリックの機運はさらに燃え上がった。ゾルダンの著作はルター派牧師でありプロテスタント神学者のH・ヘッペにより大幅加筆改訂され一八八〇年に再び出版された。自身もプロテスタント神学者だったゾルダンの比較的抑制された筆致と異なり、ヘッペは反カトリック的な態度をあらわにしている。ゾルダンは魔女裁判の犠牲者数を明言することを慎重に避けたが、ヘッペは「数百万人」という数字を確たる根拠なしに挙げている。カトリック教会の非合理性を糾弾するために、犠牲者数は多ければ多いほどよかったのだろう。この数字は、現在でも一部の非アカデミックな読み物を通じて魔女裁判の被害者数として再生産され続けている。

日本でもカトリック教会を魔女狩りの真犯人とみる歴史観は根強いように思われる。とくに、異端審問と魔女裁判はほぼ同一視されているきらいがある。たとえば、森島恒雄『魔女狩り』は半世紀前の出版ではあるがコンパクトで明解な入門書として多くの読者を獲得してきた。しかし魔女観念が成立する一五世紀以前の異端審問の事例、主に改宗ユダヤ人を対象としたスペイン異端審問の事例、そして一六世紀の魔女裁判の事例とが無造作に並記されていることは誤解を招くものだろう。森島自身があとがきで述べているように、著者の関心はそもそも異端審問に向けられており、叙述の多くも異端審問に関するものである。その結果、拷問の恣意的乱用という異端審問と魔女裁判との共通性ばかりが強調され、その決定的な違い——一六世紀以降の魔女裁判には聖職者や異端審問官はほとんど関わっていない——を巧妙に覆い隠してしまった。

高校世界史教科書にも、異端審問と魔女裁判を同一視する記述がみられる。大きなシェアを誇る山川出版社『詳説世界史　世界史探究』（二〇二二年三月検定済み）では、教会大分裂とそれに伴う教皇の権威失墜の記述に続き、教会の堕落や腐敗を批判する運動が各地で起こったとし、その動きを「教会は異端審問や魔女裁判によって容赦なく罰しようとした」（二二七頁）と記述している。しかし一五世紀に最初の大きな迫害を経験したアルプス地域において、魔女裁判で罰せられた者の多くは「教会の堕落や腐敗を批判した」ような宗教的信念をもった人々ではなく、魔術によって損害を与えたという密告を共同体内部から受けた者たちだった。しかしこの教科書記述を素直に読むであろう高校生には、腐敗した教会が自らに対して批判的な人々に魔女の汚名を着せて弾圧したと理解されてしまう。

今日の研究では、もはやカトリック教会の責任に対する関心は高くない。魔女迫害に関して、教会が諸悪の根源と単純に言い切れないことは自明のこととなったからである。世俗裁判所での裁判実務やその地域的な差異、『魔女への鉄槌』のような悪魔学書の流通の実態や影響力の範囲と程度、魔術が前近代の日常生活においてもっていた機能、近世における国家的機能の形成と魔女迫害との関わりなど、研究対象は拡大・拡散している。それは、教会の責任を相対化することではなく、中近世における宗教と社会の関わりを多面的に理解することに貢献しているといえるだろう。

日本においては、魔女迫害はまさに宗教が生み出した愚かな行為の極端な例として、「宗教は怖い」と宗教を嫌悪する根拠となってしまっているかもしれない。しかし、歴史上の狂信的な魔女迫害人たちと自分たちが異なることを確認して、キリスト教圏における愚かな過去を冷笑し憐れむだけでよいのだろうか。歴史学は、時代の魔が祓われたことを宣言し、自分たちとは異なるものだという安心を提供する悪魔祓い師となればよいのだろうか。終わりに、人類学者山口昌男の言葉を引用したい。

歴史学とは、邪霊を沈めるばかりでなく、文献資料のディスクールのそこに深く生き埋めにされていた邪魔を喚起する、降霊術の役割を果たさなくてはならなくなるであろう。というのは、一つの文化および時代に真の活力を与えているのは、時代の陽の当たる場所に居る英雄の行為ではなく、英雄が喚起し、目の仇にし、祈り伏した時代の魔と英雄とのダイナミックな関係であるからにほかならない（山口昌男『知の遠近法』二六二～二六三頁）。

歴史家はむしろ悪魔祓い師よりも降霊術師としての役割を求められている。その時代の魔を呼び出し、彼らの病を病み、限られた可能性の中で彼らがいかなる戦略と論理をもってその病を克服しようとしたのかをも語らせることこそが、歴史学の役割といえるのではないだろうか。

（小林繁子）

参考文献

池上俊一『魔女狩りのヨーロッパ史』岩波新書、二〇二四年。

＊中世後期から近世に至る魔女迫害史を簡潔に手際よく概観する。地域研究の成果やジェンダー史的アプローチなど新しい研究にも目配りされており、入門書として必読。

黒川正剛『図説　魔女狩り（増補改訂版）』河出書房新社、二〇二四年。

＊図像イメージは魔女迫害史にとって重要な史料群である。概説としての信頼性もさることながら、魔女観念を図像とともに読み解く点に本書の特長がある。増補改訂版では最新の研究動向が加筆された。

W・ベーリンガー著、長谷川直子訳『魔女と魔女狩り』刀水書房、二〇一四年。

＊魔女研究の泰斗による、通史の決定版ともいえる。魔女現象を人類学的な視野から捉え、現代における魔女迫害も取り扱う点に特色がある。

森島恒雄『魔女狩り』岩波新書、一九七〇年。

山口昌男『知の遠近法』岩波書店、一九七八年。

Wolfgang Behringer (Hg.), *Hexen und Hexenprozesse in Deutschland*, München : DTV, 2001[5].

＊古代から一八世紀まで、魔女迫害の歴史に関わる二八六点の史料を紹介している。各章に設けられた解題もよく整理されており、通史として読むこともできる。

Wolfgang Behringer, "Geschichte der Hexenforschung," Sönke Lorenz（Hg.）, *Wider alle Hexerei und Teufelswerk. Die europäische Hexenverfolgung und ihre Auswirkungen auf Südwestdeutschland*, Ostfildern：Thorbecke, 2004, 485–668.

Richard M. Golden（ed.）, *Encyclopedia of Witchcraft：The Western Tradition*, ABC-Clio, 2006.

＊一七二名の第一線の研究者が七五七項目を執筆した浩瀚な辞典。参照指示の書籍にはやや古いものもあるが、地名・人名・概念等の項目が充実しており、基礎的なデータとしても役に立つ。

Karen L. King, "Christianity and Torture," Michael Jerryson et al.（ed.）, *The Oxford Handbook of Religion and Violence*, Oxford University Press, 2013, 293–305.

B.P. Levack（ed.）, *The Oxford Handbook of Witchcraft in Early Modern Europe and Colonial America*, Oxford University Press, 2013.

＊魔女信仰、地域別の動態をまとめた各章のほか、ジェンダー・法・宗教改革・政治（国家形成）・科学・医学など魔女研究のための分析視角を論じた各章で、研究史や新しい動向も整理されている。

コラム11　教会とジェンダー

近世ヨーロッパのキリスト教社会で猖獗《しょうけつ》を極めたといわれる魔女裁判の規模や内実は地域によって様々である。この多様性は被告魔女の性別についても当てはまる。被告魔女の男女比を地域は無視して魔女裁判全体から考えるなら、平均して女性が約八〇パーセント、男性が約二〇パーセントを占めたという通説は間違いではない。しかし、魔女裁判といわれながら、被告の約二〇パーセントは男性であり、男性が被告の大部分を占める地域もあった。

膨大な数の女性を魔女として火炙りにした魔女狩りは、女性狩りにほかならなかったという極端なフェミニズム的解釈があるが、そのような解釈を生み出した一つの典拠が、ドミニコ修道会士ハインリヒ・クラーマーが著した『魔女への鉄槌』（一四八六年。以下、『鉄槌』と略記）である。

『魔女への鉄槌』の女性観

『鉄槌』は、なぜ女性という「虚弱な性」に魔女が大量に見出されるのかという問いを立て、女性の悪意の凄まじさ、迷信深さ、軽信、気質の流動性のため悪魔の影響を受けやすいこと、饒舌のために自分が行った害悪魔術《マレフィキウム》を女性仲間に喋ってしまうこと、女性は知性と霊的なことを理解する力が男性より劣っていることなど事細かに理由を挙げて答える。このような主張を展開するために援用されるのが、古典の著作、聖書や神学者の言葉である。『鉄槌』の最終的な結論は、すべては女性の飽くことを知らない肉欲から起こるというものであった。『旧約聖書』「箴言」（三〇章一五～一六）を踏まえて「十分だと決して言わぬ第四のもの」が「子宮の口」であると断言し、女性は情欲を満たすために悪霊どもと一緒に乱行を繰り広げるとまで主張する（Christopher S. Mackay, *The Hammer of Witches : A Complete Translation of the Malleus Maleficarum*, New York : Cambridge University Press, 2006, 160–170）。『鉄槌』の中で述べられている女性観は、特異で極端なものである。しかしそれは、当時のヨーロッパ社会における女性観と通底していたことに留意する必要がある。

中世末の魔女裁判とジェンダー

魔女の夜宴サバトは、一六世紀後半以降の魔女裁判激化の時代における魔女信仰概念の中核にある。魔女は箒や山羊にまたがり、あるいは動物に変身し、空中を飛行してサバトに赴き、悪魔崇拝、乱交、食人などの悪辣な行為を行うと信じられていた。サバトの原型に関する記述が複数の史料上に現れるのが、一四三〇年代のことである。この年代の前後の時期に、アルプス山脈西方一帯を中心とした地域で異端者やユダヤ教徒が結託し、反キリスト教的な集会を開いて魔術的な行為を行っているとの噂が立ち始めた。このような噂に基づく魔女裁判の原初形態が出現したのもこの時期と地域であった。

たとえば、ローマ教皇アレクサンデル五世が、アルプス山脈西南地域で異端審問官として活動していたフランチェスコ修道会士ポントゥス・フージェロンに宛てた一四〇九年の書簡には、占いや悪魔召喚など反キリスト教的な儀式を行う新種のセクトをキリスト教徒とユダヤ教徒がつくっていることが述べられている（Alan C. Kors, Edward Peters (eds.), *Witchcraft in Europe 400–1700: A Documentary History*, 2nd ed., Philadelphia: University of Pennsylvania Press, 2001, 153）。また、一四三一年に開催されたバーゼル公会議で重要な役割を果たした神学者でドミニコ修道会士のヨハンネス・ニーダーが一四三五年頃に著した『蟻塚』には、スイスのローザンヌ司教区のベルンに両性からなる多くの魔法使いどもがおり、彼らが様々な獣の姿形に変身し、集会で幼児を食べ、悪魔崇拝を行っていることが記されている。ニーダーは、このような情報を知り合いの地元の世俗裁判官や異端審問官から得た。教皇アレクサンデル五世の書簡と『蟻塚』にみられる記述で注意しておきたいのは、セクトや集会の構成員が女性に特化していないことである。ニーダーの情報源の一人、ベルンに住むペーターという世俗裁判官が火刑に処したのは、両性の多くの魔法使いどもであった（Kors/Peter, *op.cit.*, 155–159）。

男性の魔法使い、換言すれば男性の魔女（日本語表記は矛盾をはらむが、英語の研究文献で male witch が使用されていることから、本コラムではこの表記を使用する。ただし、文脈に応じて魔法使いという表記も使用する）に関する言及は、『鉄槌』や『鉄槌』の権威づけのために掲載された教皇インノケンティウス八世の「魔女教書」（一四八四年）にもある。一五世紀の魔女裁判は、一六世紀後半以降のものに比べると小規模であり、被告に男女の偏りはなかった。

女性としての魔女の顕在化

男女の魔法使いから、女性の魔法使い、すなわち女性の魔女への変化とその顕在化は一六世紀に昂進する。女性特有の罪、つまりジェンダー化された罪に対して関心が高まったのである。この動向は、当時の社会における性に関わる問題の規律化の進展とも関係していた。

たとえば、中世末の多くの都市では公娼館が存在したが、次第に厳格な規制が行われるようになった。宗教改革以後、新旧教会の諸都市で規制はさらに厳しくなった。売春婦がもたらす道徳的な腐敗が問題視されたのである（Merry E. Wiesner, *Women and Gender in Early Modern Europe*, Cambridge: Cambridge University Press, 1993, 100–101）。また、結婚に関して規制が厳しくなった。反道徳的とみなされる行為に対する規範が厳格化され、規範に従わない者は不信仰者とみなされ断罪された。この領導化と厳格化の対象となったのは、姦通、夫に逆らう口喧しい女性、ソドミー、幼児殺しといった性とジェンダーに関わる問題であり、それらは男性以上に女性の罪と結びつけて認識された。一六世紀以降は、聖俗両界がともに家父長制社会を堅牢に築き始めた時代であり、女性が男性よりもさらに劣位に置かれる社会が構築されつつあった。サバトで性的紊乱にふけり、幼児を殺して悪魔に捧げる女性という魔女像は、このような当時の社会背景の下で捉える必要がある。

女性の魔女の顕在化のもう一つの理由は、聖書に由来する女性観の再確認である。『旧約聖書』「創世記」の中で、女性の祖先イヴは原罪の発端として断罪されている。神が食べることを禁じたエデンの園に生える知恵の木の実を悪魔である蛇に唆され口にし、アダムに手渡し食べさせたのはイヴだった。そのため人間は楽園を追放され死と労働という災厄を担うことになった。イヴの末裔である女性一般は、男性よりも悪魔の影響を受けやすく、神の怒りを象徴する存在としてみなされた。このような女性観は、聖書中心主義のプロテスタントにも踏襲された。イヴは魔女の祖型であった。

新旧教会のジェンダー認識

ただし、魔女のジェンダー認識については、新旧教会の悪魔学者に違いがみられる。女性としての魔女像が支配的だったのはプロテスタントであった。『旧約聖書』「出エジプト記」（二二章一七）の箇所は、魔女の処刑を正当化した文言として有名だが、ルターは聖書をドイツ語に訳す際、ヘブライ語原典の「毒殺者」(mekaschepth)の語を女性形の「魔女」(Zauberinnen)と変え、「魔女を生かしておいてはならない」としたのである。イングランド国教会を護持し、魔女裁判擁護の書『悪魔学』（一五九七年）の著者でもある国王ジェームズ一世が一六一一年に完成させた欽定訳聖書でも、「出エジプト記」の同箇所は「魔女」(witch)と英訳され、広く受容された（Kors /Peter, *op.cit.*, 261–263 ; Wanda Wyporska, "EXODUS 22 : 18 (22 : 17)" in Richard M. Golden ed., *Encyclopedia of Witchcraft : The Western Tradition*, Oxford : ABC-CLIO, 2006, 337–338)。一方、カトリックのウルガタ版聖書では、同箇所は「魔法使い」(maleficos)と記されており、男性の魔女も考慮するものである。また、カトリックの悪魔学者は、プロテスタントの悪魔学者以上に、サバトを受容し議論の俎上にのせた。サバトに参加する魔女には女性が多いとはいえ、男性も参加することから、男性の魔女の存在を想定することがカトリックの悪魔学者にはより容易であった。

諸地域の魔女のジェンダー

近世ヨーロッパの諸地域の被告魔女の性別比は次のとおりである。ノルウェー、スウェーデン、デンマーク、ネーデルラント北部、イングランド、スコットランド、ハンガリー、クロアチア、イタリア地域のピエモンテとシエナ、神聖ローマ帝国、スイス地域のジュネーヴ、バーゼル司教区、ヌーシャテル、グラウビュンデンでは、七五パーセント以上が女性であった。ネーデルラントのホラント州、アルザスのリエーヴル渓谷、クロアチアのザグレブでは、女性が一〇〇パーセントであった。男性の割合が高かったのは、アイスランド（九〇パーセント）、エストニア（六〇パーセント）、ノルマンディー（七〇パーセント）であり、男女比がほぼ均衡していたのが、フィンランド、ブルゴーニュ、パリ高等法院の管轄下にあるフランスの地域であった。スペインやイタリアといった南ヨーロッパのカトリック教会が支配的な地域では、魔術に関わる問題に対応した異端審問所は慎重な態度を取っており、『鉄槌』が手引書とされることもなく、魔女裁判自体がきわめて少なかった。地域による性別比の相違は、聖職者や知識人の悪魔学理論の浸透度、各地域の民間信仰における呪術実践者のジェンダーのありよう、実際の魔女裁判の進行などが相互に絡み合う中で生じる。男性の魔女が多い地域には、男性の民間呪術実践者が多かった。

女性の魔女が多く裁かれた地域でも、裁判の進行過程で魔女として男性が巻き込まれていくことがあった。また、男性の妻が魔女として告発された場合は、夫が魔女として告発されることもあった。さらに、家父長制社会が進展する中、優柔不断さや思慮分別に欠けるなど女性的とされる性質をもった男性が魔女とみなされることもあった。

（黒川正剛）

参考文献

Amanda L. Capern (ed.), *The Routledge History of Women in Early Modern Europe*, London and New York : Routledge, 2020.

Julian Goodare, "Women, men and witchcraft," in J. Goodare, *The European Witch-Hunt*, London and New York : Routledge, 2016, 267–316.

Alison Rowland, "Witchcraft and Gender in Early Modern Europe," in Brian Levack (ed.), *The Oxford Handbook of Witchcraft in Early Modern Europe and Colonial America*, Oxford : Oxford University Press, 2013, 449–467.

Raisa Maria Toivo, "Witchcraft and Gender," in Johannes Dillinger (ed.), *The Routledge History of Witchcraft*, London and New York : Routledge, 2020, 219–232.

Merry Wiesner-Hanks, "Gender," in Richard M. Golden (ed.), *Encyclopedia of Witchcraft : The Western Tradition*, Oxford : ABC-CLIO, 2006, 407–411.

第11章　寛容と多様性
——思想・統治戦略・生存戦術

1　寛容批判と寛容史

啓蒙と革命が大西洋両岸を席巻した時代に、トマス・ペイン（一七三七～一八〇九年）は、生まれながらにして万人がもつ普遍的な自然権、そしてそれに基づく平等の理念を掲げた。彼にとって、寛容は自然権と平等への侮辱でしかなかった。曰く、寛容は不寛容の対義語ではなく偽造である（『人間の権利』第一部第四章）。また、ミシェル・フーコー（一九二六～八四年）等の議論を参照しながら、ウェンディ・ブラウン（一九五五年～）は、「統治性（gouvernementalité）」の実践としての寛容を批判的に論じている。この形態の寛容は、寛容付与者と被付与者の間にある不平等を脱政治化し、マジョリティが設定した基準との差異でもってマイノリティを他者化し周縁化する。この意味の寛容は、フーコーがいう「生権力（biopouvoir）」の側面も備える。死の恐怖を通じてではなく、生かしながら統制し飼い馴らすことで支配する権力にとって、寛容は統治の常套手段なのである。

このように、寛容批判は決して目新しい議論ではない。しかし、寛容の歴史叙述では、啓蒙期以来長らく西洋中心主義的な近代化論・進歩史観が主流であった。そこでは以下のような歴史の流れが想定されている。ヨーロッパで寛容が盛んに議論されるようになるのは一六世紀の宗教改革以降である。各宗派が排他的な宗教的真理を掲げて争い合ったこの時代、寛容はむしろ信仰の弱さとして否定的に捉えられていた。一七世紀の過程で宗教平和が模索されると、寛容は紛争解決のための暫定的措置・過渡的妥協だと理解されるようになる。その後、一八世紀に啓蒙思想が広がり、キリスト教を含む啓示宗教それ自体が相対化されると、寛容は自由・平等を目指す社会における不可欠の徳目として肯定的に評価されるようになり、フランス革命を経て近現代的な寛容観へと発展する。現代において寛容は、宗教のみならずエスニシティやジェンダーの問題においても、差異を相互に認め合い受け入れる、リベラルで世俗主義的な社会の倫理的規範となっている。「寛容の興隆（rise of toleration）」は、世俗化・信仰私事化・脱魔術化等と並び立つ、あるいはそれらの一部をなす、近代化の物語の一つに数えられる。

寛容史研究は、思想史と社会史・文化史の二つに大きく分けられる。現在でも寛容の興隆を論じる思想史研究は存在する。他方、とくにここ二〇年程の間に活況を呈している寛容実践の社会史・文化史は、上述の西洋中心主義的な進歩史観、統治者やエリートの「上から」の視点で描かれた物語を一部脱構築している。思想史は、「寛容」という語で表現された思想（狭義の寛容思想）のみを扱うこともあれば、研究者各人の寛容観に合致しているが必ずしも寛容の語で言い表されていない思想（広義の寛容思想）を対象とすることもある。他方、社会史・文化史は、宗教的多様性に対処する際の人々の実践や、実践の前提となる感覚や認識を寛容という分析概念で論じている。

以下ではまず、狭義・広義の寛容思想の一部を時系列的に紹介する。次いで、上述の寛容批判を念頭に置いて、為政者・マジョリティが宗教的多様性を管理・統制するために用いる統治戦略として、迫害に加えて寛容実践を論じる。寛容擁護思想が寛容をいくら相互的・水平的な理念として打ち出していようとも、寛容実践にはつねに付与者・被付与者間の不平等がつきまとう。寛容実践の社会史・文化史は、確かに単線的な寛容の興隆論を相対化することに成功しているが、寛容付与者・被付与者間の非対称的権力関係を十分に考慮できていないがゆえに、マジョリティの「上から」の視点を一部温存している。寛容被付与者・マイノリティの「下から」の視点も取り入れて共存と多様性の歴史を描きなおすには、本章が試みるように、宗教的に多様かつ差別的な社会を生き抜くためにマイノリティが動員した生存戦術も併せて論じなければならない。

2　多様性をめぐる思想

欧語の寛容は忍耐を意味するラテン語 toleratia に由来する。寛容の語が俗語で用いられ始めるのは一四・一五世紀のことで、より頻繁に使われるようになるのは一六世紀の宗教改革以降であった。一八世紀末までヨーロッパ人は寛容の語をラテン語原義を保持したまま用いていた。存在すべきではないもの、嫌悪の対象で本来ならば反対すべきものを不承不承ながら耐え忍ぶ、それが前近代ヨーロッパにおける寛容の意味であった。他方、自身と異なる思想信条を、そして結果的に多様性を一定程度甘受することを称揚する理念や徳目として寛容を定義するのであれば、この広義の寛容思想はキリスト教社会において古代から存在する。以下では狭義・広義の寛容思想を、古代・中世、宗教改革期、啓蒙期の時代ごとに概観する。

古代・中世

イエスは、隣人そして敵をも愛すること、他者を憐れみ赦すことを説いている。また、アウグスティヌス（三五四～四三〇年）は、原罪ゆえに万人が生まれながらにして弱さと罪を抱えているとし、他者の良心を強制することを戒め、神の無条件の愛を通じて他者の弱さと罪を耐え赦すことを訴えた。他方、このヒッポ司教は、ドナトゥス派のような教会分離論者を厳しく批判した。曰く、異端が地獄に堕ちるのを甘受してはならず、異端は強制してでも正統に連れ戻すべきである。教会の一体性を重視し異端の強制改宗を肯定するアウグスティヌスの教会論は、中近世を通じて幾度となく参照されることになる。

中近世ヨーロッパでは、聖俗一体の共同体が「社会的なキリストの身体（corpus Christianum）」として観念された。宗教的他者はキリストの身体に巣食う病や穢れとして表象され、その排除は肯定された。中世末期まで、排除の対象は異教徒というよりむしろ異端であった。たとえば、トマス・アクィナス（一二二五頃～七四年）は、ユダヤ人を含む異教徒にキリスト教を強制することを認めない一方、一旦受け入れたはずのキリスト教信仰を否定する異端の排除は推奨した。他方、マヨルカ島に生まれたライムンドゥス・ルルス（一二三二頃～一三一五年）は、キリスト教・ユダヤ教・イスラームによる宗教的多様性の現実を受容し、三宗教が理性的論争を通じて統一され、一つの普遍的真理へと至る道を説いた。また、コンスタンティノープル陥落の報に接したニコラウス・クザーヌス（一四〇一～六四年）は、異教・異端をカトリシズムの下での礼拝の相違と捉え、多様性を和合させ内包する普遍宗教としてのカトリシズムを肯定した。

宗教改革期

ハインツ・シリング（一九四二年～）やヴォルフガング・ラインハルト（一九三七年～）が一九八〇年代から提唱し始めた「宗派化（Konfessionalisierung）」は、宗教改革後の世俗権力が宗派教会と協力して進めた支配領域の統合・規律化のことを指す。このオリジナルの宗派化論は、一六世紀に始まる諸宗教改革を一七世紀半ばまでの連続性の中で理解しようとしており、世俗化を準備する役割を宗派化に見出す近代化論である。この意味での宗派化論には多くの批判が寄せられ、現在では、合法的なあるいは事実上の多宗派状態こそが近世ヨーロッパの典型であったと理解されるようになっている。とはいえ、近世の世俗権力が特定の宗派教会と結びつきを強めたことは確かである。寛容思想は宗派化を批判することもあった。

プロテスタント的と呼びうる寛容思想は、神の前に立つ個々人の応答責任性と良心の不可侵性を基盤としている。マルティン・ルター（一四八三～一五四六年）にとって、良心は個々人が罪深さを認識し神の言葉を受け取る場である。それゆえ、良心は強制から自由でなければならない。ルターは良心の自由を主に、カトリック教会の「誤った」教義・「専制的」権威からの自由として観念していた。

ルターにとって改革対象は神学と教義であったが、聖書を実践道徳学として読むロッテルダムのエラスムス（一四六六～一五三六年）にとって教義問題は些末であった。キリスト教徒間の調和・和合を第一とする人文主義者エラスムスは、聖書で命じられてもいなければ禁じられてもいない、救いにとって非本質的なアディアフォラと呼ばれる事柄についての神学論争の無益を説いた。曰く、宗教の目的は平和であり、争いを引き起こすアディアフォラにおける信条の違いは甘受しなければならない。カトリックとプロテスタント主流派が世俗権力との提携関係を強めていく中、幼児洗礼を否定したことで彼らから危険視された再洗礼派の一部は、マイノリティの立場から寛容を擁護した。たとえば、神秘主義的な再洗礼派セバスティアン・フランク（一四九九～一五四三年頃）は信仰を、制度教会も聖書も含むいかなる外的権威からも分離させ、聖霊の内なる光のみに帰属させた。彼は、異端も異教徒も神を追い求めるきょうだいであるとして、宗教的争いを諌めた。

ジャン・カルヴァン（一五〇九～六四年）が神権政治体制を築いていたジュネーヴにおいて、三位一体を否定したミカエル・セルヴェトゥス（一五一一～五三年）が処刑された事件は、寛容思想のリトマス試験紙となった。カルヴァンのかつての協力者セバスティアン・カステリオン（一五一五～六三年）はセルヴェトゥス処刑を厳しく非難した。カステリオンは倫理問題を教義問題から峻別し、前者は普遍的で宗教を通じてすでに明らかになっている一方、後者は人間知性の有限性ゆえに万人が明晰に判断できるわけではない、と論じた。彼は、終わりなき宗教・宗派間論争の過程で暴走した教会を規制する役割を世俗権力に見出した。宗教に付随する社会秩序の問題に関して世俗権力が教会権力に優越して統制権をもつ、とするエラストゥス主義は、マイノリティへの寛容を擁護することもあった。この考えは、厳格な宗教的規律を求めるカルヴァンがその「倫理的放縦さ」ゆえにリベルタンと呼んだ集団や、リベルタンの流れを一部汲みオランダで二重予定説をめぐって厳格改革派と争い破門されたアルミニウス派など、近世ヨーロッパで広くみられた。

上述の寛容思想は、信仰者間の調和を乱す者、とくに無神論者を寛容の埒外に置いていた。それに対し、オラニエ公ヴィレム一世（一五三三～八四年）の助言者でもあった人文主義者・神秘主義思想家のディルク・コールンヘルト（一五二二～九〇年）は、無神論者も寛容の対象に含めた点で特筆に値する。曰く、国家の調和・和合は、（宗教的）一体性ではなく、臣民間の（宗教的）平等によって担保される。地上の人間は宗教問題に決定的判断を下すことはできないため、最後の審判のときまで、信仰実践の権利も含む良心の自由が万人に等しく認められる必要がある、と彼は主張した。

啓蒙期

ジョナサン・イスラエル（一九四六年〜）が二〇〇〇年頃から提唱し始めた「急進啓蒙（Radical Enlightenment）」論は、近世後半の思想史を急進啓蒙・穏健啓蒙・反啓蒙の三すくみの闘争史として描いている。曰く、この争いの末に普遍的価値を確立したのは、バールーフ・デ・スピノザ（一六三二〜七七年）にその思想的根源をもつ急進啓蒙（上述のペインもこの中に含まれる）であった。急進啓蒙論は、一八世紀の革命を準備した啓蒙思想を一七世紀後半からの連続性の中で捉える近代化論である。その図式的理解は多くの批判と論争を呼んでいるが、イスラエルが穏健啓蒙に含めるジョン・ロック（一六三二〜一七〇四年）やヴォルテール（一六九四〜一七七八年）も、急進啓蒙の担い手とするスピノザやピエール・ベール（一六四七〜一七〇六年）も、それぞれ独自の寛容思想を展開した。

ロックがイングランドからオランダへの亡命中に練り上げた寛容思想の根幹は、厳密な政教分離にある。ロックは国家を臣民からの信託権力として、教会を公的礼拝を目的とする自発的結社として捉え、両者の癒着・越権行為を禁じた。国家は強制のみを職権とする外的法廷であるが、魂の救いは個々人の良心という不可侵の内的法廷が管轄する問題である。彼にとっての「完全な寛容（perfect tolerance）」は、世俗権力が公共善のみを追求し、信仰を含む私的事柄に一切立ち入らないことであった。他方、ロックはカトリックと無神論者を寛容の埒外に置いた。前者は世俗君主でもある教皇に信仰を通じて服従しているため、後者は為政者と臣民の間の裁定者である神を否定するがゆえに道徳・倫理を欠くため、寛容の対象外とされたのである。

同様にヴォルテールも無神論者を拒絶し、人間は宗教を通じてのみ道徳を獲得できると論じた。ヴォルテールが最優先したのは、妄信・狂信をなくすことであった。そのために彼は、実践道徳的で非教義的な理神論的宗教が、あらゆる宗教・宗派間の違いを消滅させ統一することを理想として掲げた。曰く、啓蒙の過程で人間理性はこの理神論的宗教のみを是認するようになる。ヴォルテールにとっては、啓蒙が完成するまでの間の次善の策が諸宗教の寛容であった。トルコ人も中国人もユダヤ人も同じ父の息子だとしながらも、彼は狂信者と無神論者を寛容に値しないと断じた。

スピノザは思想の自由（彼の言葉では「哲学する自由（libertas philosophandi）」）と言論出版の自由を何よりも求めた。彼によれば、宗教・神学は敬虔と服従のみを領分としており、哲学が扱う真理とは関係がない。スピノザは、それを知らないと神に服従することができなくなるような最低限の教えを、普遍的信仰箇条として定めた。為政者はこの信仰箇条に従って平和と公共善を主旨とする法を臣民に強制し、宗教問題についての絶対的な権限をもつが、臣民には思想・言論出版および内的礼拝の自由が与えられる。別言すれば、臣民の行動および外的礼拝の自由は世俗権力により制限されうる。スピノザは、彼が生きたオランダ共和国の現状、すなわち非公認宗派が公的信仰実践を禁じられつつも寛容された差別的状況をほぼ追認しているともいえる。

フランスからオランダに亡命したベールは、無神論者も含む万人が相互に寛容し合うことを肯定した。曰く、人間の行動原理は良心ではなく、法的処罰や名誉に関わる感情や利害意識であり、その点で信仰者と無神論者に違いはない。特定の信仰や行為に制限を加える高次の規範的原理は、万人が相互に認める方法でのみ正当化しうる。すなわち、自らのために求める権利は他者にも与えねばならない。また、理性の限界ゆえに信仰における意見の不一致は避けられず、中世神学者やヴォルテールが目指したような普遍宗教への統合は実際には不可能である。ゆえに、宗教的多様性への最善策は相互の寛容なのである。他方、ベールも、良心を強制し他者を寛容しない者は寛容の埒外に置いた。

3　多様性を管理する統治戦略

中近世ヨーロッパにおいて、宗教的多様性は公的秩序と政治社会的安定性への脅威として捉えられていた。宗教的に多様な人々が物理的空間を共有し共存（共時的に同一空間内に存在）する環境は、共歓も紛争も内包しており、人々の関係性はふとした条件の変化で共歓から紛争へ、紛争から共歓へと移ろう。宗教的多様性がもたらす、この脆く壊れやすい共存環境を管理・統制するために為政者が用いるのが、迫害と寛容からなる統治戦略である。

迫害

寛容同様に迫害もまた厳密な定義を要する。ここでは迫害を、宗教の違いに基づく差別の合法化および宗教的マイノリティに対する法的強制と定義したうえで、①追放や処刑を含む身体的暴力と、②名誉毀損を含む象徴的暴力に分類して論じる。

① 身体的暴力

中世イベリア半島では、キリスト教徒・ユダヤ教徒・イスラーム教徒が調和を保ちながら併存していた、とされる。しかし、スペイン王は一五世紀末から一七世紀にかけてカトリシズムを通じた国家統合・宗派化を進め、ユダヤ人とムスリムに改宗か追放の二択を迫った。一四九二年のユダヤ人追放に至る過程で、スペイン王は国家機関としての異端審問所を開設し、カトリックへの同化を果たせていないとされたコンベルソ（改宗ユダヤ人）やマラーノ（偽装改宗ユダヤ人）を裁き、有罪人の一部を火刑に処した。一五世紀にはフランクフルトでユダヤ人強制居住区が作られるようになっていたが、一六世紀初めにヴェネツィアで生まれたユダヤ人隔離居住区ゲットーは、対抗宗教改革と歩を一にしながらイタリア中に広まった。

神聖ローマ帝国（以下、帝国）内の宗派間抗争を収束させるべく一五五五年に結ばれたアウクスブルクの和議は、「支配者の宗教、その地に行わる（cuius regio, eius religio）」の原則を打ち立てた。これにより、帝国諸侯と都市参事会は支配領域内の公認宗派選択権（カトリックかルター派）を獲得し、宗派化を推進しうる体制ができたが、領民に信仰選択権はなかった。それゆえ、帝国やスイス盟約者団の一宗派地域では改宗が強制されることもあった。フランスでも、ルイ一四世（一六三八〜一七一五年）が「一つの信仰、一つの法、一人の王（une foi, une loi, un roi）」の体制を王国内で実現しようとし、二宗派共存を可能にしていたナント王令を一六八五年に廃止して、ユグノーには亡命を禁じたうえで竜騎兵を差し向けて強制改宗を迫った。これらの一宗派地域に残った非公認宗派は、投獄・拷問の後にガレー船送りや死刑の憂き目に遭う危険があった。

ハプスブルク家の支配下にあった一六世紀の低地地方では、スペインから輸入された国家機関としての異端審問所が次々とプロテスタントを処罰した。告発者に報奨金が約束された中、一五二三～六六年の間に少なくとも一三〇〇人のプロテスタント（再洗礼派や改革派）が異端審問の末に処刑され、それ以上に多くの者が罰金刑や追放刑に処せられた。低地地方の対ハプスブルク反乱の過程で生まれたオランダ共和国は「寛容の楽園（paradise of toleration）」とも呼ばれ、唯一の公認宗派たる改革派への改宗を強制することはなかった。しかし、オランダでも一五八一年までにカトリシズムは全州で非合法化され、布告に反して司牧活動を行ったカトリック聖職者が追放されることもあった。国教会体制下のイングランドで処刑されたカトリックは多い。それに比べると、改革派教会が国教会ではなく「公的教会（publieke kerk）」（万人に奉仕することが義務づけられた教会）であったオランダで処刑された非改革派の数は少ないが、処刑された者は国家反逆罪に問われていた。ミュンスター再洗礼派が一五三四～三五年にかけて同市に「千年王国」を樹立しようとした事件の後、再洗礼派はその政治的傾向も警戒され、ヨーロッパ中で迫害された。宗派化への圧力がある中、宗教的信条が政治的信条と結びつけられたとき、近世の宗教的マイノリティは激しく弾圧されたのである。

②　象徴的暴力

公的な名誉・地位・権威が何より重視された前近代ヨーロッパにおいて、教会破壊や公的信仰実践の自由剝奪は象徴的次元での暴力ともいえる。宗教的マイノリティの礼拝施設の破壊・イコノクラスムは、民衆の組織的・突発的暴動の結果としても起こったが、為政者に公認・黙認されて実施されることもあった。オランダのようなプロテスタント地域のカトリックは、先祖代々用いていた教会施設から追い出され、家の中や郊外に信仰実践の場を移すことを余儀なくされた。フランス宗教戦争は儀礼的・象徴的暴力で特徴づけられるが、ナント王令体制下でも、ユグノーは教会や墓地を都市の中心部から郊外に移転させることを強制された。オランダのカトリックもフランスのユグノーもこうした状況を不名誉だと感じていた。イングランドでカトリック聖職者は泥棒や殺人犯の隣の絞首台で処刑されることもあった。イエスの磔刑を思わせるこの扱いは、同宗派共同体全体の公的信用を貶め名誉を辱めるものである。

前近代ヨーロッパで公職は名誉と直結していたが、イベリア半島でとくに一六世紀以降に広まった血の純潔規約は、コンベルソやモリスコ（改宗ムスリム）を含む異教徒の血が混じった者を公職や各種社団から排除した。イングランドでは、一六七三年に制定された「審査法（Test Acts）」がカトリックから公職就任権を奪った。同様に、オランダでは一六世紀末以降、公職は改革派にのみ限定されるようになったが、公職の定義それ自体が時代を経るにつれ拡大し、非改革派は様々な公的セクターから排除された。また、市民権は中近世都市の中核的構成員を規定していたが、帝国やオランダの一部都市は宗教的マイノリティから市民権獲得権利を奪い、政府やギルドへのアクセスを遮断した。

寛　容

定義なく寛容の語を濫用すれば、リベラリズムのイデオロギーとユートピアを再生産することにつながる。以下では寛容の政治的実践を、為政者やマジョリティが、①宗教的多様性やマイノリティの権利を公式に認める限定的認可と、②本来は非合法な存在や行為を非公式に許容する黙認に定義・分類したうえで分析する。

①　限定的認可

アウクスブルクの和議は上述の二宗派を合法として帝国内の諸侯や諸都市に信仰選択権を与え、アウクスブルク等の都市では二宗派同権を定めた一方、領民個々人には移住権を認めた。一六四八年に三十年戦争を終わらせたウェストファリア条約は改革派も公認し、三つの合法宗派に属す人々を以下の三つのカテゴリーに分類した。一六二四年時点で公的教会施設で聖職者が司式する「公的信仰実践」を行っていた者。同年時点で私的な家の中で聖職者抜きで「私的信仰実践」を行っていた者。上記二つの範疇に入らない者。同条約は、前二者にはそれぞれ従来どおりの信仰実践を認め、最後者には家人のみが参加する「家内信仰」を許した。一五九八年に発布された、フランス宗教戦争の休戦協定たるナント王令は、ユグノーに明確に規定された社団的特権を与えた。ユグノーは公職就任も軍事力の保有も許され、一五九六、九七年時点で定期的に礼拝を行っていた場所では公的信仰実践の自由も与えられた。さらに、同王令の遵守は地方に至るまで国王役人によって監督された。オランダがブリテンに侵攻して名誉革命が起こり一六八九年に成立した「寛容法（Act of Toleration）」は、プロテスタント非国教徒に礼拝・集会の自由を与えたが、カトリックや反三位一体派は寛容の対象外とされた。

ユトレヒト同盟は、低地地方の対ハプスブルク反乱勢力が一五七九年に発足させた。同盟規約第一三条は、信仰問題における州主権への留保条件として、「各人が自己の宗教において自由であること」を掲げている。万人を対象とするこの規定は、同時代人によっても、良心の自由を保障するものだと評された。しかし、同盟規約は「自由」の具体的内実を示しておらず、その遵守を監督する公的機関も存在しなかった。結果的に、同盟規約は改革派によるカトリシズム非合法化を止めることはできなかった。ワルシャワ連盟協約は、ヤギェウォ朝断絶直後の権力空白期間にあたる一五七三年にポーランドの貴族身分シュラフタの間で結ばれた。そもそも、東欧には正教徒やムスリムが中世以来存在しており、宗教的多様性は宗教改革を待つまでもなく日常生活の一部であった。連盟協約は「宗教において相異なるわれわれは、互いのあいだで平和を維持する」と宣言し、中世以来の宗教的多様性に法的保障を与えた。また、連盟協約には、名詞が欠けているがゆえに、「自由」すなわち信仰選択権の主体を領主のみとするか農民も含めるか、解釈の余地が残された箇所もある。

複数宗派体制が法的に認められた地域では、各宗派共同体がそれぞれ別個に公的教会施設を保持することが許されることもあった。一つの教会施設を複数の宗派が利用する「共同利用（Simultaneum）」は、帝国、スイス、アルザス、ポーランド、オランダの一部等でみられた。同一教会内の特定の空間（たとえば内陣や身廊）が特定の宗派に割り振られることもあれば、宗派ごとに異なる礼拝時間が設定される場合もあった。

法に定められてはいなくとも、為政者が宗教的マイノリティの非合法な存在や行為をその都度公認することもあった。限定的認可を実践する為政者には、その地の正統宗派教会が掲げる理念よりも政治的安定や社会経済的利益を優先する発想もあった。

② 黙　認

公式の限定的認可なくして宗教的に多様な社会が存在する場合、そこでは為政者が迫害布告の厳格遵守を放棄し、マイノリティの非合法な存在や行為を非公式に黙認していた、ともいえる。オランダの改革派為政者は当初、再洗礼派やアルミニウス派の政治的反逆心を警戒していたが、カトリックと異なり、両派が政治的に無害だとわかると、その非合法行為を大幅に黙認するようになった。限定的認可が定めた基準においてすでに示唆されているが、マイノリティの非合法行為は、私的領域に限定され公的領域を侵犯していないとみなされた場合に黙認されやすかった。一五世紀末以降のスペインでユダヤ教やイスラームの慣習を私的に隠れて実践する者が存在しえたのは、為政者やカトリック住民の視点に立てば、彼らによる黙認のおかげである。

近世イングランドやオランダでは、カトリックの公職就任も聖職者を伴う信仰実践も実際には黙認されていた。オランダの都市行政官・司法役人は、ときに布告を無視して「教皇派の傲慢さ（Paapse stoutigheden）」を黙認している、と改革派教会から非難されていた。彼らはカトリックの非合法行為を訴追して罰金の一部を合法的に懐に入れることもできたが、非合法行為を黙認する代わりにカトリックから密かに賄賂を受け取ることもできたのである。イングランドにおいても、国教忌避者には様々な税金が課されたが、後に為政者はこの税収を国家の重要な歳入とみなし、彼らの根絶を目指さず黙認するようになった。為政者にとって寛容は、非公認宗派を経済的に搾取するための手段でもあったのである。

4　多様性を生き抜く生存戦術

不安定な共存環境に働きかけるのは迫害者・寛容付与者だけではない。被迫害者・寛容被付与者が、迫害者・寛容付与者との非対称的な権力関係の下で、迫害に抗して寛容を勝ち取り、宗教的に多様な共存環境を生き抜くために使うのが生存戦術である。本節は、社会的プロフィール、空間実践、自己防衛言説に光をあてる。

社会的プロフィール

宗教的マイノリティは、為政者を含むマジョリティや信仰を同じくする者と関係を構築しながら生き残りを模索した。ここでは、①外面的な改宗・内なる信仰の秘匿と、②社会的結合関係や社会的地位の利用について考察する。

①　偽装改宗・信仰秘匿

スイス盟約者団では、聖職者のみならず、女性や未成年者も含むあらゆる社会階層の多くの俗人・一般信徒が、生涯で一度以上改宗していた。強制改宗が行われたイベリア半島では、ユダヤ人やムスリムの一部が改宗を偽装していた。イタリア史やフランス史では、プロテスタント信仰をもちながらも表面上カトリックを装うことを、新約聖書に登場するニコデモになぞらえてカルヴァンが非難したことから「ニコデモ主義（Nicodemism）」と呼ぶ。

カトリックから公職就任権を剝奪していたイングランドには、公職を得るために国教会で聖餐を受け改宗を偽装する「便宜的国教徒（occasional conformist）」がいた。教会帰属を強制されなかったオランダでは、公的教会としての改革派教会に日常的に通ってはいても厳格な規律を嫌って聖餐式陪餐者にはならない者（研究上で改革派教会の「愛好者（liefhebber）」と呼ばれる）が多数いた。この中には信仰秘匿者も含まれよう。また、オランダには農民や女性に変装して逮捕を免れようとするカトリック司祭もいた。同国の一部のエリート家系は、男子を改革派として育てることで公職を確保して家系の存続を図り、女子を改革派以外の信仰で育てていた。政治・司法の要職に就いた宗派混合家族の改革派子弟は、母親や女きょうだいが属す非公認宗派共同体に有利な政治・司法判断を下すこともあった。彼らが偽装改宗者であったかどうかは定かではない。しかし、ヨーロッパ中にいた、死の床で改宗する者の一部は、人生の大半で信仰を偽装していた可能性もある。

②　社会的結合関係・社会的地位

特定の領域内でマジョリティにマイノリティ迫害を動機づけた宗派化は、脱領域的・国際的な宗派内連帯も促進した。中世の異端と異なり、近世の宗派マイノリティはヨーロッパ中の同胞ネットワークを頼ることで生き残りを模索できたのである。その背景には、活版印刷の登場や郵便網の発達で整備された情報インフラがあった。イングランドやオランダ、北欧のカトリックはローマやフランス、低地地方南部、帝国北西部といったカトリック圏に留学・亡命し、そこから聖職者や出版物を輸入した。他方で、フランスのユグノーやピエモンテのヴァルド派は、国際的プロテスタント・ネットワークを通じて義援金を集め、亡命ルートを確保した。

宗教的マイノリティの生き残りにおいて、エリート俗人はなくてはならない役割を果たしていた。たとえば、フランスのモンペリエでは、一時期ではあるが宗派間パリテが実現し、カトリックと同数のユグノーが政府や司法機関の要職に就いた。ポーランド・リトアニア共和国ではプロテスタントや正教の貴族も議会で議席をもった。他方、公職をもたずとも、オランダのカトリック名士は、宗派共同体を代表して為政者と交渉し、聖職者を保護・扶養し、子どもを次代の聖職者として育て、訴訟で同宗派人のために証言・抗弁して裁判費用や賄賂を肩代わりし、留学生や貧民のための基金を立ち上げ、慈善組織を運営し、訴追される危険を冒しながら後述の「隠れ教会（schuilkerk）」を含む集会所を同宗派人に提供していた。

マイノリティ宗派共同体の再建・拡大に資したのは男性ばかりではない。公的領域での権利を奪われ、元来父権主義的なカトリック教会の男性性が大幅に制限されたイングランドやオランダのようなプロテスタント支配領域のカトリック女性の活躍の幅は、カトリック圏のカトリック女性よりもむしろ広かった。近世オランダには「クロップェ（klopje）」と呼ばれた半聖半俗のカトリック未婚女性・寡婦がいた。修道女やベギンに似た簡素な身なりの彼女たちは、信仰実践において男性聖職者を補佐し、自宅を隠れ教会として開放し、貧民を世話し、宗派を問わず子どもに初等教育を授け、中世以来の伝統技法で祭服を裁縫した。男性司祭数の一〇倍いたクロップェ（一七世紀末で約五〇〇〇人）や他の女性なくして、オランダのカトリック共同体再生はありえなかった。

日常生活での異宗教・異宗派間交流は絶えなかった。ヴィレム・フライホフ（一九四二〜二〇二四年）はそうした社会的結合関係や心性を「日常生活のエキュメニシティ（omgangsoecumene）」と表現した。家族的・職業的・階級的・地縁的つながりは宗教的境界線を越えて存在しえたのである。ゲットーによる居住区画隔離は、イタリアでキリスト教徒とユダヤ人の完全な社会的分離をもたらさなかった。イングランドやオランダのカトリックは、公認宗派の家族成員や友人、為政者との親密な関係を利用して寛容を獲得した。中世以来、低地地方や帝国の一部都市には都市共和政が根づいており、マイノリティは伝統的で超宗派的な市民的連帯を、新しい宗派主義的な迫害に抗する際の資源として活用できた。

空間実践

宗教的マイノリティが信仰を保ったまま差別的状況を生き抜くには、物理的空間や想像上の空間を創造的に利用し生み出すことが必須であった。そうした空間実践として、①境界線を越えることと、②空間の生産について論ずる。

①　越　境

異なる宗派体制の邦が隣接し合ったスイスの二宗派併存地域では、カトリックと改革派の間での改宗は合法化あるいは黙認されていたが、単一宗派地域における改宗はすなわち亡命を意味した。改宗のみならず亡命もまた、近世スイスの日常的現象なのである。イベリア半島から亡命したコンベルソやモリスコの中には、亡命先で信仰偽装をやめ、ユダヤ教やイスラームに再改宗する者もいた。スピノザの両親もそうした元マラーノに数えられる。

対ハプスブルク反乱前夜の低地地方では、後にオランダ共和国になる北部ではなく、むしろ、その後もハプスブルク支配が続く南部（現在のベルギー）においてプロテスタンティズムが広まっていたが、反乱の過程で、南部のプロテスタントが北部へ、北部のカトリックが南部へ多数亡命した。プロテスタントの北部とカトリックの南部という区分は、反乱の原因ではなく帰結であり、宗教的難民・亡命者がその変化の触媒であった。一六八五年にナント王令が廃止されると、一三万人以上ともいわれるユグノーがフランス国外に亡命した。ユグノー難民の最大の受け入れ先（約三万五〇〇〇人）は、ベールが「難民の大いなる方舟（grande arche des fugitifs）」と呼んだオランダであった。亡命には英雄譚がつきものだが、その影に隠れた多くの難民は受け入れ先で言語的・社会経済的な苦難に直面した。オランダに亡命したユグノーの一部のように、故郷に残した家族や財産のもとに戻る者もいた。

信仰実践のために一時的に政治宗教的境界線を横断する行為は、相対的によりカジュアルに行われた。「域外礼拝（Auslaufen）」と呼ばれるこの空間実践は、帝国、スイス、南北低地地方、ポーランド、ハンガリー等でみられた。非公認宗派の個人あるいは集団が、自らが属す政治的共同体の境界線を越えて自宗派が公認されている隣接地域へと小旅行し、そこで公的信仰実践を行い、その日のうちあるいは近日中に自宅に戻るのである。洗礼式・結婚式・葬式やイースターといった特別な機会にのみ越境する者もいたし、毎週のようにそうする者もいた。宗派化が作り出す地理上の政治宗教的境界線は、マイノリティにとって排除のみならず保護の側面も併せもったのである。

② 空間の生産

宗教的マイノリティは共存環境の只中でも、独自の仕方で空間を生産・利用・奪用していた。聖地巡礼はカトリックだけでなくプロテスタントも実践していた。中近世ヨーロッパ、とくに低地地方では、現地に赴かずにテクストや図像を通じて想像上で聖地へと旅立つ霊的巡礼が広まっており、マイノリティはこの仮想巡礼で信仰を実践しえた。オランダのアムステルダムやハウダでは、カトリックが特定の聖日に宗教行列を組んで無言で市内を行進したり、万人に開かれた中世以来の公的教会建造物内のかつて祭壇があった場所の近くで無言で祈りを捧げたりすることで、布告に違反せずに中世以来の信仰実践を継続させようとしていた。同国のカトリックの中には公道を歩く際、他者から見えないように小さなロザリオを隠しもち、いつでも信仰に「触れる」ことができるようにしていた者もいた。他方、前述のクロップェは、非合法ながらも、誰からもそれとわかる修道女のような服装で公道を歩きカトリック信仰を顕示した。

破壊・世俗化された教会・修道院や同宗派人が囚われた牢獄、殉教の場は、近世のオランダやイングランドのカトリックにとって、記憶の場であるのみならず聖なる空間・巡礼地でもあった。市内での信仰実践が困難になった両国のカトリックは、自然景観の中に新たな聖性を見出すこともあった。他方、オランダのユトレヒトのカトリックは、市内の世俗化された修道院に忍び込み、数百人規模で非合法に礼拝することもあった。彼らは旧修道院に新しく鍵付きのドアを設置したり、壁に穴を開けたりすることで、あらかじめ逃走経路を確保し、場合によっては俗人が通路に身を投げ出して官憲の行く手を阻むことで、儀礼を司式した司祭を逃がした。

宗教的マイノリティは私的な家や納屋を改造しその中に礼拝施設を設けて信仰を実践することもあった。隠れ教会と呼ばれるこの礼拝堂はオランダで典型的にみられたが、イングランド、アイルランド、スペイン、フランス、帝国で、一八世紀以降になっても存在した。ナント王令やウェストファリア条約が隠れ教会の存在を保障していたフランスや帝国と異なり、良心の自由が曖昧に掲げられていたオランダの隠れ教会は実際には合法化されておらず、むしろカトリックの信仰実践は家の中も含めてすべて禁じられていた。隠れ教会に象徴的な、近世の宗教的共存における公私区分の重要性を説くにあたり、ベンジャミン・カプラン（一九六〇年〜）は「プライバシーのフィクション（fictions of privacy）」という分析概念を用いている。フィクションの語で含意されているのは、為政者やマジョリティがマイノリティの隠れ教会の存在を知っているにもかかわらず、その信仰実践が私的領域に隠され他者に見えず・聞こえなければ、あたかもそれが存在しないかの如く寛容している、という点である。とはいえ、隠れ教会の建設・維持はマイノリティの私的空間の変容のみならず、都市空間全体の再編を伴っていたということは強調しておくべきであろう。いずれにせよ、公私区分とそれに基づく共存は、視覚や聴覚といった人間の五感と密接に関わっていた。

自己防衛言説

宗教的マイノリティは当該社会の政治文化や法的資源をよく理解していた。ここでは、彼らが迫害の不当性と寛容の妥当性を訴えるために動員した、①多宗教的共同体への貢献と、②良心の自由をめぐる言説を分析する。

①　社会貢献

マジョリティから公的秩序の潰乱者として表象されたマイノリティは、多宗教的共同体への長年の貢献や伝統を強調し、その正当な一員として自己を表象した。たとえば、帝国のルター派都市ヴェーゼルで人口的少数派となったカトリックは、自らや先祖の都市共同体への献身を強調して生存の道を探った。都市共和政の政治文化が根づいた低地地方南部のブリュッセルやブルッヘで一時的に成立した改革派独裁政権下では、カトリック市民が都市共和主義の理念を掲げて、改革派による同胞市民抑圧を非難した。オランダの多くの都市でも、リベルタンやアルミニウス派、カトリックは、都市の歴史的一体性や市民間の平等に訴えて自身の権利を守り拡大させようとした。

多宗教的共同体への軍事的・社会経済的貢献は、マイノリティの言説上の武器になりえた。ヘラルト・デ・ヴァール・ファン・フローネステイン（〜一六四七年）のようなカトリック貴族は、祖国オランダや反乱への同家の長年の献身を説き、反乱最初期の一五六八年にハプスブルク家によって処刑された先祖のアドリアーンを引き合いに出すことで、息子の公職就任時に求められる改革派信仰への忠誠宣誓免除を勝ち取った。フランス北西部カーンのユグノーは、ユグノー人口が多い南部の同宗派人程には政治的権力をもたなかったが、都市共同体への社会経済的貢献を強調することで迫害に抵抗した。同様に一八世紀半ば、ロッテルダムのカトリック名士は、都市経済に資するカトリック移民労働者に公的福祉が欠けていることを批判し、それまで改革派慈善施設にしか認められていなかった穀物税免除を獲得した。

② 良心の自由

良心は古来からキリスト教の要諦をなす概念であるが、宗教改革後に頻繁に議論されるようになった「良心の自由」の意味内容は多様であり、マイノリティはこれを独自に解釈して自身の生存のために言説上で用いた。たとえば、リスボンで処刑されることになるマラーノのイザーク・デ・カストロ・タルタス（一六二六～四七年）は、良心の自由を盾に自身の解放を求めた。彼がいうところの良心の自由は、迫害からの社団的自由と、宗教的選択への個人的自由の二つの要素をもった。

前者の社団的自由はアウクスブルクの和議、ウェストファリア条約、そしてナント王令で明確に規定されており、後者の個人的自由はユトレヒト同盟規約やワルシャワ連盟協約で曖昧に擁護されている。これらの法によって、宗派間紛争は一定程度法廷闘争化し、マイノリティも自身の解釈を掲げて闘った。たとえば、フランスのユグノーはナント王令に依拠して良心の自由を主張し、法に違反してユグノーを迫害し公的秩序を乱しているのはカトリックだと論じて、自身への寛容を正当化した。実現には至らなかったが、ポーランド・リトアニア共和国では正教徒貴族とプロテスタント貴族が、ワルシャワ連盟協約に法的実効力を与えるため、宗教的迫害に対する処罰規定を組み入れようと議会で働きかけていた。

オランダの宗教的マイノリティは議会での発言権をもたなかったが、訴訟や為政者との交渉の過程で、ユトレヒト同盟が掲げた良心の自由を奪用した。改革派の為政者や牧師の多くは、良心の自由を礼拝の自由から峻別し、私的信仰実践に限定した前者のみを非公認宗派に認め、公的礼拝と彼らがみなすものを行う権利をマイノリティから奪うことを正当化した。法的基盤が曖昧なためこの区別は属人的・恣意的なものとなり、隠れ教会内での信仰実践さえ、公的信仰実践として非難され訴追の対象になった（ウェストファリア条約での三区分との違いに留意）。しかし、公私の境界線を引き、規範を形成するのはマジョリティだけではない。マイノリティもまた、独自の公私区分を掲げ良心の自由に依拠しながら、迫害に抗し寛容を勝ち取ろうとした。たとえば、非合法集会の廉で訴追されたユトレヒトのカトリックは、礼拝時間を夜明け前や日没後にすること、あるいは隠れ教会に集まる人数を三〇人以下にすることといった、同盟規約やオランダの他の法文に明記されていない基準を独自に設定し、そうした「非公的」礼拝であれば良心の自由の下に認められるべきだと論じた。他方、自身を含む多くの司祭が一斉に訴追された際、ユトレヒトの司祭ヨハネス・ヴァフテラール（一五八一〜一六五三年）はオラニエ公宛の請願書で、フランスやポーランドのプロテスタント、そしてアムステルダムのユダヤ人が公的信仰実践を許されている例を引き合いに出しつつ、ユトレヒト同盟が掲げる良心の自由には公的礼拝の自由も含まれていると論じ、オランダでカトリシズムを公的に実践する権利を主張した。

5　寛容と多様性を歴史学的に考える

二〇二三年一一月のオランダ下院議会総選挙で、ヘールト・ヴィルダース（一九六三年〜）率いる自由党は歴史的勝利を収め、下院第一党に躍り出た。ヴィルダースは長年、寛容を中核とするオランダの「支配的文化（dominate cultuur）」すなわち「ユダヤ・キリスト教的かつ人文主義的伝統（joods-christelijke en humanistische traditie）」に同化しない者を排除し、「イスラーム化というツナミ（tsunami van islamisering）」を防ぐことを政策目標に掲げている。曰く、オランダが誇る寛容を守るための唯一の方法は、不寛容なムスリムを寛容せずに排除することである。ヴィルダースと自由党が躍進する二一世紀初頭において、われわれは寛容と多様性の歴史をどのように考えればよいのであろうか。

本章で論じたように、寛容か不寛容かという二元論で宗教的多様性の歴史を捉えるべきではない。思想史も社会史・文化史も、多様性の歴史の異なる側面に光をあてており、思想・統治戦略・生存戦術のいずれか一つだけで多様性の歴史すべてを理解することはできない。また、共存・寛容・迫害等の言葉を歴史学において用いるのであれば、厳密な定義が伴わねばならない。いうまでもないが、寛容思想も寛容実践もキリスト教やヨーロッパの占有物ではない。さらに、本章では十分に論じきれなかったが、ヨーロッパにおける寛容・多様性でさえ、とくに近世以降の海外植民地拡大を通じた、外部との接触やヒト・モノ・情報の流通から影響を受け形成された側面があることも認識せねばならない。寛容と多様性はポスト・モダン、ポスト・コロニアル、そしてポスト・世俗化の現代世界における喫緊の課題である。寛容と多様性をめぐるヨーロッパ史を、そして寛容史叙述の歴史を批判的に考察することは、ヨーロッパという他者を知ることだけではなく、われわれがこれまでヨーロッパに何を投影しようとしてきたのかを理解することにもつながるであろう。

（安平弦司）

参考文献

J・イスラエル著、森村敏己訳『精神の革命――急進的啓蒙と近代民主主義の知的起源』みすず書房、二〇一七年。

＊イスラエルの二〇一〇年刊行著作の邦訳。いずれも大著である著者の啓蒙三部作（未邦訳）は二〇一一年に完結しているが、訳者である森村敏己によれば、本書は同三部作の要約としても位置づけられる。イスラエルの議論に批判的な訳者解説も併せて読まれたい。

踊共二『改宗と亡命の社会史――近世スイスにおける国家・共同体・個人』創文社、二〇〇四年。

H・カメン著、成瀬治訳『寛容思想の系譜』平凡社、一九七〇年。

＊ヘンリ・カメンによる古典的な寛容思想史の邦訳。一九六七年に刊行された原著のタイトルは *The Rise of Toleration* であり、本章でいうところの、寛容の興隆という近代化論はまさに本書において典型的にみられる。

小山哲『ワルシャワ連盟協約（一五七三年）』東洋書店、二〇一三年。

深沢克己編『ユーラシア諸宗教の関係史論――他者の受容、他者の排除』勉誠出版、二〇一〇年。

深沢克己・高山博編『信仰と他者――寛容と不寛容のヨーロッパ宗教社会史』東京大学出版会、二〇〇六年。

W・ブラウン著、向山恭一訳『寛容の帝国――現代リベラリズム批判』法政大学出版局、二〇一〇年。

Rainer Forst, *Toleration in Conflict: Past and Present*, Cambridge: Cambridge University Press, 2013.

＊ユルゲン・ハーバーマスの弟子の政治哲学者ライナー・フォアストのドイツ語教授資格論文（二〇〇三年）の英訳。寛容の合理的基礎づけを目指し、許可・共存・尊敬・価値評価の四類型で寛容思想を分析している。理論化を行う第二部に先立ち、第

一部でヨーロッパ寛容思想史を時系列的に詳述している。

Willem Frijhoff, *Embodied Belief : Ten Essays on Religious Culture in Dutch History*, Hilversum : Verloren, 2002.

Benjamin J. Kaplan, *Divided by Faith : Religious Conflicts and the Practice of Toleration in Early Modern Europe*, Cambridge, Mass. and London : Harvard University Press, 2007.

＊寛容実践の社会史・文化史における記念碑的著作であり、近世ヨーロッパ宗教史の必読書。著者カプランの専門はオランダ史であるが、本書はヨーロッパ各地を広くカバーしており、近世という時代の独自性を洗い出しながら、様々な分析視角で寛容実践を綜合的に論じている。

Benjamin J. Kaplan / Jaap Geraerts (eds.), *Early Modern Toleration : New Approaches*, Abington and New York : Routledge, 2024.

＊カプランとその弟子ヤープ・ヘラールツが編者となった寛容実践の社会史・文化史の最新論集。近世ヨーロッパの多様な国・地域に加えて、オスマン帝国や北米・東南アジアの植民地の事例を扱う章も所収されており、それらが五つのテーマに割り振られている。参考文献リストが充実しているため、そちらも参照されたい。

Genji Yasuhira, *Catholic Survival in the Dutch Republic : Agency in Coexistence and the Public Sphere in Utrecht, 1620–1672*, Amsterdam : Amsterdam University Press, 2024.

＊筆者の単著。本章と同じ問題意識の下、オランダ共和国、中でもユトレヒト市における宗派共存を統治戦略と生存戦術の両面から分析している。理論的には、「公なるものの境界画定（delimitation of the public）」という枠組みを提示して、カプランの「プライバシーのフィクション」を批判的に乗り越えることを意図している。

コラム12　「隠れムスリム」の世界

ムデハルからモリスコへ

一三世紀中葉以降、ムワッヒド朝の衰退が決定的になったことで、アンダルス（イベリア半島のイスラーム支配領域）に対するキリスト教諸勢力の征服活動は活発化し、多くのムスリム住民がキリスト教支配下に組み込まれることになった。これらのムスリム住民はムデハルと呼ばれ、キリスト教支配下で共同体の自治とイスラーム信仰およびその他の文化慣習を維持した。このような状況が一変するのは、一四九二年のナスル朝グラナダ王国の滅亡後のことである。

グラナダ降伏協定には、住民に対するキリスト教宣教について禁止する条項も存在したが、これがカトリック両王によって順守されることはなかった。一四九九年には、トレード大司教シスネロスによる強圧的な改宗政策が直接的な引き金となり、グラナダのムデハルによる反乱が勃発した。この反乱の鎮圧を契機として、カスティーリャ王国域では一五〇二年、ナバーラ王国域では一六年、アラゴン連合王国域では二六年に、ムデハル住民に対してカトリック信仰への改宗か、財産没収を伴う国外追放かを迫る事実上の強制改宗令が発布された。これにより、以後スペインには法的にはムスリムは存在しなくなり、ムデハルはモーロ人（ムスリム）新規改宗者、すなわちモリスコへと変貌を遂げた。

一六世紀前半の強制改宗令ののち、一七世紀初頭にスペイン全土から追放されるまで、モリスコの中にイスラーム信仰を秘密裏に信仰し実践していた集団が存在したことは事実であるが、すべてのモリスコが「隠れムスリム」であったわけではない。モリスコ研究の第一人者であるガルシア・アレナルは、モリスコの集団を、イスラーム信仰を順守する「隠れムスリム」のグループ、文化的アイデンティティとしてイスラーム由来の文化を保持するグループ、信仰面・文化面で多数派のキリスト教社会に同化したグループと、大きく三つに分類し、歴史的経験や地域差などによって生じるキリスト教社会への同化の進度や集団間の多様な差異に着目する必要性を指摘している。

キリスト教社会からみた隠れイスラームの実践

近世スペインは、カトリック信仰を紐帯とする多様な領域と臣民を統合する複合君主政をとっていたが、それを支える国家機構の一つが異端審問制度であった。スペインの異端審問は、一四八一年にセビーリャで活動を開始して以来、コンベルソ（ユダヤ教からの改宗者）を主な訴追対象としてきたが、一六世紀以後は、ルター派をはじめとするプロテスタント諸派やその他の異端、同性愛者や重婚者など当時の社会規範からの逸脱者に加えて、モリスコも新たな統制・監視対象とした。キリスト教社会への同化の程度にかかわらず、イスラーム的とみなされる行為を実践したモリスコの男女は、「ムハンマド信奉者（mahometano）」の嫌疑をかけられた。異端審問記録には、その審理の過程で集められた被告の略歴や証人による証言等が編纂・記録されており、そこからモリスコによる秘密裏のイスラーム信仰実践の一端を垣間見ることができる。

確認される具体的な信仰実践としては、ラマダーン月の断食、豚肉（脂身）やワインの飲食拒否、イスラーム法に則った動物の屠殺や死者の埋葬、礼拝（サラート）、沐浴、クルアーン（コーラン）の読誦などといった行為が挙げられる。また、イエスや諸聖人による奇跡の否定や、秘跡や斎戒の拒否などカトリック信仰および教会に対する侮辱行為等も確認される。このほかにも、預言者ムハンマドの血統に連なる予言者を自称する者や、ムハンマドを象った金属製の像を所持する者、メッカのカアバ神殿の絵を家の壁に描いて礼拝する者など、一風変わった事例も存在する。ムハンマド像の所持やカアバ神殿の絵への礼拝という偶像崇拝ともとれる行為については、その真偽に関して慎重な検討を要するが、これもモリスコのイスラーム信仰の多様性を示すものであろう。

上記の事例に加えて、アラビア語書物（写本）に関する事例は、スペイン全土の異端審問記録で共通して確認されることから、異端審問が、アラビア語テクストをイスラーム信仰の要として認識し、摘発していたことが窺える。たとえば、サラゴサ管区（アラゴン）については、一五六八〜一六〇九年の間に行われた九〇〇件に及ぶ審問記録が現存しているが、うち四〇九件でモリスコがアラビア語書物の所持で訴えられている。そこには、写本工房（業者）の存在や、クルアーンの写しを販売する者、さらにはクルアーンを教える「学校」の存在についての記録も含まれている。このような活動は、アラゴンのみで完結するものではなく、バレンシアとアラゴンのモリスコの間での書物の取引や知識の交換が行われた事例や、カスティーリャのモリスコの依頼に応えてグラナダやバレンシアのモリスコがアラビア語書物の翻訳や宗教儀礼の解説などを行った事例なども確認される。ただし、アラビア語書物の所持は、必ずしもモリスコがアラビア語を読めたことを意味しない。アラビア語書物の所持で告発された者の中には、女性も数多く含まれており、彼女たちの多くは非識字者であった。非識字者のモリスコにとっては、テクストの内容よりも、自らの所有物にイスラーム信仰を体現するアラビア文字が書かれていることの方が重要であったと考えられる。

このように、異端審問記録には膨大な、そして多様なイスラーム信仰の事例が残されている。しかし、これらの記録は、もとはモリスコ自身の証言ではあっても、異端審問によって、キリスト教的観点から修正を施された史料である点には注意が必要である。一方で「隠れムスリム」であったモリスコたち自身の手による史料が、次に紹介するアルハミーア文献である。

信仰の象徴、伝達手段としてのアルハミーア文献

一四世紀末より、アラゴンやカスティーリャのムデハルは、言語的にはアラビア語に加えて、アラゴン語やカスティーリャ語などのスペイン語諸語を口語ばかりではなく、文章語としても用い始めていた。アルハミーア文献（literatura aljamiada）とは、スペイン語諸語とアラビア語の両方を理解するムデハルやモリスコによって、アラビア文字を用いてスペイン語諸語が記された史料を指す（図1参照）。現存するアルハミーア文献の写本の多くは、アラゴンやカスティーリャで発見されており、アラビア語話者モリスコが多数派を占めたバレンシアやグラナダでは発見されていない。

アルハミーアという語は、アラビア語のアジャミーヤ（'ajamīya）、「非アラブの」という語に由来し、アンダルスでは元来ムスリムによって「キリスト教徒の言葉」、すなわちスペイン語諸語を意味する語として用いられていた。この意味でのアルハミーアは、当時のキリスト教社会でも受容されており、一五六六年のフェリペ二世の王令においても「カスティーリャ語、彼ら（モリスコたち）が呼ぶところのアルハミーア」という形で用いられたほか、異端審問記録にも「アルハミーアで書かれた本」の押収記録が残されている。

アルハミーア文献の内容は、クルアーンやハディース（預言者ムハンマドの言行録）、法学、神学、預言者伝などイスラーム信仰を支える学問的なものから、魔術や占い、薬学、旅行記、世俗文学など多岐にわたる。多くの作品は、アラビア語で書かれた古典著作をスペイン語諸語へ訳出したものだが、中には一五世紀半ばのセゴビアのムデハル法学者によるイスラーム法学書や、一五世紀末のアビラ出身のムデハルによるメッカ巡礼記、一五三〇～五〇年代にアレバロ出身のモリスコ思想家が著したイスラーム信仰に関する一連の著作など、オリジナルな著作も存在する。

一般的に、ムスリムにとってアラビア文字は聖典クルアーンが記された神聖な文字である。ムデハルやモリスコが、スペイン語諸語を記す文字としてアラビア文字を採用し続けたのも、それがイスラーム信仰を体現する象徴の一つとして認識されていたからにほかならない。このようなアラビア語とその文字に対する執着は、アルハミーア文献においても、祈禱（ドゥアー）の文言やアッラー（神）などイスラーム信仰に関わる重要語句などが翻訳されることなく、アラビア語本来のつづりが可能な限り維持されていることからも窺える。

一方で、モリスコたちは、スペイン語諸語には存在するが、アラビア語には存在しない発音を表現するために、アラビア文字の表記法に独自の改良を施したり、アラビア語とスペイン語諸語の単語を融合させた新造語を用いたりして、豊かな言語表現を可能にしている。アルハミーア文献は、ムデハルたちが、そして時代が下ってから

『クルアーン』開端章の冒頭

アルハミーア表記のカスティーリャ語訳がアラビア語本文上部に付されている（①～⑤）

ラテン文字転写：
① En el nombre de Allah piadoso de Piedad.
② Los loores ada Allah señor de todas las cosas,
③ Piadoso de Piedad, Rey
④ del día del juicio, a tú
⑤ adoramos y a tú demandamos ayuda.

日本語訳：
慈愛あまねく慈悲深いアッラーの御名において
アッラーに称賛あれ，万物の主に
慈愛あまねく慈悲深い御方，
裁きの日の主宰者に
私達はあなたのみを崇拝し，あなたのみに助けを求めます。

図 1　アルハミーア表記の訳文が付されたクルアーン写本

出典：CCHS, RESC/25, fol.1v
CSIC, Centro de Ciencias Humanas y Sociales, Biblioteca Tomás Navarro Tomás, http://simurg.csic.es/view/275116

は「隠れムスリム」としてのモリスコたちが、イスラーム信仰に関わる知識を伝達し維持するために、その「スペイン（語）化」を試みた証の一つといえよう。

史料の違いを越えて

　異端審問記録とアルハミーア文献は、イスラーム信仰を取り締まる側と護持する側という作成者の立場の違いはあれども、双方とも「隠れムスリム」としてのモリスコの姿を現在に伝える重要な史料である。従来のモリスコ研究では、両史料の性質の違いから、異端審問記録とアルハミーア文献とがあわせて用いられることはまれであったが、近年では、両者の内容を照らし合わせる試みも展開されてきている。モリスコたちは、たとえ「隠れムスリム」として生きる者であっても、スペインのキリスト教社会から孤絶していたのではなく、その内側に暮らす存在であった。それゆえ、現在進展しつつある史料の違いを越えた総合的研究こそが、ムデハルやモリスコの実態について、よりよい理解への道を開くことにつながるのではないだろうか。

（押尾高志）

参考文献

押尾高志『「越境」する改宗者――モリスコの軌跡を追って』風響社、二〇二一年。

Mercedes García-Arenal, "The Converted Muslims of Spain. Morisco Cultural Resistance and Engagement with Islamic Knowledge（1502–1610）," Roberto Tottoli（ed.）, *Routledge Handbook of Islam West*, London : Routledge, 2018, 38–54.

Alfredo Mateos Paramio, et al., *Memoria de los moriscos : escritos y relatos de una diáspora cultural*. Madrid : Sociedad Estatal de Conmemoraciones Culturales, 2010. 以下の URL よりダウンロード可能。https : // www. arabicaetromanica. com / wp-content / uploads / 2012/11/Memoria-de-los-moriscos.pdf（二〇一五年一月八日最終アクセス）

あとがき

本書を刊行するに至ったきっかけは、二〇一四年にミネルヴァ書房から、今回と同様二人の編者で、甚野尚志・踊共二編『中近世ヨーロッパの宗教と政治』という論文集を出したことにある。この論文集が刊行された後、そこで展開された中近世ヨーロッパのキリスト教をめぐる諸問題について、学生向けに平易に説いた概説書があってもよいのではないかと考え、編者二人で一度企画を作ってみたが、様々な事情からすぐには実現できずにいた。しかし、この忘れかけていた企画を今回再び実現しようと思い立った理由は、近年、コロナ禍に連動するかのように、キリスト教、イスラーム、ユダヤ教の三つの一神教の対立に基づく紛争が再燃し、解決の糸口の見えない問題として続いているからである。このような世界の現実に対し、キリスト教史の視点から、その背景にある歴史を新しい研究動向を提示しながら説明できないかと思ったことが大きなきっかけとなった。

すでに、今世紀初頭に起きた「九・一一テロ」以降、キリスト教史はそれまで以上に、宗教対立に基づくテロや紛争との関連で注目されてきた。また、これまで宗教対立による紛争は、キリスト教とイスラームの「文明の衝突」として語られることが多かったが、現代の泥沼化した世界の紛争をみれば、ロシア・ウクライナ戦争のようにキリスト教徒同士の戦争もあり、キリスト教会が支持するからといって、すぐには「正義」だとはいえない場合もある。キリスト教は歴史的にみれば、平和的でもありときには暴力的にもなり、その立場は時代や社会の状況とともに変化してきたことを忘れてはならないだろう。

本書での目標は、キリスト教史を、超歴史的な本質の顕現として考える神学や宗教学の分析とは異なる立場で、すなわち歴史学の視点から描こうとすることにある。また、本書はヨーロッパのキリスト教史を扱う概説書だが、ヨーロッパ外の地域で受容されてきたキリスト教についても、その歴史的意味を考える視座を与えることができると考えている。
最後になったが、ミネルヴァ書房編集部の岡崎麻優子さんには大変お世話になった。心からお礼申し上げたい。

二〇二四年一一月

編者を代表して　甚野尚志

《編著者紹介》

甚野　尚志（じんの・たかし）

1983年　東京大学大学院人文科学研究科修士課程修了。
2009年　博士（文学，早稲田大学）。
現　在　早稲田大学文学学術院教授。
主　著　『中世の異端者たち』山川出版社，1996年。
『十二世紀ルネサンスの精神』知泉書館，2009年。
『15のテーマで学ぶ中世ヨーロッパ史』（共編著）ミネルヴァ書房，2013年。
『中近世ヨーロッパの宗教と政治――キリスト教世界の統一と多元性』（共編著）
ミネルヴァ書房，2014年，ほか多数。

踊　共二（おどり・ともじ）

1991年　早稲田大学大学院文学研究科博士課程満期退学。

2003年　博士（文学，早稲田大学）。

現　在　武蔵大学リベラルアーツ＆サイエンス教育センター教授。

主　著　『改宗と亡命の社会史――近世スイスにおける国家・共同体・個人』創文社，2003年。

『中近世ヨーロッパの宗教と政治――キリスト教世界の統一と多元性』（共編著）

ミネルヴァ書房，2014年。

『忘れられたマイノリティ――迫害と共生のヨーロッパ史』（共著）山川出版社，
2016年。

『非暴力主義の誕生――武器を捨てた宗教改革』岩波書店，2025年，ほか多数。

キリスト教から読み解くヨーロッパ史

2025年4月15日　初版第1刷発行　〈検印省略〉

定価はカバーに
表示しています

編著者　甚野尚志
　　　　踊　共二
発行者　杉田啓三
印刷者　藤森英夫

発行所　株式会社　ミネルヴァ書房
607-8494　京都市山科区日ノ岡堤谷町1
電話代表　(075)581-5191
振替口座　01020-0-8076

亜細亜印刷・新生製本

ISBN 978-4-623-09864-4
Printed in Japan

執筆者紹介（所属，専門，執筆順，＊は編著者）

＊甚《じん》野《の》尚《たか》志《し》（早稲田大学文学学術院教授，西洋中世史〔特に教会史・政治思想史〕）

＊踊《おどり》　共《とも》二《じ》（武蔵大学リベラルアーツ＆サイエンス教育センター教授，西洋近世史〔特に宗教改革史〕）

印《いん》出《で》忠《ただ》夫《お》（聖心女子大学現代教養学部教授，西洋中世史〔特に南仏教会史〕）

三《み》浦《うら》清《きよ》美《はる》（早稲田大学文学学術院教授，スラヴ文献学・中世ロシア文学・中世ロシア史）

中《なか》谷《たに》功《こう》治《じ》（関西学院大学文学部教授，ビザンツ帝国史）

齋《さい》藤《とう》敬《ひろ》之《ゆき》（南山大学外国語学部准教授，近世ドイツ史〔特に犯罪史・都市史〕）

鈴《すず》木《き》喜《よし》晴《はる》（早稲田大学非常勤講師，西洋中世史〔特に教会史・修道制史〕）

石《いし》黒《ぐろ》盛《もり》久《ひさ》（金沢大学国際学系教授，イタリア・ルネサンス政治文化史〔特にN・マキアヴェッリ〕）

後《ご》藤《とう》里《り》菜《な》（青山学院大学文学部准教授，西洋中世史・心性史・女性神秘家）

佐《さ》々《さ》木《き》博《ひろ》光《みつ》（大阪公立大学大学院現代システム科学研究科准教授，ドイツ中近世史〔特にユダヤ人史・社会経済史〕）

多《た》田《だ》　哲《さとし》（中京大学教養教育研究院教授，西洋中世史〔特に教会史〕）

小林《こばやし》亜《あ》沙《さ》美《み》（就実大学人文科学部准教授，西洋中世史〔特に教会史・ドイツ史〕）

関《せき》　哲《てつ》行《ゆき》（流通経済大学名誉教授，スペイン中近世史）

辻《つじ》　明《あ》日《す》香《か》（川村学園女子大学文学部教授，西アジア史〔特にコプト教会史〕）

加《か》藤《とう》喜《よし》之《ゆき》（立教大学文学部教授，思想史・宗教学）

岡《おか》田《だ》勇《ゆう》督《すけ》（東北学院大学文学部准教授，哲学・宗教哲学・組織神学）

皆《みな》川《がわ》　卓《たく》（法政大学文学部教授，近世神聖ローマ帝国史）

黒《くろ》田《だ》祐《ゆう》我《が》（神奈川大学外国語学部教授，中世スペイン・地中海交流史）

坂《さか》野《の》正《まさ》則《のり》（上智大学文学部教授，西洋近世史〔特にフランスを中心とする宗教社会史〕）

小《こ》林《ばやし》繁《しげ》子《こ》（新潟大学教育学部准教授，近世ドイツ史）

黒《くろ》川《かわ》正《まさ》剛《たけ》（太成学院大学人間学部教授，西洋中世史・近世史）

安《やす》平《ひら》弦《げん》司《じ》（京都大学大学院文学研究科准教授，西洋近世史〔特にオランダ史・宗教社会史〕）

押《おし》尾《お》高《たか》志《し》（西南学院大学国際文化学部准教授，近世西地中海史〔特にモリスコ史〕）

人名索引

（神の名なども含む）

か　行

さ　行

た　行

な　行

は　行

ま　行

や　行

ら　行

事項索引

あ 行

か 行

さ　行

た　行

な　行

は 行

ま 行

や　行

ら・わ行